Víctor Codina

"NÃO EXTINGAIS O ESPÍRITO"
(1Ts 5,19)

Iniciação à Pneumatologia

Dados Internacionais de Catalogação na Publicação (CIP)
(Câmara Brasileira do Livro, SP, Brasil)

Codina, Víctor
  "Não extingais o Espírito" (1Ts 5,19) : iniciação à Pneumatologia / Víctor Codina ; [tradução Paulo Ferreira Valério]. — São Paulo : Paulinas, 2010. — (Coleção iniciação teológica)

  Título original : No extingáis el Espíritu (1Ts 5,19) : una iniciación a la pneumatología.
  Bibliografia.
  ISBN 978-85-356-2616-2

  1. Espírito Santo   I. Título.   II. Série.

10-02615   CDD-231.3

Índice para catálogo sistemático:
1. Espírito Santo : Teologia dogmática cristã   231.3

Título original da obra: *No extingáis el Espíritu (1Ts 5,19): Una iniciación a la Pneumatología*
© 2008 by Editorial Sal Terrae

1ª edição – 2010
1ª reimpressão – 2012

Direção-geral: *Flávia Reginatto*
Editores responsáveis: *Vera Ivanise Bombonatto*
Afonso M. L. Soares
Tradução: *Paulo Ferreira Valério*
Copidesque: *Cirano Dias Pelin*
Coordenação de revisão: *Marina Mendonça*
Revisão: *Ana Cecilia Mari*
Direção de arte: *Irma Cipriani*
Assistente de arte: *Sandra Braga*
Gerente de produção: *Felício Calegaro Neto*
Capa: *Wilson Teodoro Garcia*
Diagramação: *Manuel Rebelato Miramontes*

Nenhuma parte desta obra poderá ser reproduzida ou transmitida por qualquer forma e/ou quaisquer meios (eletrônico ou mecânico, incluindo fotocópia e gravação) ou arquivada em qualquer sistema ou banco de dados sem permissão escrita da Editora. Direitos reservados.

Paulinas
Rua Dona Inácia Uchoa, 62
04110-020 – São Paulo – SP (Brasil)
Tel.: (11) 2125-3500
http://www.paulinas.org.br – editora@paulinas.com.br
Telemarketing: 0800-7010081

© Pia Sociedade Filhas de São Paulo – São Paulo, 2010

*Em memória de Pedro Arrupe, sj (1907-1991),
que sempre buscou escutar
o clamor do Espírito.*

Introdução

QUANDO AS SOMBRAS SE ESTENDEM

Este verso de Virgílio expressa poeticamente o momento em que cai a tarde, o dia escurece e o camponês, após seu duro trabalho, volta para seu lar, a fim de unir-se a sua família junto ao fogo. Cai a noite.

Igualmente na vida das pessoas, há um momento em que cai a tarde, as sombras se estendem, aproxima-se a noite, o navio já se achega ao porto... Para os cristãos, este é o momento em que se começa a vislumbrar a Jerusalém celeste, e deseja-se atracar na casa do Pai.

Este é o tempo de recolher as velas do barco, de tentar fazer um balanço de todo o caminho percorrido, de esboçar uma síntese final. É tempo de lucidez e de liberdade, sem medo de dizer o que se pensa realmente, pois, à luz da eternidade, os juízos e pré-julgamentos humanos se esfumaçam e desaparecem. É tempo de transmitir aos demais o que se viveu. É o momento de dar a razão da própria esperança (1Pd 3,15).

Neste contexto vital nasce este livro sobre o Espírito, que deve muito à Igreja oriental,[1] a qual me ajudou a aprofundar a experiência cristã descobrindo nova dimensão antes quase desconhecida para mim.

---

[1] CODINA, V. *Los caminos del Oriente cristiano. Iniciación a la teología oriental*. Santander: Sal Terrae, 1997.

Este texto complementa outros escritos meus sobre este tema,[2] é uma "re-tractatio", no sentido agostiniano, ou seja, uma nova abordagem de um tema com uma reflexão mais ampla, mais contemplativa e mais profética do que as anteriores. É uma palavra que gostaria de ser uma síntese teológica e espiritual lúcida, escrita com liberdade evangélica; uma mensagem para gerações mais jovens (Sl 71,19); um momento de entrega da Tradição eclesial.

Não gostaria que este escrito fosse dirigido somente aos especialistas em teologia, mas que estivesse aberto a um espectro mais amplo de leitores. Por isso, evitarei tecnicismos, especulações desnecessárias e arroubos de erudição. Nas notas de rodapé, poder-se-á encontrar comentários esclarecedores mais técnicos e notas bibliográficas.

O Espírito, porém, não é apenas objeto de reflexão teológica, matéria para um tratado de Pneumatologia, mas sim uma luz cálida a partir da qual se contempla toda a realidade e também toda a teologia: a vida cristã, a Igreja, o universo (a história, a criação, a escatologia). Estas serão as três partes fundamentais do livro.

Este Espírito a que nos referimos não é o de Hegel ou o de outros filósofos, tampouco o de alguns movimentos entusiastas que irromperam ao longo da história da Igreja, desde os montanistas até Joaquim de Fiore; desde os iluminados aos iluministas Modernos e Pós-Modernos. Trata-se do Espírito de Jesus, do Espírito Santo, "Senhor que dá a vida", como rezamos no Creio niceno-constantinopolitano.

---

[2] Id. *Creo en el Espíritu Santo. Pneumatología narrativa.* Santander: Sal Terrae, 1994. Este livro pode servir de introdução, mesmo que não necessária, ao presente livro.

Concretamente, esta reflexão faz-se a partir da Bolívia, um país rico em recursos naturais e em culturas e valores humanos, mas que foi empobrecido pelos sucessivos impérios e poderes da vez, até se converter em um dos países mais pobres da América Latina. Atualmente, a Bolívia está vivendo uma situação de transformação histórica que afeta o âmbito social, o econômico, o político... e também o religioso, que necessita, certamente, de um discernimento espiritual para poder ser avaliado corretamente.[3] Esta é uma meditação feita a partir do reverso da história, a partir da periferia, onde continuamente as sombras se expandem. A partir deste contexto se ouve o clamor do Espírito de forma especial.[4]

E esta reflexão nasce, ademais, em um momento eclesial do pós-Concílio, momento que Rahner qualificou de "inverno eclesial", e outros autores denominam "noite escura eclesial". Um inverno em que ainda não desponta a primavera, uma noite ainda sem aurora.

Por tudo isso, esta Pneumatologia não poderá ser essencialista, abstrata, neutra ou a-histórica, mas estará afetada pelo clamor do Espírito, que, com seus gemidos, clama por justiça, libertação de toda escravidão, e intercede ao Pai por nós, a partir de um mundo que padece dores de parto (Rm 8,15.22-23.26). Será necessariamente, portanto, uma pneumatologia profética, do Espírito que "falou pelos profetas".

Com efeito, como escreveu o teólogo Joseph Ratzinger: "Aquilo de que a Igreja de hoje e de todos os tempos precisa não é de panegiristas do que existe, mas de

---

[3] Id. Cambio histórico en Bolivia. Una reflexión teológica. *Cuarto Intermedio*, Cochabamba, n. 81, p. 18-34, nov. 2006.

[4] Talvez seja útil começar o livro pela leitura do epílogo...

pessoas que amem a Igreja mais do que a comodidade e a intangibilidade de seu próprio destino".[5]

Por outro lado, tentar esboçar uma Pneumatologia, hoje, está de acordo com o que o próprio Magistério da Igreja postula para este tempo. João Paulo II, em sua encíclica *Dominum et Vivificantem*, sobre o Espírito Santo na vida da Igreja e do mundo (1986), cita um lúcido e profético texto de Paulo VI: "À cristologia, e especialmente, à eclesiologia do concílio [Vaticano II], deve-se seguir um estudo novo e um culto novo do Espírito Santo, justamente como complemento necessário da doutrina conciliar".[6]

Talvez, se estes desejos de Paulo VI se tivessem realizado, a Igreja caminharia hoje por outros rumos mais esperançosos. Quem sabe ainda estamos em tempo e, recuperando a dimensão do Espírito, possamos vislumbrar, de longe, como o profeta, um ramo de amendoeira em meio à noite do inverno, anunciando a primavera futura (Jr 1,11-12)...

---

[5] RATZINGER, J. *El nuevo pueblo de Dios*. Barcelona: Herder, 1972. p. 290.

[6] PAULO VI. Audiência geral de 6 de junho de 1973. *Enseñanzas al Pueblo de Dios* XI (1973) 74 – citação em *Dominum et Vivificantem*, n. 2. Também João Paulo II, como preparação ao grande jubileu do ano 2000, dedicou o ano de 1998 ao Espírito Santo. O comitê central do dito jubileu, como auxílio para o ano dedicado ao Espírito, publicou o texto *De tu Espíritu, Señor, está llena la tierra*, Ciudad del Vaticano, 1997. Este texto, com grande riqueza de testemunhos patrísticos, será levado em conta em nossa exposição.

CAPÍTULO I

O QUE É SER CRISTÃO?

A vida cristã faz referência a Cristo, necessariamente. De fato, os discípulos logo foram chamados de cristãos em Antioquia (At 11,26). Sem uma profissão de fé em Cristo, não há Cristianismo.

Um texto clássico de Romano Guardini, que expressa com precisão e brevidade em que consiste a essência do Cristianismo, pode servir-nos de introdução:

> Não há nenhuma doutrina, nenhuma estrutura fundamental de valores éticos, nenhuma atitude religiosa, nem nenhuma ordem vital que possa separar-se da pessoa de Jesus Cristo, e que, a seguir, possa dizer-se cristã. O cristão é ele mesmo, o que através dele chega ao homem e a relação que através dele o homem pode manter com Deus. Um conteúdo doutrinal é cristão contanto que proceda de sua boca. A existência é cristã à medida que seu movimento se faz determinado por ele. Em tudo aquilo que pretende apresentar-se como cristão, ele tem que estar dado ou contido. A pessoa de Jesus Cristo, em sua unicidade histórica e em sua glória eterna, é a categoria que determina o ser, o agir e a doutrina do cristão.[1]

Por isso o ser cristão pode ser formulado como seguimento de Jesus. Pode-se dizer que o tema do se-

---
[1] GUARDINI, R. *La esencia del cristianismo*. Madrid, 1945. p. 77.

guimento, de profundas raízes bíblicas (Jo 10,1-17), é a síntese da vida cristã, a fórmula breve do Cristianismo.

Sempre que a Igreja atravessou momentos de crise e de relaxamento, os cristãos mais lúcidos voltaram a propor o seguimento de Jesus como núcleo fundamental da vida cristã, desde Tomás de Kempis e Inácio de Loyola, até teólogos modernos, tanto europeus (D. Bonhoeffer, J. Moltmann, J. B. Metz, J. M. Castillo...) quanto latino-americanos (J. Sobrino, I. Ellacuría, S. Galilea, R. Muñoz, L. Boff...).

Tudo isso está certo. No entanto, é preciso aprofundar um pouco mais.

Karl Rahner diz que, quando nos perguntam acerca do centro de nossa fé, evidentemente a resposta é a pessoa de Jesus. Todavia, é preciso dizer como e por que Jesus é aquele em quem encontramos sentido e salvação. Podemos questionar-nos, pois, por que segui-lo é a fórmula breve da vida cristã. A resposta, segundo Rahner, outra não pode ser senão porque em Jesus se nos autocomunica Deus mesmo; Deus se nos oferece em Jesus e somente em Jesus. Se não sabemos e confessamos isto, então a figura de Jesus não passa do fundamento da religião de Jesus, talvez a melhor das religiões, mas a realidade de Jesus ficaria fechada no limitado e no contingente, como a própria vida humana de Jesus. O centro essencial e único do Cristianismo é a revelação de Deus em sua verdade e glória à criatura; ou seja, que Deus chega e se comunica com sua criatura. O centro do Cristianismo é a autocomunicação (*Selbstmitteilung*) de Deus. Se não se dissesse isto, a fé cristão seria jesuanismo, com tudo o que de positivo pressupõe em face de um humanismo universal, mas que não responderia à vocação humana mais profunda, que é o desejo de comunhão com Deus.[2]

Jesus não foi apenas um mestre insuperável de moralidade nem um homem bom que nos deu o exemplo de um amor generoso; Jesus não foi um "novo Moisés" promulgador de uma nova lei nem um novo profeta na linha dos valentes profetas antigos.

Ou seja, se nos concentramos somente em Jesus, sem chegar ao mistério da Trindade, se não chegamos ao mistério de um Deus que se faz humanidade em Jesus e que, em Jesus, se nos comunica dando-nos seu Espírito, permaneceremos em um humanismo demasiado modesto, fechado na prisão de nossa finitude.[3] Jesus nos dá seu Espírito, o Espírito do Pai, o Espírito do Reino, o Espírito doador de vida, de uma vida nova. Sem esta experiência pessoal de Deus, em Cristo, pelo Espírito, não há fé nem teologia cristã, nem moral cristã; estaríamos, ainda, no Judaísmo, sob a lei. Não é possível ter contato algum com Deus senão no Espírito.

Por outro lado, porém, é preciso acrescentar que toda experiência espiritual, toda experiência do Espírito fundamenta-se, tem sua raiz na figura histórica de Jesus de Nazaré, e conduz a seu seguimento, mesmo que tudo isso seja de forma implícita e anônima.

Essa íntima relação entre o ser cristão e a experiência espiritual foi expressa claramente por Bento XVI em sua primeira encíclica, *Deus é amor:*

---

[2] RAHNER, K. *Von der Geheimnis Gottes den Menschen verstehen.* München, 1984. p. 105s.

[3] Id. *Sobre la inefabilidad de Dios. Experiencias de un teólogo católico.* Barcelona, 2005. p. 27-34.

Ao início do ser cristão, não há uma decisão ética ou uma grande ideia, mas o encontro com um acontecimento, com uma Pessoa que dá à vida um novo horizonte e, desta forma, o rumo decisivo. No seu Evangelho, João tinha expressado este acontecimento com as palavras seguintes: "Deus amou de tal modo o mundo que lhe deu o seu Filho único para que todo o que nele crer [...] tenha a vida eterna" (3,16).[4]

Dito de outra maneira, o ser cristão não se reduz à admirável recordação do que aconteceu uma vez com Jesus nem a uma doutrina ou a uma ética voluntarista, mas pressupõe uma profunda experiência espiritual, uma vida nova. A vida cristã é experiência cristã, e esta é uma vida não somente "com" Cristo e "como" Cristo, mas também "em" Cristo (N. Cabásilas), uma vida no Espírito do Senhor. Ser cristão significa viver no Espírito de Jesus Cristo.

Isto foi sempre assim, mas hoje esta experiência espiritual tornou-se mais necessária do que nunca. Os cristãos jamais foram poupados de viver a dimensão obscura da fé. Os místicos falam-nos de suas "noites escuras",[5] mas, hoje em dia, tais noites escuras, que pareciam reservadas a umas elites, foram democratizadas. O ser humano vê-se lançado em um mundo onde coexistem todas as opiniões, todas as crenças. O cristão não tem os apoios institucionais e ambientais de que havia gozado durante os séculos da Igreja de Cristandade. Hodiernamente, vive-se a fé na intempérie, na noite, como o povo de Israel no exílio. O Espírito, porém, como

---

[4] BENTO XVI. *Deus Caritas Est*. 9. ed. São Paulo: Paulinas, 2007. n. 1. (Coleção A voz do papa, n. 189.)

[5] CODINA, V. El silencio de Dios. In: *Nueva formulación de la vida religiosa*. Bilbao, 1972. p. 37-68.

nos tempos do exílio, não deixa de soprar, mesmo que seu sopro nos desconcerte, porque rompe barreiras.[6]

Neste contexto de silêncio de Deus e de noite escura, compreende-se a afirmação de Rahner, tantas vezes citada:

> [...] mesmo sabendo do descrédito da palavra "mística" – que, bem entendida, não implica contraposição alguma à fé no Espírito Santo, mas que se identifica com ela – seria oportuno dizer que o cristão do futuro ou será um "místico", ou seja, uma pessoa que "experimentou" algo, ou não será cristão.[7]

Por esta razão, hoje se exige uma mistagogia, ou seja, uma iniciação à experiência espiritual, para que o cristão se atreva a abrir-se ao mistério do Deus vivo e inefável, que se nos revela em Cristo. O Espírito é o que ilumina o coração humano para que, saindo de si, confie em Deus: o ato de fé é um dom do Espírito. A mistagogia tem de ser hoje uma tarefa prioritária da pastoral da Igreja em todos os seus setores.

Se formos sinceros, temos de reconhecer que a pastoral da Igreja está muito mais centrada em propor doutrinas, normas e ritos do que em iniciar em uma experiência espiritual. O catecismo, as homilias, a teologia e o próprio Magistério eclesiástico estão muito mais preocupados com a doutrina da fé e da moral do que em propor uma mistagogia.[8] Não admira que se viva em muitos ambientes uma profunda crise de fé, pois uma doutrina e uma moral sem raízes espirituais não se

---

[6] LECLERC, É. *El pueblo de Dios en la noche*. Santander: Sal Terrae, 2004. p. 123-125.

[7] RAHNER, K. Espiritualidad antigua y atual. In: *Escritos de Teología* VII. Madrid, 1969. p. 25.

[8] Em termos escolásticos, a Igreja parece mais interessada na *fides quae* (os conteúdos objetivos doutrinais) do que na *fides qua* (a atitude subjetiva espiritual do crente).

sustentam com o tempo. Isto explica também por que muitos creem em Jesus, mas não sintam sua pertença à Igreja (*believing without belonging*) [crença sem pertença], e que outros busquem fora da instituição eclesial iniciações espirituais que não encontram dentro dela.

Por outro lado, hoje existem certas teologias que, em diálogo com o paradigma da Modernidade, e tentando respeitar ao máximo a autonomia da criação e evitar uma imagem de um Deus tapa-buracos – projeção infantil da onipotência paterna – que intervém continuamente em sua criação como uma causa intramundana, ressaltam de tal modo a transcendência de Deus que parecem sugerir que o Deus criador não pode relacionar-se com os seres humanos de outra maneira, deixando a humanidade entregue à própria sorte. Pareceria que a transcendência de Deus equivaleria a um isolamento de Deus, para não mundanizar-se.

A proposição afirmativa de que Deus se relaciona conosco de modo transcendente está correta e purifica falsas imagens de Deus.[9] Contudo, não nos parece correto afirmar que Deus não possa relacionar-se conosco de outra maneira. Não podemos limitar a liberdade de Deus para manifestar-se e relacionar-se com suas criaturas. Alem do mais, isso implicaria negar as religiões históricas e, concretamente, o judeo-cristianismo. Se a relação com Deus é meramente transcendental, não somente os grandes sábios e profetas de Israel ficam privados de sentido, mas também a própria encarnação de Jesus. Jesus seria um ser humano a mais, que teria consciência de ser um filho de Deus como todos nós, não o Filho unigênito do Pai, concebido pelo Espírito Santo. Em Jesus existe algo mais que a tomada de

---

[9] MARDONES, J. M. *Matar a nuestros dioses*. Madrid, 2006.

consciência da criaturalidade humana: ele é Filho único de Deus; a encarnação é um acontecimento salvífico; Deus entrou em nossa história; Deus sempre acompanha seu povo (Sl 23); visitou e redimiu seu povo (Lc 2,68). E esta comunicação categorial de Deus se prolonga ao longo da história. Deus se comunica com sua criatura, como afirmam os místicos de todos os tempos,[10] e isto precisamente através de seu Espírito. O Pai do céu dá o Espírito aos que lho pedem (Lc 11,13).

Sem dúvida, esta comunicação do Espírito acontece através de mediações criaturais, com suas concreções e limitações humanas, psicológicas, culturais e ideológicas, que necessitarão, portanto, ser sempre interpretadas com uma hermenêutica correta. Não queremos entrar agora nos problemas teológicos implicados aqui, mas simplesmente afirmar o fato de que Deus se nos comunica pessoalmente e que esta comunicação de Deus se faz no Espírito. Mais adiante aprofundaremos o tema.

Tampouco se pode afirmar que Deus se nos comunica somente através da instituição eclesiástica, à qual foi confiado o depósito da revelação. Esta postura reducionista, que tem sido a tradicional na Igreja Católica a partir de Trento, não respeita a tradição bíblica, nem a Tradição eclesial mais primitiva, que fala dos diferentes dons e carismas que o Espírito concede aos batizados.

O Concílio Vaticano II afirmou claramente esta comunicação do Espírito com dons hierárquicos e não hierárquicos (LG, n. 4), e revalorizou a importância dos carismas na Igreja (LG, n. 12). Conforme logo veremos, há uma dimensão dinâmica na Igreja, fruto da presença

---

[10] Este é o sentido da Observação 15 dos *Exercícios Espirituais* de Santo Inácio, quando afirma que é preciso deixar que o próprio Criador e Senhor se comunique com sua criatura. Cf. TRIGO, P. *Hacer teología desde y para la misión actual de la Compañía de Jesús*. Texto manuscrito, 2006.

do Espírito.[11] Aqui já transparece como é importante que cada cristão, como sujeito firme e livre, busque e discirna sua vocação na Igreja e no mundo.

O teólogo Joseph Ratzinger escreveu após o Concílio Vaticano II:

> É falsa, acima de tudo, a divinização do sistema e das instituições. Nem o sistema nem a observância de um sistema salvam o ser humano; somente o salva o que está acima de todos os sistemas e o que representa a abertura a todos os sistemas: o amor e a fé.[12]

Este amor e esta fé são dons do Espírito Santo. Toda vida cristã autêntica tem de ser vida no Espírito. No entanto, para diversos cristãos, continua sendo atual a afirmação dos discípulos de Éfeso a Paulo: "Nem sequer ouvimos dizer que existe Espírito Santo" (cf. At 19,1-7).

Teologia e experiência espiritual

Ordinariamente, nossas teologias em uso levam muito pouco em conta a experiência espiritual. Quando muito, introduzem no programa dos cursos de teologia uma matéria de "teologia espiritual", na qual se estudam temas como a oração, a mística, os estados de vida cristã (laicato, ministério ordenado, vida religiosa...), o discernimento espiritual, a santidade...

Tampouco existe, quer nos compêndios de teologia, quer nos centros teológicos, um tratado sistemático de Pneumatologia. Existem matérias de antropologia teológica, cristologia, eclesiologia, sacramentologia e liturgia,

---

[11] RAHNER, K. *Lo dinámico en la Iglesia*. Barcelona, 1963.
[12] RATZINGER, J. *El nuevo pueblo de Dios*. Barcelona, 1972. p. 394.

teologia fundamental e Trindade, em que se fala, sem dúvida, do Espírito Santo; contudo, ordinariamente, não há um tratado próprio de Pneumatologia.

A teologia se desenvolve-se a partir dos lugares teológicos clássicos (Bíblia, Tradição, Magistério), mas costuma passar por alto a história da Igreja e do mundo, como se o Espírito não atuasse na mencionada história.

A experiência espiritual não é levada em conta na teologia sistemática. Onde se leem os clássicos da vida espiritual ou os autores espirituais modernos como fontes teológicas que têm algo a nos dizer? As noites escuras dos místicos carmelitanos não têm algo a acrescentar ao nosso conhecimento da fé no Mistério insondável de Deus? O seguimento de Jesus, por parte dos santos e dos mártires, não pode iluminar a cristologia a partir de sua práxis cristã? Não existe uma literatura espiritual que possa ser considerada um lugar teológico privilegiado que antecede os tratados teológicos da teologia erudita? Não se deveria dizer o mesmo acerca da religiosidade e da devoção do povo simples e pobre? Não é a eles que foram revelados os mistérios do Reino, como, segundo Lucas (10,21), exclamou Jesus, cheio de alegria no Espírito Santo? Temos levado a sério, na teologia, o senso da fé que o Espírito de verdade suscita no Povo de Deus, como afirma o Concílio Vaticano II (LG, n. 12)? Que contribuição teológica recebemos das religiões não cristãs e das diversas culturas que são fruto do Espírito? Que dizem à teologia os movimentos sociais de pobres, índios, pacifistas, ecologistas, feministas, jovens...? Por acaso não são os pobres um lugar teológico privilegiado?[13]

---

[13] Cf. Comentarios a la "Notificación" sobre Jon Sobrino. *Cristianisme i Justícia*, Barcelona, fasc. 148, Barcelona, 2007 – especialmente p. 19-25.

Não podemos estranhar que nossas teologias sistemáticas acabem sendo extremamente abstratas, racionais e distantes da vida real do povo, pouco pastorais, sem incidência na vida espiritual dos alunos, e mesmo asfixiantes, bem diferentes da riqueza e da vitalidade que a aproximação à Palavra de Deus desperta. Já Gregório IX, no século XII, recomendava (DS 824) que os teólogos não fossem "charlatães de Deus" (*theophanti*), mas sim "peritos em Deus" (*teodocti*).

Com o passar dos séculos, efetuou-se uma crescente separação entre teologia e espiritualidade, chegando a uma verdadeira ruptura na Idade Média (no século XIV, segundo F. Vandenbroucke) e que levou a um cisma entre uma teologia sumamente abstrata, especulativa e fria, e uma espiritualidade devota, mas frequentemente infrateológica. O tema não é novo, e foi amplamente estudado.[14]

Na época patrística e até o século XIII, a teologia estava estreitamente ligada à pneumatologia, os grandes teólogos eram santos, a teologia era sapiencial, sagrada, uma reflexão sobre a Escritura e sobre a vida do Espírito presente na comunidade cristã. Tomava-se muito em consideração a oração e a liturgia como fonte de conhecimento teológico (*lex orandi, lex credendi*). A teologia dos Padres apostólicos (Inácio de Antioquia...), dos apologetas (Justino...), dos Padres da Igreja (Irineu, Cipriano, Ambrósio, Agostinho, Basílio, Gregório de Nissa e Gregório Nazianzeno, João Crisóstomo, João Damasceno...), dos grandes papas (Leão e Gregório Magno), a teologia monástica (Orígenes, Evágrio, Cassiano, Bernardo...), a

---

[14] É clássico o artigo de: VON BALTHASAR, H. U. Teología y santidad. In: *Ensaios teológicos* I, Verbum Caro. Madrid, 1964. p. 234-268. Pode-se consultar também: CODINA, V. Lo pneumático en la teología. In: *Teología y mundo contemporáneo. Homenaje a Karl Rahner*. Madrid, 1975. p. 115-132.

primeira escolástica (Boaventura, Tomás de Aquino...) foram teologias pneumáticas, vivas, plenas de espiritualidade, nas quais a razão ficava transfigurada pela mística. A teologia era bíblica, uma reflexão espiritual sobre a Palavra de Deus, "lectio divina", "sacra pagina". A doutrina patrística e medieval sobre os sentidos da Escritura (sentido literal ou histórico, sentido espiritual ou cristológico, sentido moral ou existencial e sentido escatológico) conferia à teologia uma profunda unidade centrada em Cristo, como estudou amplamente Henri de Lubac em seus trabalhos sobre a exegese patrística e medieval.[15]

Esta síntese foi-se paulatinamente corroendo e empobrecendo, e os sentidos da Escritura se dispersaram: a teologia dogmática desenvolveu a dimensão lógica e intelectual, científica (questões, sentenças, sumas); a moral concentrou-se em uma práxis desvinculada da Escritura; a Escritura limitou-se ao sentido literal, e perdeu-se a perspectiva escatológica. Inicia-se, assim, o divórcio entre uma teologia especulativa e uma piedade cada vez mais devota e íntima, mas menos teológica.

Certamente, este processo de perda do sentido espiritual da teologia é uma consequência negativa da separação da Igreja do Oriente no século XI. O Oriente sempre foi muito sensível ao tema do Espírito e acusa a Igreja latina de cristomonismo, ou seja, de concentrar-se exclusivamente em Cristo, esquecendo-se da dimensão do Espírito. Mais adiante examinaremos as consequências eclesiológicas desta ruptura.

Na realidade, podemos afirmar que, sem experiência espiritual, não há teologia, e que toda verdadeira teologia nasce de uma experiência espiritual. Isto acon-

---

[15] DE LUBAC, H. *Exégèse médiévale*. Paris, 1959, 1961, 1963. 4 vols.

tece já na Escritura. Todo o Antigo Testamento, com seus diversos gêneros literários, suas diferentes etapas e seus vários autores, é, fundamentalmente, uma contínua reflexão sobre a experiência espiritual fundante do Êxodo. O Novo Testamento não é mais do que a reflexão teológica sobre a vivência cristológica pascal, sobre a morte e ressurreição de Jesus, iluminada através da teologia narrativa da experiência de sua vida, pregação, milagres e opções pelo Reino de Deus. A teologia patrística parte da experiência de uma Igreja-comunhão, e a teologia monástica, da experiência espiritual de deserto, com seus diversos matizes e variantes. A primeira escolástica nutre-se da experiência espiritual dos mendicantes franciscanos e dominicanos, e a teologia jesuítica – barroca e moderna – brota da experiência espiritual dos *Exercícios* inacianos.

Em tempos mais recentes, a teologia dos grandes teólogos do Concílio Vaticano II surge como consequência de uma experiência espiritual diferente e nova (a que se chamou *Nouvelle théologie*), nascida a partir da periferia da Igreja, em estreito contato com setores ordinariamente marginalizados e não levados em conta pela teologia oficial. Esses teólogos viveram em campos de concentração com judeus e cristãos evangélicos; participaram de reuniões ecumênicas com membros de outras Igrejas; dialogaram com filósofos, pensadores e cientistas modernos – muitos deles agnósticos ou ateus; estiveram em contato com setores sociais oprimidos e com os sacerdotes operários; dialogaram com pastoralistas que trabalhavam com jovens; alguns deles foram biblistas, patrólogos e liturgistas que aprofundaram as fontes da Escritura e da Tradição eclesial... Por tudo isso, o Concílio Vaticano II representa uma novidade e uma volta à integração entre teologia e espiritualidade.

As grandes renovações da Igreja não costumam vir de cima e do centro, mas da margem e da periferia.

Na América Latina, a teologia da libertação nasce de uma experiência espiritual da presença do Senhor nos pobres, na linha de Mt 25, com a convicção de que os pobres são um lugar teológico privilegiado. Desta experiência e da práxis libertadora surge uma reflexão original e nova que alimenta a fé do povo e recupera a dimensão profética da teologia na Igreja.

Não é por acaso que estas teologias mais modernas, tanto a conciliar quanto a latino-americana, tenham encontrado dificuldades para ser aceitas pelo Magistério oficial da Igreja. A encíclica *Humani Generis*, de Pio XII, em 1950, desqualificava a *Nouvelle théologie* e, em seguida, o mesmo papa destituía de suas cátedras seus autores mais representativos. Tampouco é casual que João XXIII, que em sua vida havia sofrido a marginalização, pois tinha sido considerado suspeito de modernista e relegado durante anos a Delegações apostólicas do Oriente, reabilitasse esses teólogos proscritos e os nomeasse peritos conciliares.

No tempo de João Paulo II, as duas instruções da Congregação para a Doutrina da Fé, *Libertatis Nuntius* (1986) e *Libertatis Conscientia* (1988), criticavam fortemente (sobretudo a primeira) a teologia da libertação. Mais tarde, em 1990, a *Instrução sobre a vocação eclesial do teólogo na Igreja*, da Congregação para a Doutrina da Fé, reduzia notavelmente a missão do teólogo na Igreja e condenava o chamado "dissenso" teológico, a voz crítica dos teólogos na Igreja. Ainda recentemente, fizeram-se notificações de advertência a teólogos como Jon Sobrino.

Podemos nos perguntar se essas críticas às novas teologias não são devidas ao fato de que a teologia oficial do Magistério eclesiástico é pouco sensível à dimensão do Espírito que age a partir da base da Igreja e deseja renová-la inteiramente. Não será um sintoma claro de que a ampla separação entre teologia e espiritualidade ainda não foi superada, e de que existe uma nostalgia da teologia monolítica, uniforme e segura (*tuta*) da época de Cristandade do século XIX, pré-conciliar?

Tal postura do Magistério contrasta com as intenções do Concílio Vaticano II. Com efeito, o Concílio Vaticano II, afirma o teólogo Joseph Ratzinger, quis ir mais além da teologia das encíclicas papais. Diante desta tendência, diz Ratzinger, o Concílio não quis...

> [...] olhar as fontes [cristãs] unicamente no espelho da interpretação oficial dos últimos cem anos, mas lê-las e entendê-las em si mesmas [...] escutar os questionamentos do homem de hoje como tais e, partindo deles, repensar a teologia e, acima de tudo isto, escutar a realidade, "a coisa mesma", e aceitar suas lições.[16]

Estamos ainda muito distantes da Igreja primitiva e da afirmação de Irineu: "Ali onde está a Igreja, ali está também o Espírito de Deus; e ali onde está o Espírito de Deus, ali está a Igreja e toda a graça. E o Espírito é a verdade".[17]

Em suma, o que se esconde por trás de toda esta separação entre teologia e experiência espiritual, desse medo da novidade e da história, se não um esquecimento teológico e prático da Pneumatologia?

---

[16] RATZINGER, J. *El nuevo pueblo de Dios*. Barcelona, 1972. p. 318-319.

[17] IRINEU. *Adversus haereses* III, 24; PG 7, 966.

De que Espírito estamos falando? Abordagem simbólica

Antes de refletir sobre o Espírito e sua presença nos crentes, na Igreja e no mundo, temos de tentar esclarecer a que Espírito nos referimos. Isto, porém, não é tarefa fácil.

Em nossa vida cristã, estamos acostumados a nos concentrar na pessoa de Cristo e, quando oramos, ordinariamente nos dirigimos ao Pai. O Pai-Nosso é nossa oração habitual, tanto no âmbito pessoal quanto comunitário e litúrgico. Tudo isto está certo.

Contudo, nesta nossa referência ao Pai e a Jesus, o Filho, costumamos esquecer o Espírito. Ou, se o mencionamos, acrescentando "no Espírito Santo", não temos consciência da dimensão pessoal do Espírito. O Espírito tem sempre um caráter anônimo, impessoal, difuso, algo que se nos dilui e que não podemos especificar. O Espírito está sempre rodeado de mistério e silêncio. É uma dimensão obscura de Deus, que permanece sempre oculta, impalpável, kenótica, ou seja, como que vazia de sentido.

Por isso, na Escritura, o Espírito revela-se-nos através de símbolos fluidos e impessoais, mesmo que sumamente dinâmicos. O Espírito aparece mais como verbo do que como substantivo; é, antes de mais nada, ação, dinamismo. Enumeremos alguns desses símbolos através dos quais se nos manifesta o Espírito na Escritura. Posto que muitos deles sejam certamente bastante conhecidos, uma exposição de toda esta simbologia nos ajudará a nos aproximar, de algum modo, da riqueza do Espírito. Esta base é necessária para, a seguir, aprofundar a teologia e a práxis do Espírito em nossa vida pessoal, na Igreja e no mundo.

Vento

Esta é a imagem mais comum do Espírito, aquela que o próprio nome "espírito" insinua. Espírito – *ruah* (feminino, em hebraico), *pneuma* (neutro, em grego) e *spiritus* (masculino, em latim).

É o vento que, como sopro de vida, pairava e agitava as águas no começo da criação, quando a terra ainda era caos, confusão e obscuridade (Gn 1,2).

É o alento de vida que Iahweh-Deus insuflou no primeiro ser humano, formado do pó da terra, para fazer dele um ser vivente (Gn 2,7). A respiração é sinal de vida.

É o murmúrio de uma brisa suave na qual Elias descobre a passagem de Iahweh (1Rs 19,12).

É o vento que o profeta anuncia que soprará sobre um campo de ossos para fazer com que os mortos revivam (Ez 37,9).

É o alento de Iahweh, pelo qual todas as coisas são criadas, que renova a face da terra (Sl 104,30), mas faz com que tudo expire e retorne ao pó quando se retira (Sl 104,29).

É o hálito vital que Deus infundiu no ser humano quando o modelou no começo, e do qual Israel se esqueceu quando recorreu a ídolos (Sb 15,11).

É o vento que sopra onde quer, mas não sabemos aonde vai, como o disse Jesus a Nicodemos, naquela conversa noturna que nos relata o evangelista João (Jo 3,8).

É o último suspiro de Jesus na cruz, que, ao inclinar a cabeça e entregar o espírito (Jo 19,30), preludia a efusão de uma vida nova.

É o sopro de Jesus Ressuscitado sobre os discípulos na manhã de Páscoa, que faz deles nova criação e lhes dá o poder de perdoar pecados (Jo 20,22).

É o vento ciclônico que, com estrépito de rajada de vento impetuoso, invade o recinto de Pentecostes e transforma aqueles temerosos e covardes discípulos e discípulas em valentes anunciadores da Palavra (At 2,2).

Em síntese, o vento significa o poder e a força vital de Deus, sua ação criadora e vivificadora no mundo e na história, invisível mas real. Sem ele, só existem morte e caos. O Espírito é vento de liberdade e fonte de vida.[18]

Fogo

É o misterioso fogo da sarça ardente, diante do qual Moisés não se atreve a se aproximar e se descalça, pois é um lugar sagrado onde Deus se manifesta (Ex 3,3).

É o fogo do Sinai que acompanha a teofania de Iahweh a Moisés (Ex 19,18).

É o batismo de fogo que, segundo anuncia João Batista, Jesus deverá realizar (Lc 3,16).

É o fogo que Jesus disse ter vindo trazer à terra (Lc 12,49).

São as línguas de fogo que pousam sobre os discípulos e Maria no dia de Pentecostes e que significam

---

[18] VIVES, J. Viento de libertad, fuente de vida. *Cristianisme i Justícia*, Barcelona, fasc. 83, 1998.

o início da Igreja e de sua missão a todos os povos (At 2,1-4).

É o fogo que Paulo pede aos tessalonicenses que não extingam (1Ts 5,19).

Deste modo, o fogo simboliza a luz, a força e a energia do Espírito; seu calor que aquece e faz arder o coração frio; sua capacidade de comunicação humana; o princípio de comunhão que, como o fogo, reúne junto ao lar; sua expansão interna pelo dinamismo do amor.

Um autor oriental, Simeão, o Novo Teólogo, expressou poeticamente o simbolismo do fogo do Espírito:

> Como és tu foco de fogo e frescor de manancial,
> ardência, doçura que sana nossas impurezas?
> Como fazes do homem um deus,
> da noite um corpo luminoso
> e do abismo da morte tiras a vida nova?
> Como a noite desemboca no dia,
> podes tu vencer as trevas?
> Levas a chama até o coração e mudas o fundo do ser?
> Como é que, sendo um conosco,
> nos fazes filhos do mesmo Deus?
> Como nos queimas de amor e nos feres sem espada?
> Como podes suportar-nos, permanecer lento à ira
> e ser capaz, por outro lado,
> de ver até nossos menores gestos?
> Como pode teu olhar seguir nossas ações
> desde cima e de tão longe?
> Teu servo espera a paz, a coragem nas lágrimas.[19]

---

[19] *SChr* 156 (1969) 205-207.

Água

É a água pura que Iahweh derramará sobre o povo, purificando-o de toda imundície, criando-lhe um coração novo e infundindo-lhe um espírito novo (Ez 36,25-28).

É a água que brota do templo até o Oriente e desemboca no mar, curando-o e vivificando-o inteiramente (Ez 47,1-12).

É a água que purifica e lava (Is 1,18; Sl 51,9; Mc 7,3-4; Jo 2,6).

É a água viva que brota para a vida eterna, é o dom de Deus que Jesus oferece à samaritana junto ao poço de Jacó (Jo 4,10-14).

É o manancial de água viva que brota do seio do Messias e que João interpreta como referente ao Espírito que receberiam os que acreditassem em Jesus Ressuscitado (Jo 7,37-39). É a água misteriosa que brota do lado ferido de Jesus Crucificado, junto com seu sangue, e que o evangelista enfatiza fortemente (Jo 19,34).

Esta água simboliza a vida, a força e a fecundidade do Espírito diante do poder destruidor do mal (águas de morte do Dilúvio e do Êxodo). Através do símbolo da água, indica-se que Deus quer oferecer uma vida nova a nossos corações de pedra, transformar o mundo ressequido e estéril em terra viva. É uma água que sacia a sede. É a vida do Espírito que recebe nas águas do Batismo aquele que entra na Igreja.

Unção com óleo

É a unção com que eram ungidos os reis de Israel, como Saul (1Sm 10,1), Davi (1Sm 16,12-13), Salomão (1Rs 1,39), Jeú (2Rs 9,6), e em virtude da qual recebem o

Espírito com vistas ao desempenho de sua função régia. Por esta unção são constituídos messias.

Esta unção do Espírito visa a que o rei pratique o direito e a justiça com os pobres (Sl 72,1).

Contudo, visto que os reis de Israel não realizam esta função messiânica, anuncia-se um Messias, Servo de Iahweh, ungido pelo Espírito para levar a boa nova aos pobres e a libertação aos cativos (Is 61,1).

Esta unção do Espírito anunciada pelos profetas é a que Jesus, em Nazaré, reconhece que se cumpre nele hoje (Lc 4,21). Esta unção com o Espírito é a que move Jesus a realizar sua missão de transformar um mundo destroçado pelo egoísmo em um mundo fraterno, livre de toda exclusão e opressão.

Jesus será chamado "o Cristo", isto é, o ungido pelo Espírito (Mt 27,12), aquele a quem Deus ungiu com o Espírito Santo e que passou pelo mundo fazendo o bem e libertando os oprimidos (At 10,38).

Nós, cristãos, recebemos a unção do Espírito, que nos instrui interiormente (1Jo 2,20.27; cf. Jo 14,26).

Destarte, a unção com óleo significa a força do Espírito que consagra para a missão, uma missão que tem a ver com a prática do direito e da justiça para com os pobres e os oprimidos. Nós, cristãos, recebemos esta unção do Espírito no sacramento da Confirmação, que nos dá força para prosseguir a função messiânica de Jesus em nosso mundo: fazer o bem e praticar o direito e a justiça para com os pobres. Outros sacramentos também utilizam o simbolismo da unção para significar a força do Espírito que consagra para o ministério pastoral na Igreja (Ordem) e que dá forças ao enfermo para manter a esperança na situação de debilidade corporal e de doença (Unção dos Enfermos).

Pomba

A pomba que volta à arca, após o dilúvio, significa o Espírito de paz (Gn 8,11).

A pomba que desce sobre Jesus em seu Batismo (Jo 1,32-33; Lc 3,22; Mt 3,16) significa o Espírito. Ao narrar-nos como no Batismo de Jesus os céus se abrem, ouve-se a voz do Pai e se vê o Espírito Santo pousar sobre ele sob a forma de pomba, o que os evangelistas querem dizer-nos é que o filho do carpinteiro de Nazaré, que aparecia pela primeira vez em público às margens do Jordão, era o Messias tão esperado, o prometido, o portador do Espírito, o Filho do Pai.

O simbolismo da pomba, que a iconografia cristã utilizará com profusão para relacioná-lo ao Espírito, significa uma série de traços do Espírito: a brancura e pureza, a ternura, a sensibilidade (Mt 10,16), a paz, que deviam ser características próprias do Povo de Deus, e devem sê-lo, em concreto, da Igreja, Novo Povo de Deus. Por isso, os Padres da Igreja, concretamente Agostinho, aplicam o símbolo da pomba ao Espírito e à Igreja una e santa, uma vez que veem uma estreita relação entre ambas as realidades (cf. Ct 2,14; 5,2).

Nuvem

A nuvem que guiou o povo no deserto (Ex 40,34-38).

A nuvem que envolveu o Sinai (Ex 24,15-18).

A nuvem do Espírito que cobriu com sua sombra o seio de Maria para que concebesse o Filho de Deus (Lc 1,35-36).

A nuvem que aparece na Transfiguração cobrindo Jesus e os apóstolos Pedro, Tiago e João (Mc 9,7).

A nuvem que esconde Jesus aos olhos dos discípulos no dia da Ascensão (At 1,9).

A nuvem simboliza o Espírito enquanto vela e revela a presença de Deus em nossas vidas, que nos acompanha, guia e fecunda.

Perfume

O perfume – que no Antigo Testamento significa uma evocação agradável, uma presença amorosa (Gn 27,27; Ct 1,3.12; 4,10-11) e um sinal de nossa adoração a Deus através do odor do incenso (Ex 30,34-37; Eclo 24,15; 39,14) – no Novo Testamento se relaciona com o odor de uma ação boa, que perfuma toda a casa, como a unção de Betânia (Jo 12,3), e com o bom odor de Cristo que nós, cristãos, devemos difundir através de nosso testemunho de vida (2Cor 2,14-16).

Assim, o perfume significa o Espírito como sinal de uma presença sutil, que tudo penetra e que se esparge por todos os lugares, evocando uma linguagem de amor, de beleza e de elevação espiritual. No sacramento da Confirmação, o óleo para a unção (crisma) é impregnado com o aroma do bálsamo a fim de significar este bom odor do testemunho cristão em um mundo que, às vezes, está marcado pelo odor da morte.

Advogado

O Espírito, sobretudo nos escritos joaninos, é o advogado ou defensor (paráclito) enviado pelo Pai depois da partida de Jesus (Jo 16,7), que estará junto aos discípulos (Jo 14,15-17), os quais, desse modo, não ficarão órfãos (Jo 14,18). O Espírito da verdade (Jo 14,17) virá para recordar e completar o ensinamento de Cristo (Jo 14,25-26), convencer o mundo sobre o pecado (Jo 16,8), conduzir os discípulos à verdade plena e explicar-lhes o sentido dos acontecimentos futuros (Jo 16,12-15); glorificará a Cristo (Jo 16,14), no sentido de que testemunhará que sua missão provinha do Pai (Jo 15,26-27; 1Jo 5,6-7), ao passo que o mundo se equivocou acreditando no Príncipe deste mundo, pai da mentira, e não crendo em Jesus (Jo 16,7-11). Este advogado nos defenderá no tribunal do Pai contra as acusações de Satã (1Jo 2,1-29), graças a seu sacrifício (Ap 12,9-11).

Outros simbolismos

Há outra série de simbolismos menos usados, mas que também são significativos:

- vinho, festa, alegria, como simbolizado no vinho novo de Caná (Jo 2,1-2);

- o selo ou sinal com que se autentica e se assinala algo. O Espírito imprime sua marca em nós e nos marca como filhos de Deus: Ef 1,13; 4,30; 2Cor 1,22;

- o penhor ou os bens futuros. O Espírito constitui em nós as arras, as primícias do Reino: Ef 1,14; 2Cor 1,22; Rm 6,23;

- o dedo de Deus, seu poder, com o qual Jesus expulsa demônios: Mt 12,28; Lc 11,20; cf. Ex 8,15; Sl 8,4.

Recapitulando esses símbolos, o Espírito aparece como dinamismo de vida e força (vento, água, fogo, defesa, selo, dedo...) e como doçura e suavidade penetrante (perfume, vinho, unção, pomba...).[20] Contudo, é preciso notar que tais símbolos não têm rosto nem conteúdo próprio, mas se orientam a Outro; são dinamismos que movem em direção a Outro, e este Outro é Jesus, sua vida e sua missão. O Espírito não tem outro conteúdo senão o de Jesus. Por isso, para conhecer e discernir um Espírito é preciso constatar se conduz a Jesus ou não. Se o vento, a água, o fogo, a unção, o perfume... levam a Jesus, são sinais do verdadeiro Espírito; caso contrário, não o são.

Um hino da festa de Pentecostes resume vários destes símbolos:

> Espírito de Deus, és fogo,
> paciente brasa oculta sob as cinzas,
> disposta a surpreender-nos a todo instante,
> saltando em chama, com júbilo de relâmpago,
> ao conjuro do mais tímido sopro,
> para fazer fagulhas de nossa palha inútil
> e acrisolar o ouro com as chamas
> de teu vulcão de amor.
> Espírito de Deus, és vento.
> Onde produzes teu sopro? Em que ribeira?
> Seu rosto esconde, trêmulo, Elias,
> mergulhado em teu silêncio rumoroso.
> És dom que se dá aos tempos novos,
> suspiro deste mundo em esperança.
> Presente estás em qualquer parte,
> como baile, florida liberdade.
> Espírito de Deus, és orvalho
> de alegria, de força, de ternura.

---

[20] DOM MIQUEL. *Petit traité de théologie symbolique*. Paris, 1987. p. 89-109.

És a chuva outrora prometida,
que fecunda uma terra abandonada.
Tu nos dás a vida, cristalina fonte
iluminada em Jesus Ressuscitado,
e nossos passos guias até o Pai,
rocha de verdade.[21]

E Simeão, o Novo Teólogo, invoca o Espírito com esta oração plena de símbolos:

> Vem, luz verdadeira.
> Vem, vida eterna.
> Vem, mistério oculto.
> Vem, tesouro sem nome.
> Vem, realidade inefável.
> Vem, pessoa irreconhecível.
> Vem, gozo sem fim.
> Vem, luz sem ocaso.
> Vem, esperança que quer salvar a todos.
> Vem, ressurreição dos mortos.
> Vem, ó poderoso que tudo mudas,
> refazes e transformas por teu único poder.
> Vem, ó invisível e totalmente intangível e impalpável.
> Vem, tu que sempre permaneces imutável
> e a cada instante te moves todo inteiro e vens a nós,
> sepultados nos infernos.
> Tu estás por cima de todos os céus,
> teu nome desejado e constantemente proclamado
> ninguém sabe dizer qual é.
> Ninguém pode saber como és,
> de que gênero ou de que espécie,
> pois és o impossível.
> Vem, gozo eterno.
> Vem, coroa imperecível.
> Vem, púrpura real.

---

[21] *Prière du temps présent*, p. 505. Citado por: FERMET, A. *El Espíritu Santo y nuestra vida*. Santander: Sal Terrae, 1985. p. 34.

Vem, direita verdadeiramente soberana.
Vem, tu, a quem deseja minha alma miserável.
Vem, tu, o Único, a mim somente,
visto que tu queres que esteja sozinho.
Vem, tu que me separaste de tudo
e me fizeste solitário neste mundo
e te converteste em desejo para mim,
que fizeste com que te deseje,
tu, o absolutamente inacessível.
Vem, alento e vida minha.
Vem, consolo de minha pobre alma.
Vem, meu gozo, minha glória, minha delicia sem fim.[22]

E Gregório Nazianzeno se admira da variedade de nomes que o Espírito possui:

> Assalta-me o espanto quando penso na riqueza de seus nomes: Espírito de Deus, Espírito de Cristo, inteligência de Cristo, Espírito de adoção, restaura-nos no batismo e na ressurreição. Sopra onde quer. Fonte de luz e de vida, faz de mim seu templo, diviniza-me, aperfeiçoa-me, antecipa o batismo e é desejado depois do batismo. Tudo o que Deus faz, é ele que o faz. Multiplica-se nas línguas de fogo e multiplica seus dons, cria os pregadores, os apóstolos, os profetas, os pastores, os doutores. É outro Consolador, como se fosse outro Deus.[23]

O Espírito na Escritura

A presença do Espírito é uma constante na Bíblia, ainda que sempre de forma difusa e não sistematizada. É como o fio condutor de toda a Palavra de Deus, sem que os autores bíblicos tenham sentido a necessidade

---

[22] PG 120, 507-509.
[23] PG 36, 159, BC.

de plasmar esta experiência em um sistema dogmático. É, antes de mais nada, uma experiência vital, globalizante e unificadora das diversas dimensões e etapas da revelação do mistério divino na história da humanidade.

Ainda mais, o Espírito é aquele que inspirou as Escrituras; é o Espírito que falou pelos profetas, quem inspira os escritores sagrados para que transmitam, a partir de suas categorias mentais e culturais, a Palavra de Deus. Por isso, dizem os Padres – Orígenes, entre outros – que as Escrituras devem ser lidas sob a inspiração do mesmo Espírito que as fez surgir. "Todas as palavras de Deus contidas nas Escrituras [...] estão plenas do Espírito Santo";[24] não é possível "entendê-las sem a ajuda do Espírito Santo".[25] "O Espírito é *aquele* que acompanha a Palavra",[26] é "a boca de Deus" que antecede e pronuncia a Palavra.[27] A Igreja, graças ao Espírito, chega à verdadeira compreensão da Escritura, ou seja, à compreensão espiritual.[28]

Não vamos fazer uma exegese completa dos textos bíblicos sobre o Espírito,[29] mas unicamente apresentar as linhas fundamentais de sua manifestação e decifrar algumas constantes como arquétipos do Espírito no Antigo e no Novo Testamento.

---

[24] HILÁRIO DE POITIERS. *Comentario a los salmos*, 118.
[25] JERÔNIMO. *Cartas*, 120.
[26] JOÃO DAMASCENO. *La fe ortodoxa* I, 7.
[27] SIMEÃO, O NOVO TEÓLOGO. *Libro de Ética*, III.
[28] ORÍGENES. *Homilía sobre el Levítico*, V, 5.
[29] Pode-se consultar a obra clássica de: CONGAR, Y. M. *El Espíritu Santo*. Barcelona, 1983. p. 29-89. [Ed. bras.: *Revelação e experiência do Espírito Santo*. 2. ed. São Paulo: Paulinas, 2009. (Coleção Creio no Espírito Santo, n. 1.) *Ele é o Senhor que dá a vida*. São Paulo: Paulinas, 2010. (Coleção Creio no Espírito Santo, n. 2.) *O rio da vida corre no Oriente e no Ocidente*. São Paulo: Paulinas, 2010. (Coleção Creio no Espírito Santo, n. 3.)]

Antigo Testamento

No Antigo Testamento, prevalecem três linhas de força sobre o Espírito: a dimensão criadora, a profética e a sapiencial.

Espírito criador

O Espírito aparece como Criador, como a Tradição eclesial conservou em seu hino *Veni Creator Spiritus*, que a Igreja entoa nos momentos mais importantes de sua vida: concílios e sínodos, ordenações sacerdotais e episcopais, encontros pastorais... Este apelativo tematiza a experiência de todas as religiões e culturas com respeito a Deus: Deus é o criador da natureza, mesmo que em Israel esta experiência tenha sido posterior à vivência do êxodo, e não tenha sido plasmada até o tempo do exílio, precisamente em contato com outras culturas e religiões.

Gn 1, sacerdotal e pós-exílico, apresenta o Deus criador com três atributos fundamentais: o iniciador da criação, o ordenador ou arquiteto do cosmo e o vivificador do universo.

Esses três atributos de Deus não são caracteres de Deus, mas sua personalidade espiritual, a *ruah* que adejava sobre o caos primitivo e que voltaremos a encontrar depois do dilúvio (Gn 8,6-12), no Batismo de Jesus (Mt 3,16; Mc 1,10; Lc 3,22) e em sua morte na cruz (Jo 18,30). O Espírito é, ao mesmo tempo, iniciador do universo e sopro que dá a vida, que a sustenta, fecunda, mantém e ordena. A ordem do mundo de Gênesis é a assinatura do Deus bíblico, de sua *ruah*, em oposição ao caos; é a maneira própria de iniciar, sustentar e vivificar o criado.

A *ruah* surge de Deus, mas está em Deus. A bênção de Deus é sinal de fertilidade, o poder de Deus é inexaurível. Muitos autores atuais quiseram ver nesta dimensão geradora, vivificadora e fertilizante uma dimensão materna de Deus, seu lado feminino, intimamente ligado ao Espírito.

Posto que seja, evidentemente, um antropomorfismo pretender adjudicar um gênero a Deus, é inegável que aqui se oculta uma ênfase que não se pode desprezar, e que algumas Igreja orientais, como a Siríaca,[30] mais adiante, desenvolverão.

Enquanto Congar mostra-se um tanto cauteloso perante esta tentativa de aproximação da *ruah* à dimensão feminina,[31] outros autores, como Durrwell, designam o Espírito como o seio de Deus, donde nasce o Filho eterno.[32]

Além do mais, existe em Gn 1 uma ação peculiar de Deus na criação do homem e da mulher no sexto dia. Há uma espécie de diálogo interior da divindade, um "façamos" (Gn 1,26) que, para alguns Padres da Igreja, manifesta um diálogo trinitário. O Espírito é o lugar do diálogo divino e do diálogo entre Deus e a humanidade.

Em Gn 2, de tradição javista e mais antigo do que Gn 1, o rosto de Deus é apresentado de forma muito mais antropomórfica, já que Deus aparece, mais do que como ordenador, como criador, artista e poeta que sopra sobre o ser humano, formado do pó do solo, e insufla em suas narinas um sopro de vida, para que se torne um

---

[30] SIMAN, E. P. *L'expérience de l'Esprit d'après la tradition syrienne d'Antiochie*. Paris, 1971.

[31] Veja-se, porém, o que ele afirma a respeito da maternidade e da feminidade do Espírito em sua obra clássica *El Espíritu Santo*, cit., p. 588-598.

[32] DURRWELL, F.-X. *El Espíritu del Padre y del Hijo*. Madrid, 1990. p. 72.

ser vivente (Gn 2,7). Este hálito de vida faz referência ao Espírito criador. A seguir, completa sua criação com a criação de sua companheira (Gn 2,21-23) e deixa ao homem a responsabilidade de cultivar e ordenar a terra. A função criadora de Deus aparece como o permitir uma nova ação progressiva, em um diálogo entre Criador e criatura, com uma mútua corresponsabilidade em um projeto inacabado da criação, corresponsabilidade que se dá também entre as próprias criaturas, entre o varão e a mulher (Gn 2,20-25).

A teologia ecológica vê neste Espírito criador uma fonte constante de inspiração e de luz. O desastre ecológico atual é o mais oposto ao Espírito criador: é gerar morte em vez de vida, é um retorno ao caos primordial (Gn 1,2: *tohû bohû*). A responsabilidade do casal humano sobre o universo é sempre algo relativo à vida, nunca à apropriação e ao consumo indevido da natureza. O desastre ecológico é antipneumático, é realmente satânico. Mais tarde voltaremos ao tema.

Este Espírito criador aparece também em outros lugares do Antigo Testamento, como na visão de Ezequiel de um campo cheio de ossos secos, na qual se invoca o Espírito e os mortos revivem (Ez 37,1-14). Este Espírito criador é cantado nos salmos como fonte de vida e de alento, que renova a face da terra (Sl 33,6; 104,30) e sem cujo sopro tudo volta ao pó da terra (Sl 104,29).

Esta criação culminará na nova criação da Páscoa de Jesus: o Espírito da criação se derramará sobre os apóstolos no entardecer do dia de Páscoa (Jo 20,22); em seguida, sobre a primeira comunidade de Jerusalém (At 2) e sobre toda carne, antecipando, assim, a nova terra e o novo céu escatológicos (Ap 21,1).

Espírito profético

O Espírito criador continua permanentemente presente na história humana, e bem concretamente na história de Israel, com um compromisso de Iahweh para com seu povo, cujo protótipo é a gesta libertadora do Êxodo.

Este Espírito atua através de personagens eleitas por Deus, como os anciãos de Israel no deserto (Nm 11,17-29; 24,2), os juízes (Jz 3,10; 6,34; 11,29), os reis (1Sm 11,6)...; mas, acima de tudo, irrompe de modo peculiar nos profetas e profetisas, para que falem em nome de Iahweh. Os profetas e profetisas não porta-vozes autorizados de Deus que recordam ao povo as promessas divinas e o chamam a converter-se ao projeto de Deus. Às vezes anunciam desgraças para o povo (Is 6,11; Jr 2–3), às vezes sua ressurreição (Ez 37,1-14); em todo caso, Iahweh nunca abandona seu povo (Jr 1,18), sempre o chama à conversão (Jr 4,1s; Sl 51,13) e lhe promete que lhe infundirá seu Espírito para que tenha um coração novo, de carne, não de pedra (Ez 36,24-29; Is 44,3).

Não pretendemos agora nos aprofundar sobre o profetismo, mas simplesmente indicar sua relação com o Espírito.[33]

Esta ação do Espírito nos profetas começa com uma experiência espiritual que constitui a raiz da vocação profética e que acompanhará o profeta ao longo de sua existência e lhe dará força para anunciar, denunciar e transformar a realidade. Sua palavra goza da eficácia própria do Espírito. Por vezes o profeta resiste à sua missão e deseja escapar, mas a força do Espírito o seduz

---

[33] A este respeito, pode-se consultar o livro clássico de: HESCHEL, A. *Los profetas*. Buenos Aires, 1973. 3 vols. E o mais recente de: ALONSO SCHÖKEL, L.; SICRE, J. L. *Profetas*. Madrid, 1980.

e o retém (Jr 20,7-9). A missão do profeta é ingrata e amiúde suscita contradições, e muitos desejariam calar sua voz e escutar as vozes mais deleitáveis dos profetas cortesãos, falsos profetas que anunciam o que agrada ao rei. O verdadeiro profeta, porém, é fiel à sua missão até o fim.

Os profetas anunciam os tempos messiânicos nos quais o Messias estará pleno do Espírito e praticará o direito e a justiça para com os pobres (Is 11,1-9). O texto de Is 11,1-3 serviu de base para o desenvolvimento teológico e espiritual dos sete dons do Espírito: sabedoria para amar a Deus de todo o coração; inteligência para aproximar-se do mistério de Deus; conselho para ver o caminho a seguir; fortaleza para empreender grandes obras sem medo; ciência para conhecer a Deus e todas as coisas relacionadas com ele; temor de Deus, que é o respeito em relação a Deus, além de princípio de toda sabedoria (Pr 1,7), ao que se acrescenta a piedade, que é afeto filial para com nossos pais.[34]

Mais adiante, vamos nos perguntar por que a espiritualidade e a teologia não continuaram a comentar os versículos subsequentes (Is 11,4-9), em que aparece o tema do direito e da justiça para com os pobres, os fracos e os humildes, cujo fruto é a harmonia e a paz cósmica, descrita em registro paradisíaco (Is 11,6-9), e a criação reconciliada.

O Segundo Isaías apresenta o misterioso Servo de Iahweh, que apregoa a verdadeira fé, expia com sua morte os pecados de seu povo e é glorificado (42,1-9; 49,1-6; 50,4-9; 52,13–53,12). No primeiro cântico deste Servo de Iahweh, aparece a missão do servo suscitada pelo Espírito, que consiste em não partir o caniço

---

[34] A LXX e a Vulgata acrescentam a piedade como desdobramento do temor de Deus.

rachado nem apagar a mecha moribunda, implantar a justiça, abrir os olhos aos cegos e tirar do cárcere os que vivem nas trevas.

No Terceiro Isaías, encontramos o Espírito que unge o profeta para que anuncie a libertação, a justiça e a paz aos que retornam desanimados do exílio (Is 61,1-3). Isto se cumprirá em Jesus quando ele, na sinagoga de Nazaré, ler este texto do profeta Isaías (Lc 4,18s).

Finalmente, anuncia-se que nos últimos dias o Espírito se derramará sobre toda a humanidade (Jl 3,1-3; cf. At 2,16-18).

Desse modo, o Espírito aparece ligado à renovação da vida do povo: é ele que possibilita uma vida nova, dando-lhe um coração novo e movendo-o a praticar o direito e a justiça com os pobres e a restabelecer a harmonia na criação.

Não é fortuito que o Creio niceno-constantinopolitano, ao professar sua fé no Espírito, acrescente que "falou pelos profetas". Tal profetismo culminará em Jesus de Nazaré, cuja missão é descrita por Lucas como movida pelo Espírito.

Espírito interior e sapiencial

A experiência profética foi-se purificando através da história, particularmente com os fracassos e desilusões. Elias pode ser o símbolo deste fracasso em sua tentativa de fuga para o Horeb a fim de morrer (1Rs 19,1-5). Deus, porém, manifesta-se a ele novamente no sussurro discreto de uma brisa suave (1Rs 19,12).

Pouco a pouco, introduz-se a teologia do pequeno resto, povo humilde e profético, *anawim*, pobres de

Iahweh, e desemboca-se em uma religião do coração, plena de sabedoria. É a interioridade sapiencial do Espírito, hóspede interior do coração humano e de toda criatura.

Os livros sapienciais (Jó, Provérbios, Eclesiastes ou Coélet, Eclesiástico ou Sirácida, e Sabedoria) mostram uma estreita relação entre Sabedoria e Espírito, já que ambas as realidades agem de forma espiritual, exercem um papel cósmico universal, suscitam profetas, guiam não somente o povo eleito, mas toda a humanidade, são um mestre interior que ilumina o coração (cf. Sb 1,6; Pr 8,22; Jó 32,8 e, sobretudo, Sb 7,22–8,1). A sabedoria representa certa personificação feminina do Espírito (Sb 8–9).[35] Para compreender a dificuldade desta personificação, é preciso levar em conta o monoteísmo estrito do mundo. Por isso, não é estranho que tanto os Padres da Igreja (Basílio, Gregório Nazianzeno...) quanto a liturgia de Pentecostes associem a sabedoria ao Espírito. Ambos são sutis, transcendem o material, são puros, penetrantes, inteligentes, infinitos, gozam de um saber e de um poder ilimitados, são pródigos em bens...

Conclusão do Antigo Testamento

Existe ampla maturação entre o Espírito que paira sobre as águas, a ação vivificante do Espírito na história, a penetração interior e a renovação de toda a criação. Este processo de amadurecimento e de personalização se explicitará e aprofundará no Novo Testamento, já que o Antigo Testamento é tão somente uma antecipação da revelação plena em Cristo, que culmina na revelação da Trindade.

---

[35] A teologia feminista desenvolve amplamente esta dimensão feminina da Sabedoria. Cf., por exemplo: SCHÜSSLER FIORENZA, Elisabeth. *Los caminos de la Sabiduría*. Santander: Sal Terrae, 2004.

Contudo, já aparecem os traços do Espírito que se confirmarão a seguir. Para o Antigo Testamento, a *ruah* é a ação e presença permanente de Deus na criação e na história, que cria, liberta e penetra os corações. É a força vital pela qual Iahweh conduz seu povo, suscitando heróis, juízes, reis, guias, profetas, sábios...; é unção sobre o eleito para que pratique a justiça; renovação do coração e penetração com sua sabedoria no interior do coração humano. É uma força misteriosa que, a partir de dentro e de maneira sutil, tudo penetra e ilumina, purifica e santifica, vivifica e dá consistência definitiva. O criador, o profético e o sapiencial se complementam e se compenetram misteriosamente: são inseparáveis. Conforme veremos em seguida, essas dimensões nem sempre se mantiveram unidas na Tradição espiritual e teológica da Igreja. Tampouco o hino clássico *Veni Creator Spiritus*, apesar de sua profundidade, inclui e sintetiza bem toda a riqueza dessas dimensões vetero-testamentárias:

> Vem, Espírito Criador,
> visita o espírito dos que são teus.
> Enche de graça e de esplendor
> os corações que tu mesmo criaste.
> Nós te chamamos Defensor,
> Dom do Deus altíssimo,
> fonte viva, fogo, amor
> e unção da graça.
> Tu nos ofereces os sete dons,
> tu és o dedo da mão de Deus,
> a verídica promessa do Pai:
> tu inspiras nossa voz.
> Abrasa-nos em tua luz,
> enche nossos corações.
> O que é fragilidade em nosso corpo,
> revigora com teu vigor.

Afasta para longe de nós o inimigo.
Desde agora nos dá a paz.
Sê nosso guia no caminho
para que possamos evitar todo o mal.
Dá que conheçamos o Pai,
revela-nos o Filho,
tu és o Espírito do Pai e do Filho.
Que sempre creiamos em ti!*
Glória ao Pai e ao Filho
que da morte se levanta,
com o Divino Espírito
que sempre reina e manda. Amém.

Novo Testamento

Não é fácil resumir, em breves páginas, toda a riqueza neotestamentária do Espírito, sobre o qual se escreveram numerosas monografias. Tentaremos mostrar como se mantêm as grandes temáticas do Antigo Testamento (criação, libertação profética, sabedoria interior), mas com nova profundidade que nasce do mistério de Jesus Cristo. O Espírito continua sua obra criadora repousando sobre Maria, mãe do Senhor, descendo sobre Jesus no Jordão e guiando sua vida profética, fazendo nascer a Igreja do lado de Jesus Crucificado; o Espírito ressuscita Jesus dentre os mortos e é o dom do Ressuscitado que inspira e mobiliza a grande aventura do querigma eclesial nos Atos, em Paulo e nos escritos joânicos.

Tentaremos mostrar a riqueza e a complexidade da relação entre o Espírito e Cristo, entre Cristologia e Pneumatologia. Para isso, apresentaremos de modo

---

* Para a tradução sem a estrofe final, aproveitamos o texto de: GUIMARÃES, Frei Almir Ribeiro. *Ensina-nos a rezar. Breve iniciação à oração*. Petrópolis: Vozes, 1992. p. 55. (N.T.)

sintético a dimensão do Espírito que prepara e leva a termo a obra de Cristo em Lucas e nos Atos, o Espírito como dom do Ressuscitado em João, e a síntese paulina entre Cristologia e Pneumatologia.

E tudo isso se orienta para a Igreja do futuro. Rahner chega a dizer que a inspiração do Novo Testamento visa a que se produzam textos que sejam constitutivos, fundantes e normativos para a Igreja do futuro. O Espírito se orienta para a Igreja através da própria Escritura.

O Espírito prepara e leva a termo a missão de Cristo

Esta linha, que privilegiará a teologia do Oriente cristão, é típica dos escritos lucanos, e está em profunda conexão com o Antigo Testamento, no qual o Espírito, sobretudo através dos profetas, prepara a vinda do Messias.

Lucas, com efeito, mostra como o Espírito desce sobre Maria, e, com o poder de sua sombra, realiza-se em seu seio o nascimento de um filho que será chamado Jesus e será o Filho do Altíssimo (Lc 1,31.35). Este Espírito, que na visita de Maria a sua prima fará pular de alegria o menino João no seio desta, encherá Isabel e lhe fará reconhecer Maria como bendita entre as mulheres e a Mãe do Senhor (Lc 1,42); é, sem dúvida, também aquele que inspira em Maria o cântico profético do Magnificat (Lc 1,46-56). Maria, a plena de graça, está plena do Espírito Santo, que é quem comunica a vida trinitária. Esta é a raiz da santidade de Maria, a Toda-santa, a Imaculada, a Assunta ao céu. O Concílio Vaticano II chama-a "templo do Espírito Santo" (LG, n. 53), e João Damasceno escreve: "O Pai predestinou-a, a virtude santificante do Espírito Santo visitou-a, purificou-a, fê-la santa e, por assim dizer, encharcada dele".[36]

Maria, reunida com os apóstolos no cenáculo, invoca o Pai, como em uma grande epiclese, pedindo-lhe que faça descer o Espírito sobre a Igreja nascente, aquele mesmo Espírito que na Anunciação já a havia coberto com sua sombra (LG, n. 59). A Mariologia que se irá desenvolvendo no decurso da história da Igreja nada mais faz senão explicitar esta profunda relação entre Maria e o Espírito, que faz dela mãe de Jesus e ícone da Igreja.

Para os Padres orientais, a finalidade última da encarnação é a comunicação do Espírito à humanidade, chegando a afirmar que Jesus é o Grande Percursor do Espírito:

> O Verbo assumiu a carne para que pudéssemos receber o Espírito Santo; Deus o fez portador da carne para que nós pudéssemos receber o Espírito.[37]

> Qual é a finalidade dos sofrimentos de Cristo, de seus ensinamentos e de suas ações? Se o considerarmos em relação a nós, outra coisa não é senão a vinda do Espírito Santo sobre a Igreja.[38]

> Esta é a finalidade e o destino de toda a obra de nossa salvação realizada por Cristo: que os crentes possam receber o Espírito Santo.[39]

---

[36] *Homilías de la Dormición* I, 3.
[37] ATANÁSIO. *Discurso sobre la encarnación del Verbo*, 8.
[38] CABÁSILAS, N. *Explicaciones sobre la divina liturgia*, 37.
[39] SIMEÃO, O NOVO TEÓLOGO. *Catequesis*, VI.

João Batista profetizara que chegaria alguém mais forte do que ele, e que batizaria em Espírito Santo e em fogo (Lc 3,16). Isto acontecerá a partir do Batismo de Jesus. O Espírito desce em forma de pomba sobre Jesus, no Jordão, imediatamente depois de seu Batismo; ao mesmo tempo, o céu se abre e, em uma teofania misteriosa, Jesus é proclamado como o Filho (Lc 3,21-22). Os Padres da Igreja verão nessa descida do Espírito sobre Jesus sua unção messiânica, que não significa que Jesus comece a ser Filho de Deus no Batismo, como afirmavam os adocionistas, mas que no Batismo ele é consagrado e proclamado Messias, toma consciência de sua missão e é confirmado nela. Esta descida do Espírito sobre Jesus é a expressão bíblica do que a Igreja, em linguagem conciliar, formulará como a natureza divina de Jesus, que, junto com sua natureza humana, sem fusão nem confusão, constitue a pessoa divina de Jesus, Filho de Deus.

É o Espírito que enche Jesus e o conduz ao deserto, onde será tentado e terá de discernir entre um messianismo de poder e prestígio, e o messianismo pobre e humilde do Servo de Iahweh (Lc 4,1-13). Quando Jesus lê na Sinagoga de Nazaré o fragmento de Is 61,1-2: "O Espírito do SENHOR Deus está sobre mim, porque o SENHOR me ungiu. Enviou-me para levar a boa-nova aos pobres, [...]", e afirma que "hoje se cumpriu" tudo isso (cf. Lc 4,16-21), está reconhecendo que é movido pelo Espírito profético para realizar sua missão. A missão de Jesus é incompreensível e inseparável de sua unção messiânica pelo Espírito. Sempre que Jesus ensinar, curar, fizer milagres, comer com os pecadores, enfrentar os escribas e fariseus, retirar-se para orar, expulsar demônios (Lc 11,20)..., fará tudo isso sob a unção do Espírito.

Basílio afirma-o claramente:

Vinda de Cristo, o Espírito precede.
Encarnação, o Espírito está ali.
Milagres, graças e curas, pelo mesmo Espírito Santo.
Os demônios expulsos, pelo Espírito Santo.
O demônio acorrentado, o Espírito estava presente.
A remissão dos pecados, pela graça do Espírito.
União com Deus, pelo Espírito.
Ressurreição dos mortos, pela força do Espírito.[40]

E Gregório Nazianzeno escreve sinteticamente: "Cristo nasce, e o Espírito o precede; é batizado, e o Espírito o testemunha; é submetido à prova, e ele o conduz à Galileia; realiza milagres, e o acompanha; sobe para o céu, e o Espírito o sucede".[41]

Quando Jesus exulta de alegria no Espírito e bendiz ao Pai porque ocultou os mistérios do Reino aos sábios e prudentes e os revelou aos pequenos (Lc 10,21), prolonga e aprofunda a linha profética da predileção de Iahweh e sua preocupação pela justiça para com os pobres e fracos. Também segundo Lucas, a oração é eficaz porque o Pai dá o Espírito Santo aos que lho pedem (Lc 11,13). Lucas, porém, adverte do pecado de blasfêmia contra o Espírito, que não será perdoado (Lc 12,10), já que implica fechar-se à salvação que Deus nos oferece por meio do Espírito.[42]

É por acaso que Lucas, o evangelista do Espírito, é também o evangelista da misericórdia (*scriba misericordiae*, segundo Dante), o evangelista dos pobres, das

---

[40] *El Espíritu Santo*, III, 24; PG 7, 966 C.
[41] *Discursos*, XXXI, 29.
[42] JOÃO PAULO II, em sua encíclica *Dominum et Vivificantem* (nn. 46-48), dedica um amplo espaço a comentar o sentido deste pecado contra o Espírito Santo.

mulheres (também de Maria), da oração e da alegria messiânica?

Os apóstolos esperavam que Jesus Ressuscitado fosse inaugurar o Reino de Deus como uma restauração da glória do reino de Davi (At 1,6), mas Jesus, no momento do adeus definitivo, diz-lhes que não vai haver tal restauração, e sim uma presença ativa do Espírito, um Batismo com o Espírito Santo (At 1,4), que os tornará capazes de ser suas testemunhas em todo o mundo (At 1,8; cf. Lc 24,49; At 2,33.39; Gl 3,14.22; 4,6; Ef 1,13; Jo 1,33). Isto indica que temos de abandonar toda nostalgia de um reino material e mágico, visto que o Reino futuro brotará de uma conversão interior ao Espírito que nos faça assumir nossas responsabilidades na história.

Esse Batismo no Espírito acontecerá na festa de Pentecostes, em que o Espírito irromperá como vento ciclônico e em forma de línguas de fogo sobre os discípulos (At 2,1-4), os quais começarão a anunciar valentemente à multidão, vinda de todas as nações, que Jesus Nazareno, aquele que foi entregue à morte, ressuscitou. Todos os que estiverem presentes os entenderão, cada qual em sua própria língua (At 2,5-12), num verdadeiro antibabel. Em Pentecostes nasce a Igreja pela força do Espírito. O Espírito faz comunidade a partir da diversidade. A universalidade não nasce da imposição de uma uniformidade nem de um centralismo absorvente que anule as diferenças.

Pedro alude à profecia de Joel (3,1-5), que anunciava que o Espírito se derramaria sobre toda carne mortal (At 2,14-21). É o tempo da Igreja, a comunidade da nova Aliança, cujo signo é o Batismo (At 2,38-39).

O Espírito faz surgir a primeira comunidade cristã, caracterizada por não somente partilhar o ensinamento dos apóstolos, as orações e a fração do pão, mas também seus bens (At 2,42-44). Ou seja, o Espírito impulsiona a Igreja a viver a solidariedade, antecipando, assim, na terra, o Reino de fraternidade que Jesus anunciara.

O teólogo Joseph Ratzinger afirma a propósito:

> O primeiro ensaio de uma teologia cristã, o discurso do diácono Estêvão em At 7 [...] mostra que Deus não está do lado da instituição, mas do lado dos que sofrem e são perseguidos ao longo de toda a história; e demonstra rigorosamente a legitimidade de Jesus Cristo ao inseri-lo na linha dos perseguidos, dos profetas da história.[43]

Precisamente nesse discurso, Estêvão chama os judeus sentados no sinédrio de "homens de cabeça dura, incircuncisos de coração e de ouvidos", porque oferecem resistência ao Espírito Santo como seus pais (At 7,51).

Este Espírito, porém, não é algo privativo da comunidade judia. Ao primeiro Pentecostes segue-se um segundo Pentecostes, que rompe os exíguos limites do Judaísmo. O mesmo Espírito que havia descido sobre os discípulos desce agora sobre os gentios que escutavam Pedro na casa do centurião Cornélio (At 10,45), mostrando, assim, que Deus não faz acepção de pessoas e que o Evangelho se abre a todas as nações. Anteriormente, Pedro havia-lhes anunciado Jesus de Nazaré, que, ungido pelo Espírito, passou fazendo o bem e curando a todos os oprimidos pelo diabo, porque Deus estava com ele (At 10,38).

A polêmica sobre a admissão dos gentios na Igreja e suas consequências não acaba. O chamado Concílio de Jerusalém (At 15) narra-nos a discussão entre o grupo

---

[43] RATZINGER, J. *Introducción al cristianismo*. Salamanca: Sígueme, 1969. p. 279.

dos judaizantes e os que defendiam uma abertura total da Igreja aos gentios, como Paulo, Barnabé e o próprio Pedro, que confessa que, depois de o Espírito ter descido sobre os gentios, "já não existe nenhuma diferença entre eles e nós" (cf. At 15,9). Nas atas solenes deste Concílio se afirma finalmente: "Pois decidimos, o Espírito Santo e nós, não vos impor nenhum fardo" (At 15,28).

Aqui aparece a universalidade pentecostal da Igreja, que supera todo particularismo judaizante. Daqui se desprendem lições para a Igreja de todos os tempos, lições que a Igreja, muitas vezes, não soube aprender, caindo em particularismos de cultura, região ou época histórica que se impuseram aos demais em nome da universalidade e da catolicidade mal interpretadas.

Desse modo, o Espírito continua levando adiante a obra e a missão de Jesus. Os Atos dos Apóstolos são um canto ao Espírito que faz nascer e expande a Igreja. Os samaritanos que haviam aceitado a Palavra recebem o Espírito pela imposição das mãos de Pedro e de João (At 9,14-17), e os discípulos de Jesus de Éfeso, que nem sequer haviam ouvido falar do Espírito, recebem-no por meio de Paulo (At 19,1-7). A expansão da Igreja aos gentios, graças a Paulo, está continuamente guiada pelo Espírito (At 13,2; 16,7; etc.).

Lucas herda as categorias pneumatológicas do Antigo Testamento (criatividade, profecia, sabedoria) e as leva à plenitude em Jesus e na Igreja, abrindo-se à dimensão eclesial e missionária. Em momentos de noite escura eclesial, como o presente, é conveniente reler os Atos dos Apóstolos para recuperar a confiança na força do Espírito, que vence todas as resistências e prossegue a missão de Jesus, o anúncio do Reino de Deus (At 28,30).

O Cardeal Suenens, um dos protagonistas do Concílio Vaticano II, que relia os Atos dos Apóstolos sempre que se sentia deprimido diante das dificuldades da Igreja, expressava assim a esperança que tinha na ação do Espírito na Igreja:

> Sou um homem de esperança, e não por razões humanas ou por otimismo natural, mas simplesmente porque creio que o Espírito Santo atua na Igreja e no mundo, inclusive ali onde é ignorado.
> Sou um homem de esperança porque creio que o Espírito Santo é Espírito criador. Cada manhã concede, ao que sabe acolher, uma liberdade vivaz e uma nova provisão de alegria e de confiança.
> Eu creio nas surpresas do Espírito Santo. O Concílio foi uma, e o Papa João também. Era algo que não esperávamos. Quem ousaria dizer que a imaginação e o amor de Deus se esgotaram? Esperar é um dever, não um luxo. Esperar não é sonhar. É o meio de transformar os sonhos em realidade. Felizes os que têm a audácia de sonhar e estão dispostos a pagar o preço para que seus sonhos possam tornar-se realidade na história dos homens.[44]

Evidentemente, ter escolhido Lucas não significa que os outros sinóticos não falem do Espírito. Há textos paralelos e outros textos específicos, como o final de Mateus, no qual Jesus envia os discípulos a batizar todas as gentes em nome do Pai e do Filho e do Espírito Santo, e lhes assegura que estará com os discípulos até o final dos tempos (Mt 28,19-20). Por um lado, esta conclusão de Mateus reflete a liturgia batismal mais elaborada da comunidade primitiva; por outro lado, insinua claramente a presença do Espírito na comunidade dos discípulos.

---

[44] SUENENS, Cardeal L. J. ¿Hacia un nuevo Pentecostés? Bilbao, 1968.

O Espírito como dom do Ressuscitado

Esta perspectiva, que será a predominante na Igreja ocidental, fundamenta-se principalmente em João.

A temática veterotestamentária do Espírito criador se expressa numa série de textos nos quais o Espírito é matriz de vida nova, uma vida que tem na Palavra-Verbo-Logos sua origem, pois a Palavra é vida e luz (Jo 1,1-9).

No começo de seu Evangelho, João diz que o Batista viu como o Espírito descia sobre Jesus como uma pomba e permanecia com ele. Isto o fez reconhecê-lo como o Eleito de Deus e como o que batiza com o Espírito Santo (Jo 1,31-34).

No diálogo de Jesus com Nicodemos, fala-se de nascer de novo, nascer do alto, isto é, nascer da água e do Espírito (Jo 3,5-6). A relação simbólica entre água e Espírito das origens da criação (Gn 1,2) é assumida por João para expressar este novo nascimento, não da carne, mas do Espírito, sem o qual não se pode entrar no Reino de Deus. À imagem da água como símbolo do Espírito, une-se a do vento, que, como o Espírito, não sabemos de onde vem nem aonde vai (Jo 3,8).

Jesus oferece à samaritana uma água que sacia a sede e brota para a vida eterna (Jo 4,14). E no último dia da festa dos Tabernáculos ou das Tendas, relacionada com a água, estando de pé, grita dizendo que venha a ele quem tiver sede e beba, porque de seu seio (isto é, do seio mesmo de Jesus, segundo a interpretação mais antiga) brotarão rios de água viva. E o texto explica que ele dizia isto se referindo ao Espírito, e acrescenta que não havia ainda Espírito, porque Jesus ainda não havia sido glorificado (Jo 7,37-39). Isto nos indica claramente que o Espírito procede de Jesus e, concretamente, de Jesus Ressuscitado.

Quando Jesus morre na cruz e, inclinando a cabeça, entrega o espírito (Jo 19,30), preludia-se já o dom pascal do Espírito; vale o mesmo para a água e o sangue que brotam de seu lado aberto pela lança do soldado romano (Jo 19,33-34). Assim o interpretaram os Padres da Igreja.

Contudo, será no entardecer do dia de Páscoa, quando Jesus, soprando sobre seus discípulos, entrega-lhes o Espírito Santo com o qual poderão perdoar os pecados (Jo 20,22-23). Este primeiro dia da semana pascal (Jo 20,1) simboliza, para o evangelista, o começo de uma nova criação, na qual a vida triunfará definitivamente sobre o pecado e sobre a morte. No entanto, este Espírito, como dom pascal, pressupõe a morte de Jesus, a presença de suas chagas nas mãos, nos pés e no lado, como se evidencia na aparição ao incrédulo Tomé (Jo 20,24-29).

A dimensão profética do Espírito manifesta-se acima de tudo nos textos em que Jesus promete a seus discípulos outro Paráclito, advogado, intercessor, consolador, Espírito da verdade, que lhes ensinará, lhes recordará, os conduzirá à verdade plena, lhes anunciará o porvir (Jo 14–16). Sua missão não é simplesmente a de fazer memória, mas a de levar à compreensão plena da mensagem de Jesus; o Espírito atuará diante do mundo como acusador e fiscal, e defenderá os discípulos em suas perseguições e dificuldades (Jo 16,7-11). Será Jesus mesmo quem envia este Espírito que permitirá vencer o mundo e participar da vitória do Filho. O mandamento do amor é fruto do Espírito e sinal da presença do Espírito que nos foi dado (Jo 14,23).

No Apocalipse (19,10), este Espírito é chamado "Espírito de profecia" e é o que incessantemente atua nas Igrejas, dá-lhes forças em meio às perseguições e faz clamar a Igreja, a Esposa, para que venha o Senhor Jesus (Ap 22,17).

Os aspectos mais sapienciais do Espírito aparecem nas cartas joaninas, em que se afirma que os crentes receberam a unção do Espírito (1Jo 2,20), unção que lhes ensina todas as coisas, sem necessidade de que alguém os doutrine (1Jo 2,27). Não obstante, exorta-se o discernimento dos espíritos, pois o espírito do mundo é diferente do de Deus (1Jo 4,1); e para reconhecer o Espírito verdadeiro, é preciso ver se confessa Jesus Cristo vindo na carne mortal (1Jo 4,2), se escuta aos apóstolos (1Jo 4,6) e se leva ao amor fraterno, porque Deus é amor e manifestou seu amor enviando seu Filho ao mundo (1Jo 4,7-9). O amor aos irmãos é o critério para saber se estamos vivendo esta nova existência, porque o amor vem de Deus (1Jo 4,7-8). O Espírito que nos foi dado faz com que habitemos em Deus, e Deus em nós (1Jo 4,13). As cartas joaninas insistem em não desvincular o Espírito da encarnação de Jesus, ante o perigo de as Igrejas de seu tempo minimizarem a encarnação. Sem esta referência a Jesus, a experiência espiritual não pode ser autêntica (1Jo 4,2; cf. Jo 14,17-26; 15,26; 16,1). O Espírito não é independente de Jesus nem acrescenta nada à experiência deste, mas no-la atualiza, no-la recorda, nos ajuda a penetrar-lhe o sentido mais profundo. Esta recordação de Jesus, porém, é vivificada e atualizada pelo Espírito, para responder, assim, às novas situações e momentos históricos e poder chegar à verdade plena (Jo 16,13).

Para João, pois, o Espírito é o grande dom do Ressuscitado, o que dá vida, defende os discípulos e acusa o mundo, o que ilumina interiormente. Como se diz no discurso do pão da vida, "o Espírito é que dá a vida. A carne para nada serve" (Jo 6,63). A vida cristã tem de ser autêntica vida e estar a serviço da vida, contra toda forma de morte.

A síntese paulina: o Senhor é o Espírito, e onde está o Espírito do Senhor, ali está a liberdade (2Cor 3,17-18)

A teologia paulina está estreitamente ligada à própria experiência de conversão após o encontro com o Senhor Ressuscitado em Damasco, pois Paulo não conheceu Jesus segundo a carne, não conheceu o Jesus histórico, embora tenha tido notícias da encarnação e da cruz (Fl 2,6s). Foi-lhe revelado o mistério de Jesus graças ao Espírito (1Cor 2,10), e por ele reconheceu Jesus como Cristo e Senhor.

O eixo recriador é o mais decisivo em sua teologia. Viver segundo o Espírito é ter recuperado a liberdade perdida em Adão graças ao sangue de Cristo, que é o novo Adão, Espírito que dá vida (1Cor 15,45). Esta vida nova do Espírito brota do Ressuscitado, como experimentou Paulo em sua conversão, e se expressa sob a simbologia do homem novo em Cristo. O capítulo 8 da Carta aos Romanos é uma descrição desta vida no Espírito. Contudo, esta vida nova tolera um processo combativo: esta liberdade é vivida em regime de combate entre o homem velho e o homem novo (Rm 7,14-25). Enquanto o homem velho se arruína, o novo se fortalece dia após dia (2Cor 4,7-5,10); diante do corpo de pecado que se dirige para a morte está o Espírito de vida em Cristo. Existe uma oposição entre a carne, não como corporalidade sexual, mas como tendência pessoal de resistência a Deus que arrasta para a morte, e o Espírito que é o novo princípio de ação que leva à vida (Rm 8,5-11), entre os que se deixam guiar pela carne e os que são conduzidos pelo Espírito (Gl 5,13-26).

Paulo descreve os frutos do Espírito, dentre os quais o principal é o amor. Deste Espírito já possuímos as primícias (2Cor 1,22), a escatologia já começa agora, pois estamos salvos, embora sob o signo da espera e da esperança (Rm 8,23-24).[45]

Este Espírito de filiação, que já possuímos e que foi derramado em nossos corações (Rm 5,5), é que nos faz clamar: "*Abba*, Pai!" (Rm 8,15; Gl 4,6), e geme em nosso interior com gemidos inexprimíveis (Rm 8,26), esperando a redenção definitiva. Também a criação geme com dores de parto, esperando a libertação definitiva, pois tanto ela como nós possuímos já as primícias do Espírito (Rm 8,22-23). A Tradição patrística, sobretudo a da Igreja Oriental, apoiar-se-á nestes textos para falar da divinização do cristão.

A inspiração profética em Paulo assume a forma carismática, como aparece em 1Cor 12. O Espírito é que nos permite dizer: "Jesus é Senhor!" (1Cor 12,3), e é ele que distribui a diversidade de carismas e de ministérios, mesmo que haja um mesmo Espírito e um mesmo Senhor (1Cor 12,5-6). Como o corpo tem muitos membros, assim também há pluralidade de carismas, mas todos formam o corpo de Cristo, a Igreja (1Cor 12,12-30). A experiência paulina do Espírito é claramente comunitária e eclesial. No Espírito fomos batizados para formar um só corpo, e todos bebemos de um mesmo Espírito (1Cor 12,13). Os carismas do Espírito, porém, precisam ser discernidos, pois o florescimento carismático comporta seus riscos, tal como acontecia ao profetismo no Antigo Testamento.

---

[45] Este é o tema da segunda encíclica de BENTO XVI, *Spe Salvi*, 2007.

O sinal por excelência da inspiração profética é a caridade (1Cor 13), a única que garante a veracidade da inspiração do Espírito.

A sabedoria paulina é a loucura da cruz (1Cor 1,17-2,16), que comporta uma transformação total, ética e mística à imagem de Cristo Jesus. A pregação de Paulo não consiste em palavras de sabedoria humana, mas em palavras ensinadas pelo Espírito (1Cor 2,4-5.13).

Para Paulo, o Espírito é Espírito de santidade, Espírito Santo, Espírito de Deus, Espírito daquele que ressuscitou a Jesus, Espírito do Filho, Espírito do Senhor. Há um claro paralelismo entre "estar em Cristo" e "estar no Espírito"; ambas as expressões são usadas indistintamente,[46] mas não se identificam, pois, apesar do texto de 2Cor 3,17 ("O Senhor é o Espírito"), o Senhor Ressuscitado não se identifica com o Espírito, que é o Espírito do Senhor (2Cor 3,18). Não há confusão alguma entre o *Pneuma* (Espírito) e o Senhor Jesus, mesmo que ambos realizem a mesma obra de salvação na dualidade de suas funções respectivas.

Em suma, para Paulo, a vida cristã possui uma novidade que vem da antítese lei/Espírito, homem velho/homem novo, carne e morte perante Espírito e vida. Possuímos já as primícias do Espírito, que são penhor da vida eterna e gloriosa, que nos fazem viver uma experiência espiritual e religiosa inefável. A ação do Espírito em Paulo é globalizante; ao mesmo tempo, porém, conflitiva, processual e histórica. A liberdade da recriação cristã entra em jogo diante da lei do pecado;

---

[46] CONGAR, em *El Espíritu Santo*, expõe uma lista destas expressões paralelas em Cristo e no Espírito: 2Cor 5,21 / Rm 14,17; Gl 2,17 / 1Cor 6,11; Rm 8,1.8.10 / Rm 8,9; Fl 3,1 / Rm 14,17; Rm 8,9 / Cl 1,8; Fl 4,7 / Rm 14,17; 1Cor 1,2.30 / Rm 15,16; 2Cor 2,17 / 1Cor 12,3; Cl 2,10 / Ef 5,18; Rm 12,5 e Gl 3,27 / 1Cor 12,13; Ef 2,21 / Ef 2,22.

o profetismo espiritual plasma-se no amor fraterno, na dialética com o orgulho carismático; a sabedoria interior traduz-se em loucura da cruz, isto é, em caridade, em oposição aos discursos meramente humanos dos sábios deste mundo. Trata-se de uma transformação progressiva em homens novos em dialética com o homem velho. O Espírito é que nos leva a reconhecer Jesus como Senhor e a viver a vida de Cristo Jesus em nós, e o Senhor Ressuscitado, tornado novo Adão espiritual e vivificante, é que nos comunica o Espírito, seu Espírito, o Espírito do Senhor. Em 2Cor 13,13, Paulo deseja que a graça do Senhor Jesus Cristo, o amor de Deus (Pai) e a comunhão do Espírito Santo estejam com todos nós. Anuncia-se já o mistério trinitário.

Síntese pneumatológica do Novo Testamento

Para o Novo Testamento, a experiência do Espírito não é algo acessório ou secundário, menos importante do que a revelação do Filho. Ao contrário, a experiência do Espírito é a que está na raiz do Novo Testamento.[47]

Com o Espírito que desce sobre os apóstolos chegaram os últimos dias que os profetas anunciaram (Jr 31; Jl 3; etc.), a história já chegou a seu fim, já começa a escatologia, o definitivo. Isto não significa que o tempo se detenha e que já não vai acontecer mais nada, mas sim que nada qualitativamente novo ou maior será dito ou feito da parte de Deus, pois a Palavra definitiva de Deus já foi pronunciada em Cristo, que se encarnou no seio de nossa história.[48] O Espírito é que permite que a

---

[47] BINGEMER, Maria Clara L.; GADINO FELLER, V. *Deus Trindade;* a vida no coração do mundo. Valencia/São Paulo: Siquem/Paulinas, 2002. p. 106-109. (Coleção Livros Básicos de Teologia, n. 6.)

[48] Este é o sentido da afirmação de João da Cruz, segundo a qual Deus ficou mudo: "Porque ao dar-nos, como nos deu seu Filho, que é uma palavra sua, visto que não

humanidade compreenda que, com a morte e a ressurreição de Cristo, tudo foi renovado, e que esta é a chave de compreensão da história. O Espírito não dá início a uma nova era, que substitua a era de Cristo por outra superior; ao contrário, o Espírito leva à consumação a missão de Jesus e seu projeto do Reino.

Isto não tem nada a ver com as afirmações do neoliberalismo capitalista no sentido de que tenhamos chegado ao final da história (F. Fukuyama). Para os cristãos, a salvação e a chave da história não são a ideologia neoliberal, mas o mistério da morte e ressurreição de Jesus, que, através do Espírito, conduz-nos precisamente a transformar a história presente e convertê-la, de história de injustiça e marginalização em história de fraternidade e solidariedade.[49]

Contudo, diante do Pai que se cala porque já nos deu sua Palavra definitiva em Cristo, o Espírito fala interiormente e, através de profetas, comunica-se, inspira, faz-nos compreender o mistério de Jesus, leva-nos à verdade plena, dá-nos testemunho de Cristo, impulsiona-nos à ação; é o antibabel que nos faz compreender a Palavra em nossa própria língua (At 2,6), porque o amor é a linguagem que nos une a todos.

No Novo Testamento, o Espírito está intimamente ligado à dimensão comunitária e eclesial, faz nascer a Igreja, que precisa ser um sinal alternativo que preanuncia a nova humanidade, o Reino de Deus.

---

tem outra, tudo nos falou junto e de uma vez nesta palavra, e não tem mais o que falar... Deus ficou como que emudecido". *Subida al Monte Carmelo*, Libro II, cap. 22,3.

[49] MARTÍNEZ, J. Dogmática neoliberal y misterio de Dios: *Revista Latinoamericana de Teología* 72 (2007) 295-315.

E esta Igreja é impelida pelo Espírito à missão, à abertura a novos povos e culturas, a uma missão que envolve toda a humanidade, onde já não há judeu nem grego, escravo ou livre, homem ou mulher, pois todos somos um em Cristo Jesus (Gl 3,28). O Espírito que recebemos nos leva a viver e conduzir uma vida nova, procedendo segundo o Espírito (Gl 3,16).

A partir daqui podemos começar a refletir sobre a relação entre Jesus e o Espírito.

As duas mãos do Pai

Este Espírito misterioso, sem rosto, quase sem nome, expressado através de símbolos, está intimamente associado a Jesus de Nazaré, o Filho do Pai encarnado. Sem querer entrar ainda na temática do profundo mistério trinitário, mas buscando apropinquar-nos dela a partir do que acontece na história da salvação,[50] recolhamos os dados bíblicos que apresentamos sobre a ação do Espírito e a de Jesus Cristo: o Espírito prepara a missão de Jesus, Jesus nos confere o Espírito. O que pode significar esta dupla presença salvífica em nossa história?

São duas missões de Deus, duas missões do Pai. Ordinariamente, reconhecemos e afirmamos que o Filho foi enviado pelo Pai, mas não costumamos reconhecer com a mesma contundência a missão do Espírito.

---

[50] Mais adiante veremos que, para conhecer o mistério da Trindade, é preciso partir de suas manifestações na história da salvação, que a Trindade para fora (*ad extra*) nos revela o mistério oculto da Trindade em seu próprio ser interior (*ad intra*); na formulação dos Padres, a "economia" trinitária nos revela a "teologia" trinitária, o que Rahner expressará dizendo que a "trindade econômica" nos revela a "trindade imanente" (e vice-versa).

Na realidade, há, pois, duas missões divinas: a do Filho e a do Espírito.

Irineu, o grande Padre da Igreja oriental que passou para o Ocidente e chegou a ser bispo de Lyon e mártir, oferece-nos uma imagem sugestiva sobre esta dupla missão, afirmando que o Filho-*Logos* e o Espírito-*Pneuma* constituem as duas mãos do Pai, que realizam conjuntamente o projeto do Pai de vivificar o ser humano e fazê-lo conforme a sua imagem divina.[51]

Ambas as missões são diferentes, mas complementares, o que poderíamos expressar esquematicamente da seguinte maneira:

- O Filho se faz visível e se encarna em Jesus de Nazaré, é uma manifestação externa, exterior a nós. O Espírito é invisível, interior a nós.

- O Filho tem nome, Jesus de Nazaré. O Espírito não tem nome, é anônimo, nomeamo-lo com diversos símbolos: sopro, fogo, água...; há certa *kénosis* ou esvaziamento do Espírito.

- O Filho se encarna em Jesus, manifesta-se visivelmente em um momento histórico: nasce na Palestina, no tempo de Otávio César, e morre sob o poder de Pôncio Pilatos, no tempo de Tibério.[52] O Espírito não se encarna em ninguém, mas desde as origens sempre

---

[51] "Visto que, pelas mãos do Pai, ou seja, pelo Filho e pelo Espírito, o homem se faz à imagem e semelhança de Deus": *Adv. haer.* V, 6, 1. "Durante todo este tempo, o homem, modelado no início pelas mãos de Deus, quero dizer, pelo Filho e pelo Espírito...": *Adv. haer.* V, 28, 4. Veja-se um amplo e profundo comentário em: NOGUEIRA, L. E. dos Santos. *O Espírito e o Verbo. As duas mãos do Pai.* São Paulo: Paulinas, 1995.

[52] Isto não questiona nem nega a ação da Palavra-*Logos* que estava no princípio junto a Deus, pela qual se fez tudo e sem a qual nada se fez (Jo 1,3). Tampouco nega as sementes do Verbo que estão presentes na criação e nas culturas, mas que unicamente quer distinguir o *Logos incarnandus* (o *Logos* que haverá de encarnar-se) do *Logos incarnatus* (o *Logos* encarnado).

move pessoas, grupos, comunidades e povos a partir de dentro, gera vida em todas as partes, é conhecido por seus efeitos.

- O Filho é revelado como Palavra, doutrina, mensagem, boa-nova. O Espírito é sopro, silêncio, não tem palavra nem mensagem própria, faz que a Palavra seja conhecida, assimilada, vivida, recordada.
- O Filho nasceu de Maria virgem. O Espírito faz que Maria seja a mãe de Jesus.
- Jesus passou fazendo o bem, morreu e ressuscitou. O Espírito guia a vida de Jesus, ressuscita-o, faz nascer a Igreja, dirige a Igreja através de sua história, está presente na história da humanidade.
- Jesus anunciou e prometeu o Espírito. O Espírito é o dom prometido que derrama seus carismas sobre a Igreja, fecunda a história, realiza o Reino.

Essas duas missões, porém, ordenam-se a um mesmo fim: o projeto do Pai, o Reino de Deus. Por isso, os feitos dessa obra salvífica se atribuem tanto ao Filho quanto ao Espírito:

- Batismo em Cristo (Gl 3,27) e no Espírito (1Cor 12,13);
- um só corpo em Cristo (1Cor 12,13) e no Espírito (Rm 8,9);
- justificados em Cristo (Gl 2,17) e no Espírito (1Cor 6,11);
- amor de Deus em Cristo (Rm 8,39) e no Espírito (Cl 1,8);
- santificados em Cristo (1Cor 1,2.30) e no Espírito (Rm 15,16; 2Ts 2,3);
- plenos de Cristo (Cl 2,10) e do Espírito (Ef 5,18);
- um templo em Cristo (Ef 2,21) e no Espírito (Ef 2,22).

O Pai é a fonte absoluta da divindade, o Princípio sem fim, o Inacessível, o Absoluto, o Amor misterioso e fontal, de quem brota a vida trinitária para dentro e para fora, e que se nos manifesta precisamente através das duas missões do Filho e do Espírito, suas "duas mãos". Do Gênesis ao Apocalipse, a Palavra-Dabar e o Espírito-*Ruah-Pneuma* aparecem estreitamente unidos.

Daqui se deduz que não se pode elaborar uma Cristologia à margem da Pneumatologia, nem uma Pneumatologia à margem da Cristologia, senão que, como afirma Congar repetidamente, toda Cristologia é pneumatológica e toda Pneumatologia é cristológica. O Espírito é Espírito de Cristo, e Cristo atua como Espírito. O Cristo e o Espírito, o *Kyrios* e o Pneuma, não se identificam, mas atuam conjuntamente. A missão do Espírito não é autônoma, mas se orienta a Cristo; o Espírito é o outro Paráclito que tem a missão de recordar e atualizar tudo o que o Cristo disse. Mas o Espírito não tem um corpo místico, não se encarna em ninguém nem em nada, mas ajuda a formar o corpo de Cristo, do qual somos membros mediante o Espírito. O Espírito faz-nos filhos no Filho, co-herdeiros de Cristo, semelhantes a ele. Se Cristo é o Caminho, o Espírito é o guia que nos faz avançar nesta via.

Não existe uma era do Espírito que supere a era cristológica, como pretendeu, no século XII, Joaquim de Fiore, afirmando que, depois da era do Pai (Antigo Testamento) e do Filho (Novo Testamento), anunciava-se a aparição de uma terceira era, a era do Espírito (o terceiro Reino...).

O Espírito, na realidade, não cria uma nova etapa na história da salvação que anule a era cristológica e gere uma era espiritual à margem de Jesus.[53] Este é um engano no qual tendem a cair continuamente grupos da Igreja do passado e também do presente.

A Igreja sempre reagiu fortemente contra essas tendências espiritualistas. Paulo, em suas cartas, enfrenta as correntes entusiastas dos coríntios, que parecem esquecer-se da encarnação e da cruz e querem viver como se a escatologia já tivesse chegado (1Cor 6,12; 10,23; 12–14). A esses Paulo recomenda a discrição de espíritos e lhes recorda a sabedoria da cruz de Cristo (1Cor 1,17-31).

Irineu luta precisamente contra os movimentos gnósticos de seu tempo, que não admitiam nem a criação da matéria, nem uma verdadeira encarnação do Filho, nem a Eucaristia, nem a ressurreição da carne. Nesse contexto, fala das mãos do Pai.

Ao longo da história, a Igreja opôs-se a tais movimentos entusiastas que desprezam a encarnação de Jesus: montanistas, cátaros, albigenses, iluminados, grupos iluministas, pietistas...

Também em nossos dias há tendências neognósticas que defendem um vago espiritualismo, uma nebulosa esotérica, tipo *Nova Era*, ou que vivem formas ambíguas de pentecostalismo, sem quase nenhuma referência a Jesus de Nazaré e a seu projeto do Reino, com o risco de cair em certo pneumatomonismo, ou seja, em uma acentuação exclusiva do Espírito, esquecendo-se do lugar central de Jesus Cristo em nossa fé cristã.

---

[53] Na terminologia patrística, é preciso afirmar que não há nova "economia" do Espírito diferente da de Cristo, mas que o Espírito completa e vivifica a missão do Filho, a carne e as palavras de Jesus (Jo 16,13-14).

Diversos autores estudaram as conexões entre Joaquim de Fiore, o pietismo, o idealismo alemão, o nacional-socialismo hitleriano (o terceiro "Reich"), a sociedade sem classes do reino da liberdade marxista... Assim, recuperar a Pneumatologia não é somente um problema eclesiológico e teológico, mas algo que interessa ao diálogo com as ideologias e com o mundo de hoje.

Talvez por causa desta reação constante contra o espiritualismo e pelo medo dos perigos do carismático, com o tempo a Igreja ocidental foi-se inclinando para o outro extremo: acentuar os elementos institucionais da Igreja. Com isto, muitas aspirações de movimentos utópicos e de esperança ficaram fora da Igreja, criando-se uma espécie de messianismo extraeclesiástico e uma secularização do Espírito.

Por tudo isso, se é e se foi real a tentação espiritualista na história, também é e foi real a tentação de esquecer e silenciar a missão do Espírito, a "mão" do *Pneuma-Ruah*. É a acusação que a Igreja do Oriente lança contra a Igreja latina, o que eles chamam de cristomonismo, ou seja, o ressaltar unicamente a Cristo e esquecer o Espírito.

Mesmo que haja autores, como Y. Congar, que rechacem essa acusação, muitos outros teólogos católicos, como W. Kasper e F.-X. Durrwell, acreditam que tal repreensão é real e tentam buscar suas causas.[54]

Mais adiante, veremos que tudo isto está ligado à visão latina da Trindade (marcada mui fortemente por Agostinho), à separação do Oriente e a à unilateral reafirmação ocidental do *Filioque* diante do Oriente (de

---

[54] Veja-se o que afirma: KASPER, W. Die Kirche als Sakrament des Geistes. In: KASPER, W.; SAUTER, G. *Kirche Ort des Geistes*. Freiburg/Basel/Wien, 1976. p. 14-55. Cf. também: DURRWELL, F.-X. *El Espíritu del Padre y del Hijo*. Madrid, 1990.

que logo falaremos), a uma teologia da salvação estreitamente influenciada pela cristologia anselmiana da redenção[55] e bem pouco sensível à concepção oriental patrística da divinização do cristão e ao mistério pascal da ressurreição de Jesus etc.

Este ocultamento teórico e prático da mão do Espírito tem graves consequências na cristologia, na eclesiologia e na vida espiritual e pastoral dos cristãos. Como afirma W. Kasper, o Espírito quase não desempenha nenhum papel na consciência teológica e eclesial corrente. Fala-se de Cristo como fundador da Igreja, e se busca, a partir daí, fundamentar a vida e a doutrina da Igreja, caindo-se em uma espécie de rabinismo que faz de Cristo um legislador que dá sua lei à Igreja, sem deixar espaço ao Espírito, que para Tomás de Aquino é a lei do Novo Testamento.[56]

Esta visão unicamente cristonômica, que considera a Igreja como continuação da encarnação, unicamente instituição e representação de Cristo, esquece a dimensão do Espírito na vida cristã e na história da humanidade.

É preciso recuperar a mão do Espírito na Igreja latina. Este Espírito, que, como vimos, esteve presente desde a criação e falou pelos profetas, derrama-se de modo realmente diferente no Novo Testamento em Cristo.

Uma primeira irrupção do Espírito acontece na encarnação, quando Jesus é concebido de Maria Virgem, por obra do Espírito (Lc 1,35). Outra irrupção se dá no Batismo de Jesus, quando é ungido como Messias e

---

[55] Para Anselmo, o pecado é uma ofensa infinita a Deus, portanto exige uma reparação infinita. O motivo da encarnação do Filho é poder apresentar ao Pai, com seu sangue derramado na cruz, um sacrifício reparador de valor infinito, que expie e cancele a ofensa infinita do pecado humano.

[56] *Summa Theologica*, 1ª 2ae, q 105, a 1.

Cristo de Deus. Então Jesus começa sua missão cheio do Espírito e proclama que foi ungido por ele para anunciar a Boa-Nova aos pobres (Lc 4,18-19; cf. Is 61,1-3).

Toda a vida de Jesus está marcada pela presença do Espírito: expulsa demônios pelo Espírito de Deus (Mt 11,28), e em sua oração o Espírito o faz exultar de alegria porque Deus ocultou estas coisas aos sábios e prudentes e as revelou aos pequenos (Lc 10,21-22).

Contudo, a partir da ressurreição é que o Espírito realiza sua obra máxima com relação a Jesus: devolvê-lo a uma vida nova, penetrando-o de glória e poder, até fazer dele um novo Adão vivificante e possuidor do Espírito (Rm 1,4; 1Cor 15,45; At 2,32-35). Existe, portanto, uma misteriosa e contínua relação entre Jesus e o Espírito, que reflete as dimensões profundas da vida trinitária.

E será a partir da páscoa, quando Jesus derramará seu Espírito sobre os que crerem nele (Jo 7,39). Para João, isto acontece no mesmo entardecer do dia de Páscoa (Jo 20,19-23); para Lucas, em um esquema mais histórico e pedagógico, sucede cinquenta dias mais tarde: na festa de Pentecostes, quando se celebrava a renovação da aliança no Sinai (At 2,1-13).

Daí se deduz que, como já indicamos antes, a Cristologia há de ser pneumática, há de estar penetrada pelo Espírito. Sem esta dimensão pneumatológica, a história de Jesus de Nazaré pode reduzir-se a uma jesusologia, a narração da vida de um grande profeta, admirável, que morreu mártir, como outros profetas. O próprio seguimento de Jesus, central na vida cristã, pode reduzir-se a mera opção ética, pode converter-se num voluntarismo incapaz, com o tempo, de levar a termo a tarefa do seguimento. Não tem sido esta a tragédia de muitos militantes cristãos, cheios de boa-fé e de compromisso, mas que, no final, desesperados, abandonaram seu empreendimento porque irrealizável?[57] Não é disto que Rahner reclamava ao falar da autocomunicação (*Selbstmitteilung*) de Deus em Cristo?

Sem Pneumatologia corre-se o risco tanto de uma Cristologia conservadora, que faz de Jesus um rabino a mais, que dita normas e leis, e funda uma religião, quanto do perigo de uma Cristologia certamente aberta e dinâmica, mas igualmente redutora.

É necessária a presença do Espírito, para que recorde o que Jesus disse, no-lo atualize, dê-nos testemunho interior de sua Pessoa, ensine-nos a orar com gemidos inenarráveis, faça-nos chegar à verdade integral sobre Jesus, o Cristo, comunique-nos sua vida – como a videira comunica a seiva a seus ramos –, faça-nos seus discípulos, esteja conosco sempre, dê-nos força diante do mal, incorpore-nos à sua comunidade, faça-nos filhos do Pai no Filho, co-herdeiros de Cristo, semelhantes a ele, cooperadores em sua missão do Reino, fermento de uma nova sociedade e de uma nova terra e de um novo céu. Todavia, ao mesmo tempo é preciso ter bem presente o que significa o Espírito não ter se encarnado em ninguém, à diferença do que acontece com a encarnação de Cristo. Isto supõe que o Espírito, que atua em todos e a partir de dentro, coexiste e age em meio às limitações humanas das pessoas e dos grupos, dos limites culturais, históricos, religiosos, mas também psicológicos, intelectuais e morais.

---

[57] DENANTES, F. Crítica de la razón militante. *Selecciones de Teología* 67 (1978) 181-191 – original francês in *Études* 345 (1976) 293-321.

Isto significa que, diferentemente de Jesus, que assumiu nossa condição humana em tudo, menos no pecado (Hb 4,15), e esteve sempre unido ao Pai (Jo 17), a presença e a ação do Espírito estão ordinariamente mescladas com as limitações, erros e pecados humanos. Se foi difícil para muitos discernir no carpinteiro de Nazaré o Filho, o Messias, o Cristo, de modo que muitos o rejeitaram, muito mais difícil é discernir a presença do Espírito em meio a pessoas e acontecimentos muitas vezes confusos e ambíguos.

Daí a importância que toda a Tradição cristã deu ao discernimento dos espíritos e à necessidade de estender essas regras e conselhos clássicos para discernir os sinais dos tempos de hoje, as aspirações e desejos, os movimentos e propostas humanas, intelectuais, sociais, políticas, culturais e religiosas de nossos contemporâneos.

Ainda mais, a presença do Espírito na Igreja, da qual, em breve, falaremos extensamente, não garante que os membros da comunidade cristã, tampouco da hierarquia, sejam pura transparência da santidade do Espírito, senão que, comumente, a santidade do Espírito permanece obscurecida e atingida pelos pecados humanos dos batizados. Isso motivará, como veremos a seguir, a que a Igreja seja chamada (e na realidade o é) santa e pecadora, casta meretriz, na formulação patrística. Se foi difícil aceitar Jesus de Nazaré, mais difícil é aceitar seu Corpo visível na Igreja concreta e histórica de cada tempo.

João Crisóstomo escreve belamente:

> Se o Espírito não existisse, não poderíamos dizer que Jesus é nosso Senhor, porque "ninguém pode dizer 'Jesus é o Senhor' senão no Espírito Santo" (1Cor 12,3).

Se não existisse o Espírito Santo, os crentes não poderíamos orar a Deus. Com efeito, dizemos: "Pai nosso, que estás nos céus" (Mt 6,9). Mas assim como não poderíamos chamar a Jesus "nosso Senhor", tampouco poderíamos chamar a Deus "Pai nosso". Quem o prova? O Apóstolo diz-nos: "A prova de que sois filhos é que Deus enviou aos nossos corações o Espírito de seu Filho, que clama: 'Abba, Pai'" (Gl 4,6). Por conseguinte, quando invocardes o Pai, recordai que foi necessário que o Espírito tocasse primeiro nossa alma para que fôsseis considerados dignos de chamar a Deus com esse nome.

Se não existisse o Espírito, os discursos da sabedoria e da ciência não estariam na Igreja, porque "a um, o Espírito dá a mensagem de sabedoria, a outro, a palavra de ciência segundo o mesmo Espírito" (1Cor 12,8).

Se não existisse o Espírito, não haveria pastores nem doutores na Igreja, porque são obra do Espírito, segundo a palavra de São Paulo: "Nele o Espírito Santo vos constituiu guardiães, para apascentar a Igreja de Deus, que ele adquiriu para si pelo sangue do seu próprio Filho" (At 20,28). Compreendeis que também isto se faz por obra do Espírito?

[...] Se o Espírito Santo não estivesse presente, a Igreja não formaria um todo bem compacto: a consistência da Igreja manifesta a presença do Espírito.[58]

Um texto muito conhecido do teólogo oriental Ignacio Hazim, atualmente Ignacio IV, patriarca ortodoxo da Igreja de Antioquia, pronunciado na IV Assembleia do Conselho Ecumênico de Igrejas em Upsala, em 1968, também expressa muito bem esta novidade do Espírito:

> Sem Espírito Santo,
> Deus está distante,
> Jesus Cristo fica no passado,
> o Evangelho é letra morta,

---

[58] JOÃO CRISÓSTOMO. *Primera homilía sobre Pentecostés*, PG 50, 458-459.

a Igreja, uma simples organização,
a autoridade, um despotismo,
a missão, uma propaganda,
o culto, uma simples recordação,
o agir, uma moral de escravos.

No Espírito, porém,
e em uma sinergia (colaboração) indissociável,
o cosmo se levanta e geme até que dê à luz o Reino,
o homem luta contra a carne,
Cristo Ressuscitado está aqui presente,
o Evangelho é poder de vida,
a Igreja significa a comunhão trinitária,
a autoridade é um serviço libertador,
a missão, um novo Pentecostes,
a liturgia, um memorial e uma antecipação,
o agir humano é divinizado.[59]

Uma vez colocados os fundamentos bíblicos da Pneumatologia, podemos começar a abordar as diferentes dimensões desta presença do Espírito: a dimensão pessoal, a eclesial e a universal.

---

[59] HAZIM, I. *La Réssurrection et l'homme d'aujourd'hui.* Beirut, 1970. p. 31 – publicado antes em *Irénikon* 42 (1968) 344-359.

Capítulo II

"DEUS ENVIOU AOS NOSSOS CORAÇÕES O ESPÍRITO DE SEU FILHO" (Gl 4,6)

O texto paulino que preside este capítulo pode sintetizar a dimensão pessoal do Espírito em nossas vidas e mostrar como toda a vida cristã é uma vida e uma experiência no Espírito.

Os Padres afirmam que a vida divina é-nos comunicada por meio do Espírito. O Espírito é Senhor e vivificador; é ele que nos comunica a vida divina e derrama o amor de Deus em nossos corações (Rm 5,5).

Este Espírito, como já vimos, atuava em Israel, acompanhava o povo durante sua longa travessia histórica, guiava-o através de Moisés, juízes, profetas, reis e sacerdotes (Is 63,7-19). Isso tudo, porém, era preparação e prelúdio do dom do Espírito que aconteceria nos tempos messiânicos, depois da ressurreição de Jesus (Jo 7,39), em Pentecostes (At 2,16ss). Assim se realiza a promessa do Pai (At 2,28-31), o prometido a Abraão (Gl 3,14-27), o anunciado pelos profetas (Jl 3,1-5; Ez 36,26-27; Is 11,2; 62,1), que já antecipa a escatologia e é penhor da vida futura, que agora se vive como primícias.

Tanto para as Escrituras quanto para os Padres, sobretudo os latinos e concretamente para Agostinho, o Espírito é o dom messiânico de Deus que procede do Pai e do Filho e nos permite entrar em comunhão com Deus. Toda a vida cristã é vida no Espírito de Jesus. Ainda que não seja fácil expressar brevemente tudo o que isto significa, tentaremos mostrar sinteticamente os elementos mais significativos desta vida no Espírito.[1]

Novo nascimento

Antes de mais nada, o Espírito nos faz nascer de novo (Jo 3,3), com um nascimento diferente do nascimento carnal: um nascimento que põe em nós um germe, uma semente espiritual de Deus (1Jo 3,9), mediante a qual nos tornamos filhos do Pai e co-herdeiros de Cristo. Este é o sentido profundo do Batismo cristão (Jo 3,5-6), às vezes um tanto esquecido quando se insiste demasiado, tanto teológica quanto pastoralmente, na dimensão negativa da remissão do pecado original. Esta visão mais negativa, tipicamente latina e ocidental, por mais certa e real que seja, contrasta com a dos Padres orientais, que acentuam o aspecto mais positivo do Batismo, o sacramento que nos dá a vida divina pelo Espírito.

Neste mesmo sentido, cabe observar que as inscrições dos batistérios antigos comparam a fonte das águas batismais da Igreja com o seio de Maria: a Igreja, pelo Batismo, dá uma vida nova aos fieis cristãos,

---

[1] Pode-se ver uma ampla exposição deste tema em: CONGAR, Y. M. *El Espíritu Santo*. Barcelona, 1983. p. 271-347. [Ed. bras.: *Revelação e experiência do Espírito Santo*. 2. ed. São Paulo: Paulinas, 2009. (Coleção Creio no Espírito Santo, n. 1.) *Ele é o Senhor que dá a vida*. São Paulo: Paulinas, 2010. (Coleção Creio no Espírito Santo, n. 2.) *O rio da vida corre no Oriente e no Ocidente*. São Paulo: Paulinas, 2010. (Coleção Creio no Espírito Santo, n. 3.)]

como Maria deu à luz Jesus, e tudo isso pela força do Espírito. A dimensão maternal e feminina do Espírito se faz presente aqui.

Afirma São Leão Magno: "Cristo é que, nascido do Espírito Santo e da mãe virgem, fecunda com o mesmo sopro a Igreja imaculada, para que, com o parto do Batismo, gere a multidão de filhos de Deus".[2]

E Ambrósio escreve:

> A água, de fato, é a imagem da morte, ao passo que o Espírito é garantia de vida, de modo que na água morre o corpo do pecado, que ela encerra no sepulcro; graças à virtude do Espírito, chegamos a ser renovados da morte do pecado... Se, portanto, na água está a graça, esta não deriva da natureza da água, mas sim da presença do Espírito.[3]

Também o Concílio Vaticano II, no n. 9 da *Lumen Gentium*, destaca esta dimensão positiva do Batismo como nascimento para uma vida nova:

> Com efeito, os que creem em Cristo, regenerados não pela força de germe corruptível mas incorruptível por meio da Palavra de Deus vivo (cf. 1Pd 1,23), não pela virtude da carne, mas pela água e pelo Espírito Santo (cf. Jo 3,5-6), são finalmente constituídos em "raça escolhida, sacerdócio real, nação santa, povo conquistado... que outrora não era povo, mas agora é povo de Deus" (1Pd 2,9-10).

Outros textos confirmam esta realidade pneumática do Batismo: somos santificados e justificados (1Cor

---

[2] *Discursos*, LXIII, 6.
[3] *El Espíritu Santo*, I, 76-77.

6,11), regenerados e renovados (Tt 3,5), selados pelo Espírito (2Cor 1,22) etc.[4]

Este nascimento no Espírito se enriquece pela confirmação (lamentavelmente separada do Batismo no Ocidente), que leva o batizado a assumir o compromisso de difundir e defender a fé em palavra e obra (LG, n. 11). A liturgia da confirmação expõe o texto de Is 11,1-2 acerca dos dons do Espírito, mas, sintomática e curiosamente, sem acrescentar nem mencionar Is 11,3-9, onde se fala das dimensões sociais e cósmicas da presença do Espírito. É um sinal claro de certa tendência presente na Igreja, que parece reduzir o Espírito aos aspectos mais pessoais e individuais da vida cristã, esquecendo as outras dimensões.

Filiação divina

Graças a este Espírito que recebemos, podemos chamar a Deus "*Abba*, Pai!", pois já não somos escravos, mas filhos e herdeiros (Gl 4,5-7), filhos adotivos (Rm 8,15). A filiação divina não é algo abstrato e genérico, mas o ser filhos do Pai, já que no Novo Testamento Deus (*Theos*) designa o Pai de Nosso Senhor Jesus Cristo.[5] Pelo Espírito somos assimilados ao Filho, configuramo-nos a ele, somos irmãos de Jesus, formamos parte de seu corpo, somos filhos no Filho. Como vimos, este é para os Padres orientais o fim e o sentido da encarnação: Deus

---

[4] Mais adiante trataremos da questão da situação dos não cristãos. Podemos desde agora afirmar, com Rahner, que, quando se batiza uma criança, não quer dizer que ela é filha de Deus e as demais crianças não batizadas são filhas do demônio..., mas que o amor com que o Pai acolhe qualquer criança que nasce encontra no Batismo cristão sua expressão máxima e sua plenitude simbólica e real. Cf. RAHNER, K. *Gott liebt dieses Kind*. München, 1965.

[5] RAHNER, K. *Theos* en el Nuevo Testamento. In: *Escritos de Teología* I. Madrid, 1967. p. 93-166.

faz-se homem para que nós possamos divinizar-nos, ou seja, chegar a ser filhos e filhas do Pai, participar de sua mesma vida. Isto não significa desumanizar-nos, mas levar à plenitude a existência humana, que foi criada à imagem de Deus e em Deus alcança sua máxima perfeição. E tudo isso pelo Espírito.

Irineu expressa claramente que "a glória de Deus é a vida do ser humano", mas "a vida humana consiste na visão (comunhão com) de Deus".[6]

Esta filiação tem também uma dimensão processual: somos filhos e filhas do Pai, mas isto não se manifestará (1Jo 3,1-2) até que chegue a ressurreição (Rm 1,4).

Era tão forte a convicção da Igreja primitiva de que somos filhos do Pai e possuímos a vida divina, que isto os motivou a exigir que fosse definida a divindade do Espírito no Concílio de Constantinopla (381), como veremos em breve, pois, se o Espírito não era Deus, não podíamos ter a vida divina em nós. A partir da experiência espiritual se chega à teologia.

Diante do problema do mal, quando nos sentimos como órfãos indefesos em um mundo hostil e imperdoavelmente condenados à morte, quando nos parece que a existência humana é um absurdo, que não há nada depois da morte, a revelação da paternidade de Deus e o impulso interior do Espírito, que nos faz chamar a Deus de "Pai", convertem-se para nós em fonte de luz e de esperança.

---

[6] *Adv. haer.* IV, 20,7.

Inabitação espiritual

Israel tem consciência da presença de Iahweh em meio ao povo, não somente através da coluna de fogo, da nuvem, da arca, da tenda e do templo, mas também através dos juízes, dos profetas e dos reis. Contudo, no Novo Testamento esta presença se faz mais visível e concreta. Somos templo do Espírito (1Cor 3,16; 6,19), o Espírito habita em nós (Rm 9,11), permanece em nós (Jo 14,16-17); e isto vale tanto no âmbito pessoal quanto comunitário. Não é somente presença, mas também inabitação, como os autores místicos do Oriente (Simeão, o Novo Teólogo, Serafim de Sarov...) e do Ocidente (Agostinho, Teresa de Jesus, João da Cruz, Inácio...) indicaram; ou seja, algo estável, firme e permanente, como expressão da nova aliança de Deus conosco, como consequência da filiação.

Esta inabitação implica uma saída de si mesmo, de seus próprios interesses egoístas, para abrir-se aos demais, superar o próprio tempo linear (*kronos*) e abrir-se ao tempo de Deus (*kairós*); superar a norma externa sem cair na anomia nem na anarquia, mas deixar-se levar pelo Espírito, que é Espírito de liberdade (2Cor 3,17); superar os limites estreitos da humanidade e transformar-se em uma pessoa nova, configurada a Cristo.[7]

Esta inabitação é germe e semente da escatologia, da glória eterna, da posse e fruição de Deus; graças a ela, possuímos o amor do Pai, a graça do Filho e a comunhão do mesmo Espírito, como professamos no começo da liturgia eucarística (2Cor 13,13).

---

[7] Cf. BINGEMER, Maria Clara L.; GADINO FELLER, V. *Deus Trindade;* a vida no coração mundo. Valencia/São Paulo: Siquem/Paulinas, 2002. p. 109-112. (Coleção Livros Básicos de Teologia, n. 6.)

O Espírito nos faz orar

Mais do que a oração diretamente dirigida ao Espírito, rara na Igreja antiga,[8] vamos tratar da oração no Espírito fortemente testemunhada na Escritura e na liturgia.

Pelo Cristo, no Espírito, é que temos acesso ao Pai (Ef 3,12; Rm 5,2; 1Pd 3,18), e assim nos podemos aproximar de Deus (Hb 4,16; 7,25; 11,16; 12,18), quer em forma de louvor (Ef 5,18-20; Cl 3,16-17; 1Cor 14,26), quer de petição. Em última instância, esta petição ao Pai é, segundo Lucas, a petição do Espírito, que o Pai dará aos que lho pedirem (Lc 11,13). Esta é a oração que nunca falha, que o Pai sempre escuta.[9]

Mais adiante, quando refletirmos sobre a dimensão eclesial do Espírito, veremos a importância da oração litúrgica chamada "epiclese", na qual se pede ao Pai o dom do Espírito para que realize o fruto dos diversos sacramentos.

Em nossa oração, o Espírito vem em nossa ajuda, porque não sabemos orar como convém (Rm 8,26). No Espírito clamamos: "*Abba*, Pai!" (Rm 8,15), mas, na realidade, o Espírito é que, com gemidos inenarráveis, grita em nós ao Pai (Rm 8,26-27; cf. Gl 4,4).

Na liturgia, nossas orações ao Pai, pela mediação de Cristo, terminam: "[...] na unidade do Espírito Santo". O Espírito é o âmbito da oração, aquele que suscita

---

[8] Contudo, conservamos as duas mais conhecidas, o hino *Veni Creator Spiritus*, do séc. IX, e a sequência de Pentecostes *Veni Sancte Spiritus*, do séc. XIII.

[9] É sabido que, atualmente, a oração de petição é muito questionada pela teologia moderna. Cf. QUEIRUGA, A. Torres. Más allá de la oración de petición. *Iglesia Viva* 152 (1991) 193-244. Veja-se, também, a postura de: ESTRADA, J. *La oración de petición bajo sospecha*. Santander/Madrid, 1997. (Cuadernos FyS, n. 38.) Não queremos entrar nesta difícil discussão, mas o que é claro é que a petição do Espírito ao Pai é sempre escutada.

nossa oração, que nos faz orar, que conhece a Deus (1Cor 2,11-12) e nos assegura nosso acesso ao Pai.

Esta oração, porém, seja pessoal, seja litúrgica, não pode isolar-se do clamor de toda criação (Rm 8,22), nem do clamor dos pobres. É uma oração que, de algum modo, assume o grito da Igreja, a qual, movida pelo Espírito (Ap 22,17), exclama: "Vem, Senhor Jesus!" (Ap 22,20).

O Espírito nos faz livres

Nós, cristãos, que, pelo Batismo, já possuímos o Espírito, ainda estamos submetidos à carne, ou seja, a tudo o que nos faz opor-nos a Deus, a seu projeto, à vida. Existe, pois, um antagonismo entre os impulsos da "carne" e os do Espírito, entre o que conduz à morte e o que conduz à vida, entre os frutos da carne e os do Espírito (Gl 5,16-26; cf. Rm 8,5-11).

Nessa luta o Espírito age em nós, ajuda-nos, chama-nos à conversão, desmascara o pecado do mundo (Jo 16,8), atrai-nos para a verdade. Esta força do Espírito não nos poupa o trabalho pessoal nem nos faz cair em quietismos ou imediatismos de nenhum tipo; ao contrário, pede nossa cooperação (chamada "sinergia" entre os orientais). João Crisóstomo expressa-o graficamente: "Deus trabalha, mas o homem é quem sua".

No entanto, o Espírito não só nos liberta do pecado e da morte como ele mesmo é portador de liberdade: "[...] onde está o Espírito do Senhor, aí está a liberdade" (2Cor 3,17b); "Fomos chamados à liberdade" (cf. Gl 5,13). A vida cristã não é uma escravidão, mas uma libertação: libertação da lei antiga, do pecado, da morte. O Cristianismo não é uma moral, mas uma vida nova, cheia de liberdade, na qual o Espírito age a partir de dentro. A antiga lei foi substituída pelo Espírito, que nos move a partir de dentro, interpela-nos e nos seduz.[10]

Podemos nos perguntar se na Igreja se respeita suficientemente esta liberdade dos fiéis ou se, ao contrário, são considerados como sujeitos meramente passivos, que devem limitar-se a acatar o que lhes é prescrito ou ordenado pela instituição. A doutrina bíblica, tradicional na Igreja, do discernimento dos espíritos, pressupõe que o cristão tem de fazer continuamente opções livres em sua vida e que a consciência é o último santuário pessoal no qual o ser humano se relaciona com Deus (GS, n.16).

Esta liberdade é uma abertura à novidade do Espírito, aos cristãos, às culturas, às religiões e aos sinais dos tempos, como em breve desenvolveremos mais amplamente. Esta liberdade busca a libertação de toda escravidão e se orienta para a comunhão. A liberdade não é para cair na libertinagem, mas para viver a comunhão.

Isto nos abre o caminho para tratar da dimensão eclesial do Espírito, que, embora tenha estado implícita em muito do que dissemos neste capítulo, necessita um desenvolvimento posterior.

Conclusão

A sequência medieval *Veni, Sancte Spiritus* resume grande parte do que temos visto sobre a vida cristã como vida no Espírito, mesmo que a partir de uma visão mais

---

[10] Isto o afirma claramente TOMÁS DE AQUINO, *Suma Theologica*, 1ª 2ᵃᵉ, q. 106, a 1 e 2. Cf. *LG*, n. b9,2.

pessoal do que eclesial e histórica, pois o Espírito não é somente o "doce hóspede da alma".

> Vem, Espírito divino,
> manda a tua luz desde o céu.
> Pai amoroso do pobre,
> dom, em teus dons esplêndido,
> luz que penetra as almas,
> fonte do maior consolo.
>
> Vem, doce hóspede da alma,
> descanso do nosso esforço,
> trégua no duro trabalho,
> brisa nas horas de fogo,
> alegria que enxuga as lágrimas
> e reconforta nos lutos.
>
> Entra até o fundo da alma,
> divina luz, e enriquece-nos.
> Vê o vazio do homem,
> se tu lhe faltas por dentro;
> vê o poder do pecado,
> quando não envias o teu alento.
>
> Rega a terra seca,
> cura o coração doente,
> lava as manchas,
> infunde calor de vida no gelo,
> doma o espírito indômito,
> guia o que torce o caminho.
>
> Reparte os teus sete dons
> segundo a fé dos teus servos.
> Pela tua bondade e pela tua graça
> dá ao esforço o seu mérito;
> salva o que procura salvar-se
> e dá-nos a tua alegria eterna. Amém!

Capítulo III
"O ESPÍRITO FLORESCE NA IGREJA" (HIPÓLITO)[1]

Ao refletir sobre a vida cristã como vida no Espírito, com frequência foi aparecendo a dimensão eclesial da vida no Espírito. Agora, queremos nos deter em aprofundar a relação entre Igreja e Espírito.

Para isso temos de nos perguntar primeiramente qual é a relação entre Jesus e a Igreja, como se deu a passagem do Jesus histórico à Igreja.

A passagem do Jesus histórico à Igreja

Esta questão não é propriamente dogmática, mas histórico-crítica, uma questão teologicamente disputada entre os autores. Não se questiona o fato de que a Igreja é a Igreja de Jesus, seu Corpo, sua Esposa, edificada sobre a pedra angular que é Cristo (Ef 2,20; Ap 21,14). Este é um fato adquirido que já faz parte de nossa fé. Sem Cristo não há Igreja, sem Cristologia não há Eclesiologia.

---

[1] *Trad. Apost.* 31.35.

O problema é saber qual foi a gênese da Igreja, como e quando surge a Igreja, se Jesus fundou a Igreja, qual foi o processo histórico salvífico que une Jesus à Igreja.

Esta questão, aparentemente sutil, é importante porque da gênese da Igreja depende o ser da Igreja, e de como se concebe a origem da Igreja tiram-se consequências importantes para o ser e o devir eclesial. Tudo isso condiciona estreitamente a relação entre a Igreja e o Espírito.

Neste problema podemos distinguir basicamente três posturas.[2]

Postura tradicional

Para esta postura, a Igreja é o prolongamento da encarnação de Jesus na história, a Igreja é a Igreja do Verbo encarnado (Ch. Journet), está em continuidade histórica, sem rupturas, com Jesus de Nazaré. Jesus fundou uma instituição religiosa nova, escolheu e deu poderes a seus dirigentes (Mc 3,7), com Pedro à frente (Mt 16), instituiu imediatamente os sacramentos e incumbiu seus discípulos com o encargo missionário de batizar todas as nações em nome da Trindade (Mt 28).

Para essa visão a Igreja se constitui, a partir de Jesus, em uma sociedade religiosa com uma estrutura divina, intocável e estática. Ao fundar a Igreja, Jesus teria criado uma instituição religiosa perfeitamente estruturada e organizada. Nessa eclesiogênese, o Espírito não aparece como fator determinante, mas, no máximo, como o encarregado de dar continuidade a essa instituição ao longo do tempo.

---

[2] CODINA, V. *Para comprender la eclesiología desde América Latina*. 4. ed. Estella: Verbo Divino, 2007. p. 24-27.

Esta posição, que (com variantes) se mantém até nossos dias em muitos setores eclesiais e que durante séculos foi ensinada na catequese, não resiste hoje a uma crítica exegética e teológica séria.

A palavra "igreja" (*ekklesía*) aparece apenas três vezes nos Evangelhos, concretamente no Evangelho de Mateus (Mt 16,18; 18,17 [2 vezes]); em contrapartida, a expressão "Reino de Deus" é citada mais de cem vezes nos Evangelhos. Isto significa que Jesus pregou o Reino de Deus e sua proximidade (Mc 1,15), suas parábolas versam sobre o Reino (Mt 13) e seus milagres são sinais do Reino (Lc 11,20).

A exegese e a cristologia modernas afirmam que Jesus estava convencido de que a escatologia irromperia definitivamente com ele (Mc 13) e, portanto, dificilmente poderia ter pensado em criar uma instituição religiosa para o futuro. Pouco a pouco, Jesus foi tomando consciência, sobretudo depois da chamada "crise galileia", de que seu plano de instaurar o Reino durante sua vida iria fracassar, já que sentia a rejeição dos dirigentes e de muitos setores populares que esperavam um Messias triunfalista. Em seu horizonte, vão aparecendo a obscuridade da cruz e a dispersão de seus discípulos. Jesus não fundou uma espécie de seita à parte, como a que formavam os essênios de Qumrã; ele se sentia enviado a reunir os filhos dispersos de Israel (Jo 11,52), o que explica sua dificuldade em dirigir-se aos judeus (Mc 7,24-30) e a resistência da Igreja primitiva no momento de abrir-se aos gentios (At 10 e 15).

Os Evangelhos não são narrativas historiográficas, uma gravação fiel do que Jesus disse e fez, mas sim escritos teológicos e catequéticos dirigidos às diversas Igrejas nascentes, e redigidos à luz da ressurreição. São relatos com um forte sentido simbólico, acima de tudo no que diz respeito às origens da Igreja, utilizando o gênero literário bíblico chamado "etiológico", que consiste em colocar já no começo de uma história ou de uma personagem o que aparecerá no final.

Os doze apóstolos constituem originariamente um símbolo das doze tribos e serão os juízes escatológicos de Israel. As promessas a Pedro sobre a Igreja futura têm um forte conteúdo etiológico: partem do fato inegável de que Pedro realizou uma confissão messiânica de Jesus (Mc 8,29) e teve um claro protagonismo entre os discípulos (Mc 3,16), mas foram escritas à luz da Páscoa e, mais concretamente, à luz das aparições do Ressuscitado a Pedro (1Cor 15,5; Lc 24,3-4; Mc 16,7).[3]

Os sacramentos do Batismo e da Eucaristia, que são os que historicamente estão mais ligados ao Jesus histórico, têm forte conotação escatológica de conversão ao verdadeiro Israel e de participação no banquete escatológico do Reino, e somente depois da Páscoa adquirem conotação eclesial. A missão universal de Jesus Ressuscitado e o encargo de batizar todas as nações com a fórmula trinitária (Mt 28,16-20) constituem um texto que claramente reflete a Tradição litúrgica posterior da Igreja primitiva.

A própria história da Igreja mostra que só progressivamente a comunidade cristã vai tomando consciência de seu ser e de sua missão, até chegar a formular temas como a abertura aos gentios, o cânone das Escrituras, os ministérios, o primado petrino, os sacramentos etc. Isto não se explicaria se Jesus tivesse fundado uma instituição jurídica e plenamente estruturada.[4]

---

[3] PIÉ-NINOT, S. *Eclesiología*. Salamanca, 2007. p. 432-451.

[4] ESTRADA, J. A. *Para comprender cómo surgió la Iglesia*. Estella: Verbo Divino, 1999.

Contudo, talvez a objeção mais séria contra esta postura tradicional é que nela o mistério da Páscoa, ou seja, a morte, a ressurreição e a efusão do Espírito, não desempenha nenhum papel na origem da Igreja. Conforme escreveu, faz anos, o teólogo Joseph Ratzinger, esta postura tradicional faz nascer a Igreja em Belém ou em Nazaré, quando, na realidade, a Igreja nasce somente na Jerusalém pascal. A Igreja compreendida exclusivamente a partir da perspectiva da encarnação resulta demasiado "terrena", com o sério perigo de mundanizar-se e secularizar-se. Nessa concepção teológica, a doutrina do Espírito Santo fica deslocada para a vida devota e absorta na especulação trinitária, sem nenhuma função na vida cristã.[5]

No entanto, nesta postura tradicional existe um elemento bastante válido, que deverá ser levado muito em conta: não se pode compreender a Igreja desvinculada e desconectada do Jesus histórico.

Postura rupturista

Esta postura desvincula a Igreja do Jesus histórico, postula total descontinuidade entre Jesus e a Igreja. A formulação mais radical desta tese é a do modernista Loisy: "Jesus pregou o Reino, e veio a Igreja".[6] Nesse mesmo sentido, R. Bultmann afirma que a Igreja nasce da fé pascal, mas sem conexão com o Jesus histórico. Jesus não somente não havia fundado a Igreja como

---

[5] RATZINGER, J. *Introducción al cristianismo*. Salamanca: Sígueme, 1967. p. 293.

[6] Com certeza a intenção de Loisy não era tão negativa como imediatamente se lhe atribuiu (O. Cullmann, H. Conzelmann, L. Boff...), pois, fazendo frente a Harnack, Loisy afirmava que a Igreja é necessária para a pregação do Reino. Cf. PIÉ-NINOT, *Eclesiología*, p. 107, nota 10.

esta nasceu à margem – ou talvez contra – do que Jesus queria.

Esta postura racionalista e liberal desemboca em fideísmo e vai contra a Tradição constante da Igreja, que sempre viu uma estreita conexão entre Jesus e a Igreja: Cristo e a Igreja não podem ser separados (*indivise*), tampouco confundidos (*inconfuse*).

Contudo, como em todo erro, aqui também se esconde uma intuição de fundo que é preciso reconhecer: a Igreja não é compreensível sem o mistério pascal da morte e da ressurreição de Jesus e da efusão do Espírito.

Postura dialética e integradora

Afirma que entre Jesus de Nazaré e a Igreja haveria continuidade e ruptura. Esta postura, defendida por teólogos católicos, tanto exegetas (R. Schnackenburg, N. Lohfink...) quanto sistemáticos (J. Ratzinger, H. Küng, L. Boff...), mantém uma relação processual entre Jesus e a Igreja.

Por um lado, a Igreja está ligada ao grupo histórico que Jesus constituiu como discípulos; ao mesmo tempo, porém, sofre uma ruptura assinalada pela morte de Jesus, pela dispersão dos discípulos na Páscoa e pelo dom do Espírito. Somente depois da Páscoa-Pentecostes é que o grupo de discípulos – sendo Pedro o primeiro dentre eles (Jo 21,15-17) – constitui-se em grupo apostólico; o Batismo passa a ser o sacramento de entrada na Igreja (At 2,38), a Eucaristia é memorial da Páscoa e antecipação da parusia (1Cor 11,23-27), a Igreja prega Jesus como presença próxima do Reino entre nós e convoca à nova comunidade como comunidade do Reino de Deus. A rejeição de Israel (simbolizada na morte de Estêvão:

At 8,1-3), a destruição do templo e o atraso da parusia marcarão a abertura definitiva aos gentios e a catolicidade universal da Igreja. Desse modo, a Igreja mesma vai-se estruturando no tempo e é ela própria princípio coinstituidor de seus elementos formais em sua realização histórica (cânone da Escritura, sete sacramentos, modalidade do ministério apostólico...).[7]

No fundo, esta postura sempre esteve presente na Tradição, tanto quando os Padres da Igreja afirmavam que a Igreja nasceu do lado de Cristo Crucificado, novo Adão adormecido na cruz, do qual brotam sangue e água (símbolos da Eucaristia e do Batismo da Igreja), como quando se dizia que a Igreja havia nascido em Pentecostes, pela efusão do Espírito Santo. Por isso, na evolução da liturgia da Igreja, Pentecostes, pouco a pouco, deixa de significar toda a cinquentena pascal para reduzir-se à celebração, com especial ênfase, da festa da vinda do Espírito, com a qual conclui a dita cinquentena pascal.[8]

A partir desta perspectiva, a fundação da Igreja tem caráter dinâmico e processual, que parte do Jesus histórico, mas passa pela cruz, pela ressurreição e pelo dom pascal do Espírito. Desse modo, fica evidente que a Igreja possui dois princípios estruturadores: o cristológico e o pneumático. Por isso, Congar afirma que o Espírito não advém após uma estrutura eclesial já previamente estabelecida, a fim de animá-la; ele é "cofundador", com Cristo, da Igreja.

Trata-se, pois de uma verdadeira eclesiogênese. Por tudo isso, parece mais correto falar de Jesus como fundamento da Igreja do que como fundador da Igreja,

---

[7] FRANÇA MIRANDA, M. *A Igreja numa sociedade fragmentada*. São Paulo: Loyola, 2006. p. 130-139.

[8] ALIAGA, E. El triduo pascual. In: BOROBIO, D. (ed.). *La celebración de la Iglesia*, III. Salamanca, 1990. p. 133-142.

que pode ser interpretado em sentido demasiado jurídico e estático, sem levar em conta que o Espírito é também cofundador da Igreja. O próprio Concílio Vaticano II procura evitar a palavra "fundação", referida a Cristo, e afirma simplesmente que Jesus "deu começo" à Igreja, pregando o Reino de Deus (LG, n. 5).

E num texto sintético, o Concílio Vaticano II diz:

> E, aos que creem em Cristo, [o Pai Eterno] decidiu chamá-los à santa Igreja, a qual, prefigurada já desde o princípio do mundo e admiravelmente preparada na história do povo de Israel e na Antiga Aliança, foi constituída no fim dos tempos e manifestada pela efusão do Espírito, e será gloriosamente consumada no fim dos séculos. [...] (LG, n. 2).

Desse modo, por um lado, admite-se a vinculação da Igreja com o Jesus histórico através do grupo de discípulos por ele formado; por outro lado, porém, afirma-se a novidade radical da Páscoa e da efusão do Espírito. A Páscoa constitui a experiência instituidora da Igreja, fundamentada tanto no movimento profético de Jesus, que veio reunir o Povo de Deus e anunciar o Reino, quanto na experiência pascal, que implica o dom do Espírito.

Destarte, a Igreja não se desvincula de Jesus nem se converte em uma ideologia utópica, vaga e sem contornos; ao contrário, faz referência contínua a Jesus de Nazaré, à sua encarnação visível e histórica, ao Jesus nazareno pobre e dos pobres, crucificado como um malfeitor, e à sua ressurreição. A Igreja deverá ser sempre uma Igreja encarnada na geografia e na história dos povos, uma Igreja servidora, pobre e nazarena, uma Igreja pascal. Contudo, por isso mesmo, a Igreja possui dinamismo e força pneumáticos mediante os quais o

Espírito a faz crescer e estender-se por todas as partes e em todos os tempos.

Há uma grande diferença entre conceber a Igreja como uma instituição estática e a-histórica, fixa e perene, e considerá-la como uma realidade dinâmica pela força pascal do Espírito. A Igreja há de deixar-se levar pelo Espírito de Jesus.

A consequência que podemos inferir, após este longo percurso, é que a Igreja tem dois princípios constituintes: Cristo e o Espírito, as duas mãos do Pai, as duas missões trinitárias. Por conseguinte, toda eclesiologia que trunque um destes princípios afasta-se da fé da Tradição e mutila o ser eclesial. Isto, que parece tão óbvio, foi esquecido durante muito tempo ao longo da história. Muitas vezes, o Espírito ficou reduzido à dimensão pessoal e mística de alguns, ou da hierarquia, e a Igreja latina, em suas estruturas, procedeu frequentemente se apoiando unicamente na cristonomia, na dimensão cristológica, dando azo à acusação de cristomonismo da parte do Oriente cristão. Por isso foi necessário estabelecer e fundamentar o duplo princípio constitutivo da Igreja.

As consequências teológicas e pastorais que derivam deste duplo princípio constitutivo da Igreja são muito importantes. A obstinação da instituição eclesial em não se abrir a mudanças que o povo crente considera totalmente necessárias, com o consequente descrédito atual da instituição em muitos setores eclesiais, tem uma de suas raízes mais profundas nesta concepção tradicional da origem da Igreja fundada por Jesus de forma intocável, imóvel e perene. Apesar da crítica da exegese e da teologia moderna a esta concepção fundacional da Igreja, muitos setores da instituição eclesial continuam a mantê-la e a defendê-la na teoria e, acima de tudo, na prática. Mais adiante, abordaremos esta problemática mais detalhada e concretamente.

Vejamos, agora, o testemunho de K. Rahner:

> Alguém pode ter a impressão de que toda a ação salvífica na Igreja é levada a termo por Deus exclusivamente através da hierarquia. Isto seria uma concepção totalitária da Igreja, que não corresponde à verdade católica, mas que encontra eco em muitas cabeças. Seria pura heresia afirmar que Deus opera em Cristo e em sua Igreja unicamente mediante a ação da hierarquia. Deus não se demitiu de sua Igreja em favor dela.
>
> O Espírito não sopra de tal modo que sua ação começa sempre pelas autoridades eclesiásticas supremas. Existem efeitos carismáticos do Espírito, consistentes em novos conhecimentos e em novas formas de vida cristã orientadas para decisões novas, das quais depende o avanço do Reino de Deus. São efeitos do Espírito que aparecem na Igreja onde o Espírito quer. Ele pode também conceder uma tarefa grande ou pequena para o Reino de Deus a pobres e pequenos, a mulheres e a crianças, a qualquer membro não hierárquico da Igreja.
>
> Os hierarcas certamente devem examinar a obra do Espírito nos carismáticos mediante o carisma do discernimento dos espíritos [...]. A hierarquia, porém, não deve dar a entender, nem velada nem abertamente, que possui o Espírito de maneira autônoma e exclusiva na Igreja, e que os membros não hierárquicos são meros executores de ordens e impulsos que provenham da hierarquia e somente dela.
>
> A Igreja não é um estado totalitário na esfera religiosa. Nem é correto insinuar que tudo funcionaria otimamente na Igreja se tudo fosse institucionalizado ao máximo, ou se a obediência fosse a virtude que substituísse plenamente todas as demais, mesmo a iniciativa pessoal, a busca particular do impulso do Espírito, a própria res-

ponsabilidade e, em uma palavra, o carisma particular recebido de Deus.[9]

E o arcebispo emérito de São Francisco e ex-presidente da Conferência Episcopal dos Estados Unidos, J. R. Quinn, escreve: "Quem pode contradizer o fato de que, em nossa Igreja, a preocupação com a disciplina prevalece sobre a exigência do discernimento? Não existe nisso uma falta de confiança no Espírito Santo?".[10]

A inclusão da Igreja no Creio

A Igreja primitiva sentia-se impulsionada e movida pela presença e pela ação do Espírito Santo, o qual lhe conferia alegria, audácia (*parresía*), dinamismo missionário e força no martírio. Para os primeiros cristãos, o vento e o fogo de Pentecostes não eram um fato do passado, mas algo permanente na vida da Igreja em seu caminhar pela história.

Teologicamente, a inclusão da Igreja no Creio constitui um dado importante, pelo que a Igreja aparece estreitamente ligada ao Espírito.

Sem querer entrar em discussões históricas sobre a origem das profissões de fé e dos credos cristãos primitivos,[11] o que podemos afirmar é que o Creio tem uma estrutura ternária que reflete a fé na Trindade. A origem do Creio é batismal e corresponde ao creio interrogativo ao qual os catecúmenos deviam responder antes do Batismo: "Crês em Deus Pai todo-poderoso? Crês em Nosso Senhor Jesus Cristo? Crês no Espírito Santo?...".

---

[9] RAHNER, K. Teología del Concilio. *Selecciones de Teología* 3 (1962) 135.

[10] QUINN, Mons. J. R. *Documents d'Església* 674 (Montserrat, 15.04.1997) 254.

[11] KELLY, J. N. D. *Credos cristianos primitivos*. Salamanca, 1980.

Pois bem, desde muito cedo, no terceiro artigo do Creio sobre a fé no Espírito Santo, associa-se a Igreja como obra especialmente ligada ao Espírito, como espaço histórico concreto da ação do Espírito. A seguir, acrescentaram-se também a comunhão dos santos (que alude tanto aos cristãos chegados à Pátria como à Eucaristia), o perdão dos pecados (que se refere diretamente ao Batismo), a ressurreição da carne e a vida eterna (ou seja, a dimensão escatológica da vida cristã), todos eles fruto também do Espírito.

Essa referência à Igreja aparece no chamado "símbolo apostólico" (o Creio breve usado nos catecismos e na liturgia latina, que tem como base a Tradição apostólica de Hipólito, do séc. III), e, depois, também o símbolo grego de Niceia-Constantinopla (381), que tem como base o símbolo de Jerusalém, que já se recitava na liturgia batismal de Constantinopla. Em tudo isso é preciso destacar vários elementos importantes.

O primeiro é que a Igreja primitiva está consciente de que sua vida é fruto do Espírito e depende da ação vivificante e santificadora dele. A Igreja se sente como um Pentecostes renovado e contínuo, através do tempo.

Esta presença ativa e vivificante do Espírito na Igreja como comunidade concretiza-se em uma referência a seus dois sacramentos centrais, a Eucaristia (comunhão dos santos e das coisas santas) e o Batismo (remissão dos pecados), e culmina em uma consumação escatológica da ressurreição da carne e na vida eterna.

Contudo, em segundo lugar, é preciso notar que, diante da opinião habitual de muitos cristãos, segundo a qual acreditamos na Igreja do mesmo modo que cremos no Espírito Santo,[12] os textos da profissão de fé da Igreja, tanto gregos quanto latinos, estabelecem claramente, mediante preposições gramaticais distintas, a diferença entre a fé no Espírito e nossa adesão à Igreja.[13]

Isto significa que, para os cristãos, a Igreja não é uma espécie de quarta pessoa da Trindade, mas o lugar onde o Espírito Santo está presente e atua; uma presença que se dá ainda em meio às limitações humanas e pecadoras da Igreja. O Espírito Santo está na Igreja, une-a e santifica-a.[14] Nós não professamos propriamente nossa fé na Igreja, mas no Espírito, que tem na Igreja sua própria obra. Por isso afirma Santo Tomás: "Se se usa 'crer na Igreja', que o sentido seja este: 'creio no Espírito Santo que santifica a Igreja'; mas é melhor que não se ponha o 'em', mas que se diga simplesmente 'crer a santa Igreja Católica'".[15]

Lamentavelmente, na catequese e na própria celebração litúrgica nem sempre se distinguem esses dois aspectos e, às vezes, propõem-se formulários nos quais não se diferencia a fé no Espírito de nossa adesão à Igreja.

Em momentos de crise eclesial, como o presente, no inverno eclesial em que vivemos, é sumamente importante tomar consciência de que o Espírito age na Igreja e não a abandona; que a Igreja, mesmo que seja pecadora, está sempre santificada pela presença misteriosa do Espírito, de modo que a Igreja é, ao mesmo tempo, santa e

---

[12] Em português, não distinguimos entre "crer no Espírito" e "crer na Igreja"...

[13] Em latim, distingue-se claramente "credere in Spiritum" de "credere ecclesiam", sem preposição.

[14] Veja-se a obra clássica de: NAUTIN, P. *Je crois à l'Esprit Saint dans la Sainte Église pour la résuréection de la chair*. Paris, 1947.

[15] *Summa Theológica* IIa IIae, q. 6, a. 1. Sobre esta questão, veja: DE LUBAC, H. *Méditation sur l'Église*. Paris, 1953. p. 21-29. KEHL, M. *La Iglesia*. Salamanca, 1996. p. 58-60. PIÉ-NINOT, *Eclesiología*, p. 52-54.

pecadora, casta e prostituta, na expressão patrística,[16] santa e chamada continuamente à conversão (LG, n. 8) e a uma reforma (UR, n. 6); que a Igreja se deve converter continuamente ao Evangelho e ao Reino (I. Ellacuría).

A fé na divindade do Espírito

A Igreja primitiva era muito consciente desta presença do Espírito em sua vida. No entanto, logo surgiram questionamentos sobre a realidade do Espírito: era uma realidade pessoal ou um simples impulso cego? Por que a Escritura, ao falar do Espírito, utiliza principalmente símbolos cósmicos, como o vento, o fogo e a água? No caso de ser uma entidade pessoal, era uma entidade divina, ou uma força criada por Deus para atuar em nós e no mundo?

Para compreender esta situação, que hoje nos pode parecer estranha, é preciso recordar que a passagem da fé monoteísta judaica no Iahweh do Antigo Testamento para a fé trinitária cristã supôs um longo processo de amadurecimento e de reflexão dogmática. O Concílio de Niceia, convocado por Constantino (325), definiu que o filho era consubstancial ao Pai (*homoousios*), não simplesmente semelhante ao Pai (*homoiousios*), como pretendiam os arianos. A divindade do Filho ficou a salvo.

Quando, porém, ainda não se tinham apaziguado os ânimos, e não se havia aceitado plenamente Niceia, começaram as dificuldades em torno do Espírito e os questionamentos de sua divindade (os chamados pneu-

---

[16] VON BALTASAR, H. U. Casta meretrix. In: *Ensayos teológicos*, *Verbum caro* II. Madrid: 1965. p. 239-366.

matômacos[17]). Contra eles, os Padres orientais da Igreja, como Atanásio, Gregório Nazianzeno e Basílio, defendem a divindade do Espírito, afirmando que, no Batismo, o Espírito compartilha com o Pai e com o Filho a mesma divindade.

A fim de conciliar a questão, Teodósio convoca o Concílio de Constantinopla (381), conhecido acima de tudo pelo Creio niceno-constantinopolitano, que contém uma profissão de fé ampliada com a cláusula sobre o Espírito Santo e sua obra salvífica. Posto que não utilize a fórmula "consubstancial" de Niceia, reconhece-se a divindade do Espírito com fórmulas indiretas, afirmando-se que o Espírito é "Senhor e doador da vida", que "procede do Pai",[18] que "é louvado e glorificado juntamente com o Pai", que "falou pelos profetas", e que age na Igreja, no Batismo para o perdão dos pecados, para a ressurreição da carne e para a vida eterna.[19]

Mas o que pode se tornar mais interessante e novo para nós é constatar que os Padres orientais, ao defender a divindade do Espírito, não somente estavam preocupados com elaborar uma teologia trinitária correta; o que queriam defender era, pois, a possibilidade da divinização e da santificação humanas: se o Espírito não é Deus, nós não podemos

---

[17] Alguns os chamam macedonianos por causa do bispo Macedônio; historiadores modernos, porém, como K. SCHATZ (*Los concilios ecuménicos*. Madrid, 1999. p. 43-47), negam que Macedônio tivesse estas ideias heréticas.

[18] Como se pode observar, o Creio de Constantinopla não acrescenta "e do Filho" (*Filioque*) à processão do Espírito da parte do Pai; esta formulação "e do Filho" será acrescentada mais tarde no Ocidente, a partir do Concílio III de Toledo (589); posteriormente, o Papa Bento VIII introduzi-la-á em Roma em 1014 para a Igreja universal. O *Filioque* foi, como veremos em breve, um dos pontos de conflito da Igreja Latina com a Igreja Oriental (cf. DS 150).

[19] Ademais, o Concílio emitiu uma definição doutrinal que se perdeu, mas que, através de outros testemunhos, deduz-se que continha uma confissão da consubstancialidade (*homoousía*) do Espírito Santo e da única divindade, substância e poder em três pessoas. Cf. SCHATZ, K. *Los concilios ecuménicos*. Madrid, 1999. p. 43-47.

ser santificados e divinizados; mas, visto que somos divinizados, o Espírito há de ser Deus, pois realiza o que somente Deus pode operar. Ou seja, os Padres partem da vida do cristão na Igreja (ao que chamam de "economia") para chegar ao mistério trinitário (ao que chamam de "teologia"). O ponto de partida é a certeza de nossa divinização.

Não vamos apresentar aqui, por certo, a história do dogma pneumatológico.[20] A encíclica *Dominum et Vivifbicantem*, de João Paulo II (1986), por ocasião do XVI centenário do Concílio de Constantinopla e como preparação para o Jubileu do Ano 2000, pode servir como síntese e comentário atualizado desta história pneumatológica.

O que fica claro é que a Igreja foi tomando consciência de que não somente está vinculada ao mistério de Jesus Cristo, mas também ao do Espírito. Um sinal disso é que, a partir do Concílio de Constantinopla I e da vitória sobre os inimigos do Espírito (pneumabtômacos), estende-se na liturgia o uso da *epiclese* ou invocação do Espírito sobre o pão e o vinho.

Veremos agora algumas das consequências desta fé na divindade do Espírito e de sua vinculação com a Igreja expressas no creio.

---

[20] Veja-se o que expõe: CONGAR, Y. M. *El Espíritu Santo*. Barcelona, 1983. p. 1-112. [Ed. bras.: *Revelação e experiência do Espírito Santo*. 2. ed. São Paulo: Paulinas, 2009. (Coleção Creio no Espírito Santo, n. 1.) *Ele é o Senhor que dá a vida*. São Paulo: Paulinas, 2010. (Coleção Creio no Espírito Santo, n. 2.) *O rio da vida corre no Oriente e no Ocidente*. São Paulo: Paulinas, 2010. (Coleção Creio no Espírito Santo, n. 3.)]

As características da Igreja são fruto do Espírito

No Creio de Constantinopla, em íntima conexão com a fé no Espírito Santo, professa-se que a Igreja é una, santa, católica e apostólica (cf. LG, n. 8). Esses traços são fruto da presença do Espírito na Igreja; são um dom e ao mesmo tempo uma tarefa jamais acabada: a Igreja é una, santa, católica e apostólica, mas deve fazer-se, com a força do Espírito, cada vez mais una, santa, católica e apostólica. As marcas da Igreja não são muito mais do que simples argumentos apologéticos para provar que a verdadeira Igreja de Cristo é a católica, como foram utilizadas durante os anos de controvérsias antiprotestantes;[21] as características possuem um dinamismo escatológico que impele a Igreja peregrina rumo ao Reino definitivo (LG, cap. VII).

O Espírito Santo faz a Igreja una

A unidade da Igreja era, para Jesus, condição de sua credibilidade: "Que todos sejam um [...] a fim de que o mundo creia [...]" (Jo 17,21). O Concílio Vaticano II, citando Cipriano, definiu a Igreja como "um povo unido pela unidade do Pai e do Filho e do Espírito Santo" (LG, n. 4). O Espírito é princípio de comunhão e, portanto, ele é que faz com que a Igreja seja una, com unidade de fé e de batismo, formando um só corpo (1Cor 12,13; Ef 4,4). A Igreja é, antes de mais nada, uma comunidade,

---

[21] Veja-se CONGAR, *El Espíritu Santo*, p. 218-271. CRISTIANISME I JUSTÍCIA. *El tercer milenio como desafío para la Iglesia*. Barcelona, 1999. Cuadernos CiJ, n. 91. BRIGHENTI, A. *A pastoral dá o que pensar*: a inteligência da prática transformadora da fé. São Paulo/Valencia: Paulinas/Siquem, 2006. p. 142-146. (Coleção Livros Básicos de Teologia, n. 15.)

uma comunhão, *koinonía*, a comunhão dos santos, alimentada pelo Corpo sacramental do Senhor para formar seu Corpo eclesial.

Esta unidade não é uniformidade; o Espírito distribui carismas e dons diferentes, mas todos formamos um mesmo e único corpo (1Cor 12), do qual todos nos sentimos responsáveis, e, assim, agimos como parte do todo orgânico.[22]

O Espírito faz a Igreja una desde Abel até o último justo; une Israel à Igreja que nasce em Pentecostes, a Igreja da terra à celestial (LG, cap. VII), une os fiéis a seus pastores em comunhão eclesial, une toda a Igreja com Jesus Ressuscitado.

Embora na Igreja haja diferentes Igrejas locais, a Igreja não é uma soma ou federação de Igrejas independentes, mas uma comunhão, formando um só corpo em Cristo e no Espírito; é uma Igreja de Igrejas (J. M. R. Tillard), Igrejas na Igreja (J. Ratzinger).

Esta unidade, porém, foi desfigurada pelas divisões entre cristãos ao longo da história, constituindo um grande escândalo e uma contradição flagrante com o desejo de unidade de Jesus. João Paulo II, no Jubileu do Ano 2000, ao pedir perdão diante de Deus e perante a humanidade pelos pecados da Igreja do segundo milênio, pediu expressamente perdão pela divisão dos cristãos. Daí a importância do movimento ecumênico que surgiu por graça do Espírito Santo (UR, n. 1) e que não consiste propriamente na simples volta de todos a Roma, mas em caminhar juntos rumo a uma unidade plena da Igreja de Cristo. Isto exige atitudes de conversão de todos os cristãos, de perdão, de oração e de diálogo

---

[22] Cayetano afirma que, na Igreja, cada um deve agir como parte (*agere ut pars*).

(UR, nn. 5-12), e uma verdadeira reforma da Igreja (UR, n. 6). Implica reconhecer, como afirma o Concílio Vaticano II, que a verdadeira Igreja de Cristo não "é" a Igreja Católica (ou seja, não se identifica com ela), mas que a Igreja de Cristo "subsiste na" Igreja Católica (LG, n. 8), o que significa que existe verdadeira Igreja de Cristo para além e fora da católica.[23] Existe uma grande tarefa pela frente e, mesmo que tenha havido avanços ecumênicos depois do Concílio Vaticano II, ainda resta um extenso caminho a percorrer.

No decorrer da história, foram-se absolutizando posturas teológicas e eclesiais que, na realidade, mais do que contrapor-se, complementam-se. Roma acentua as dimensões institucionais da Igreja e, concretamente, o primado de Pedro, segundo Mt 16; a Reforma acentua a Palavra e a gratuidade da salvação, segundo Paulo; o Oriente sublinha o aspecto do Espírito e o Evangelho de João. Não se deveriam complementar tais acentos teológicos e eclesiológicos, em vez de provocar exclusão? Não existe, por acaso, no Novo Testamento, diversas eclesiologias que não se excluem, mas que enriquecem a vida cristã?

Há, mesmo, teólogos, como K. Rahner e H. Fries, que, partindo da afirmação do Concílio Vaticano II sobre a hierarquia de verdades (UR, n. 11), opinam que a unidade em uma mesma fé trinitária e em um mesmo batismo bastaria para que as diversas Igrejas pudessem participar juntas em uma mesma Eucaristia.

---

[23] Não queremos entrar aqui em uma série de discussões que, após o Concílio Vaticano II, pretenderam minimizar o sentido desta frase, contra o verdadeiro espírito do Concílio, que corrigiu expressamente o "é" da primeira redação pelo "subsiste". O Concílio Vaticano II mudou a postura tradicional formulada por Pio XII em sua encíclica *Mystici Corporis* (1943), que identificava totalmente o Corpo místico de Cristo com a Igreja Católica, de modo que, segundo Pio XII, as outras Igrejas não formavam parte do corpo de Cristo.

Entretanto, é preciso trabalhar pacientemente e ser fiéis ao Espírito para que o desejo de Jesus da unidade dos cristãos seja cada dia mais real.

A Igreja é santa pela força do Espírito Santo

O traço da santidade é o mais antigo atribuído à Igreja, em estreita ligação com o creio batismal. Na Tradição Apostólica de Hipólito (sécs. II-III), aparece a pergunta: "Crês no Espírito Santo, na santa Igreja, para a ressurreição da carne?".[24]

E Basílio declara: "Não existe santidade sem o Espírito Santo".[25]

Isto é, existe a convicção de que o Espírito santifica a Igreja e de que Igreja é santa precisamente pelo Espírito Santo, fonte de toda a santidade.

Este tema tem raízes bíblicas. A Igreja é apresentada como a santa esposa de Cristo (Ef 5,26-27), como templo do Espírito Santo (1Cor 3,16).

Todavia, esta Igreja esposa de Cristo (2Cor 11,2; Tt 3,5-7) não possui ainda a plenitude da pureza que o sangue de Cristo e o Batismo lhe conferiram. Enquanto não chegar à escatologia, a Igreja sente em seus membros a tentação de unir-se a outros esposos (1Cor 6,15). No entanto, a Igreja já possui o Espírito em seu coração (Rm 5,5), como penhor e prêmio da união plena com seu Esposo. Os gemidos do Espírito anseiam por esta consumação (Rm 8,26-30; Ap 21,2; 22,17).

Esta santidade da Igreja, fruto da presença do Espírito que age na Palavra, nos sacramentos, nos ca-

---
[24] Cf. nota 88.
[25] *El Espíritu Santo*, XVI, 38.

rismas e nos ministérios da comunidade, solicita nossa resposta pessoal e comunitária, que nem sempre damos. Daí nasce a presença da dimensão do pecado na Igreja: a Igreja é santa e pecadora, casta e prostituta (na expressão patrística), Igreja dos pecadores; uma Igreja que, como reconhece o Concílio Vaticano II, abraça em seu seio os pecados e necessita de purificação constante (LG, n. 8), inclusive de uma contínua reforma (UR, n. 6).

A história é testemunha da quantidade de pecados da Igreja peregrina, em sua cabeça e em seus membros: orgulho, riqueza, poder, imobilismo, egoísmo, divisões... Mas, certamente, o maior pecado é o de extinguir o Espírito.[26]

A postura de negar esses pecados da Igreja seria tão hipócrita quanto escandalizar-se deles. Desses pecados da Igreja todos os cristãos não somos meros observadores do que acontece nos outros, mas pecadores responsáveis que, com nossos pecados e com nossas infidelidades ao Espírito, desfiguramos o rosto da Igreja.

Hoje, para muitos, os pecados da Igreja constituem uma autêntica dificuldade para sua fé e sua permanência na Igreja; cada vez mais há cristãos que afirmam "Jesus sim, Igreja não", e que acabam sendo "cristãos sem Igreja". Talvez uma catequese que só destacava a santidade da Igreja tenha levado a este desencanto ao serem descobertos, na prática, seus pecados. É preciso insistir em que a Igreja é divina e humana (LG, n. 8) e que – à diferença de Cristo, em quem não houve pecado (2Cor 5,21; Hb 7,26) – a Igreja peregrina está sujeita a tentações e a quedas. A Igreja possui o dom do Espírito, mas, diferentemente do filho, que se encarnou em Jesus

---

[26] RAHNER, K. No apaguéis el Espíritu. In: *Escritos de Teología* VII. Madrid, 1967. p. 88-99.

de Nazaré, o Espírito não se encarna em ninguém, pelo que sua presença está sempre mesclada com os erros e pecados das pessoas e da própria comunidade eclesial. Se foi difícil para os contemporâneos de Jesus discernir naquele carpinteiro nazareno o mistério do Messias, Filho de Deus, muito mais difícil é, para nosso tempo, discernir nesta comunidade chamada "Igreja" a presença do Espírito de Jesus.

Mas a fé na presença do Espírito na Igreja nos leva a crer que, a partir do momento em que o pecado foi vencido na cruz de Cristo, o pecado jamais triunfará na Igreja, pois a graça do Espírito de Jesus sempre superabunda acima da maldade humana, de modo que a Igreja será sempre e definitivamente a "santa Igreja".[27]

Se uma catequese e uma história triunfalistas da Igreja nos fizeram crer que nela tudo é graça e santidade, hoje temos o perigo contrário de ver na Igreja somente deficiências e pecados. Diante disso, é preciso confessar que o Espírito foi suscitando, ao longo da história da Igreja, verdadeiras testemunhas do Evangelho, mártires, profetas e doutores, pastores e missionários; fez surgir grandes iniciativas de caridade e de promoção humana; inspirou reformas; fez brotar carismas religiosos e laicais; inspirou a vida de homens e mulheres santos de toda raça, cultura e condição social, mesmo que, muitas vezes, esta santidade se mantenha oculta. Para quem tem olhos de fé, a Igreja, não obstante todos os seus pecados, é sacramento e ícone do Reino, teofania de Deus, lugar de transfiguração, Pentecostes renovado, antecipação da nova terra e dos novos céus.

---

[27] CODINA, V. *Sentirse Iglesia en el invierno eclesial*. Cuardernos Eides, 46, Cristianisme i Justícia. Barcelona, 2006.

Para Cirilo de Jerusalém, "desde Pentecostes, a Igreja está plena de santos... É ele, efetivamente, o santo que santifica e admoesta a Igreja, o Espírito Santo Paráclito".[28]

Segundo Cirilo, o Espírito desceu do céu "para defender e santificar a Igreja como guia das almas e timoneiro da humanidade em tempestade, luz que guia os errantes, árbitro que preside as lutas e coroação dos vencedores".[29]

Rahner, em um belo texto, interpreta a passagem de Jesus e a adúltera (Jo 8,1-11) como um encontro entre Jesus e a Igreja pecadora:

> Em cada século há novos acusadores perto "dessa mulher", mas se retiram uma e outra vez, a começar pelo mais velho, um atrás do outro. Porque não havia ninguém que estivesse sem pecado. E, no final, o Senhor estará sozinho com a mulher. E então, levantar-se-á e olhará para a cortesã, sua esposa, e lhe perguntará: "Mulher, onde estão os que te acusavam? Nenhum deles te condenou?". E ela responderá, com humildade e arrependimento inefáveis: "Nenhum deles, Senhor". E estará perplexa e quase perturbada porque nenhum deles o fizera. O Senhor, porém, irá até ela e lhe dirá: "Tampouco eu te condenarei". Beijará sua fronte e dirá: "Minha esposa, Igreja santa".[30]

E o cardeal H. de Lubac, por sua vez, falando da Igreja, confessa:

> Ainda que se visse reduzida a um pequeno rebanho, leva consigo a esperança do mundo. Continuamente

---

[28] *Catequesis*, XVI, 14.
[29] *Catequesis*, XVII, 13.
[30] RAHNER, K. Iglesia de los pecadores. In: *Escritos de Teología* VI. Madrid, 1969. p. 313.

maltratada por todos nós, a partir de dentro e a partir de fora, parece sempre que está agonizando, mas na verdade está sempre renascendo [...]. A nossa Igreja, com suas misérias e humilhações, com as debilidades de cada um de nós, mas também com a imensa rede de suas santidades ocultas.[31]

O Espírito Santo é o princípio da catolicidade da Igreja

Inácio de Antioquia (séc. II) foi o primeiro a aplicar à Igreja a característica de "católica", que significa universal, de acordo com a totalidade, não somente no espaço geográfico, mas no tempo histórico. É uma totalidade segundo todos os aspectos, que integra as diferenças unificadas, respeita o pluralismo, integra sem excluir e mantém viva a Tradição.

Diz belamente Máximo, o Confessor:

> Homens, mulheres, crianças, profundamente divididos quanto à raça, nação, língua, classe social, trabalho, ciência, dignidade, bens...: a todos estes a Igreja recria no Espírito. Ela imprime em todos igualmente uma forma divina. Todos recebem dela uma única natureza impossível de romper, uma natureza que não permite que se levem em conta as múltiplas e profundas diferenças a respeito. Daqui deriva que todos estejamos unidos de maneira verdadeiramente católica.[32]

Tanto os relatos das aparições pascais do Ressuscitado quanto o acontecimento de Pentecostes enviam a Igreja em uma missão universal que se irá concreti-

---

[31] DE LUBAC, H. *Diálogo sobre el Vaticano II*. Madrid, 1985. p. 112-113.
[32] *Mistagogia*, I.

zando no transcorrer da história: abertura ao mundo greco-romano, ao mundo germânico e saxão, ao mundo eslavo, aos novos continentes descobertos... O Espírito é o que envia em missão, é o protagonista de toda missão da Igreja,[33] "nunca será possível haver evangelização sem a ação do Espírito Santo".[34]

O Espírito foi derramado sobre toda carne, e todos são chamados à salvação (At 2,17-21). Contudo, segundo Rahner, no ainda recente Concílio Vaticano II, a Igreja deixar de ser eurocêntrica para ser realmente universal.

A Igreja, que tem sua origem na Trindade, está aberta a que todo o gênero humano possa fazer parte da família de filhos e filhas do Pai, por Cristo, no Espírito.

Isto supõe que a Igreja, impulsionada pelo Espírito, leva a salvação a todas as raças, povos e culturas, em um diálogo intercultural com todas elas. Partindo da afirmação patrística de que "o que não se assume não se pode redimir", a Igreja há de encarnar-se em todas as culturas, para assim poder ser realmente Igreja Católica e universal.

Consequentemente, a catolicidade implica o respeito às pluralidades das Igrejas locais, com suas culturas e tradições. A Igreja há de ser uma unidade de diversidades, uma Igreja de Igrejas, como vimos ao tratar da característica da unidade.

Isto comporta que também a doutrina comum da fé pode e deve se expressar de maneiras diversas, e que é preciso uma evolução do dogma, de modo que, em suas expressões e conteúdos, se vá aprofundando cada vez mais a fé da Tradição da Igreja e se vá respondendo,

---

[33] JOÃO PAULO II. *Redemptoris Missio*, n. 21.
[34] PAULO VI. *Evangelii Nuntiandi*, n. 75.

portanto, aos diversos contextos culturais e históricos da humanidade. Há uma só fé, mas diversas expressões teológicas e culturais dela.

O Espírito atualiza a Palavra e o Evangelho; não os substitui nem os extrapola com outra nova economia superior à de Cristo, como queria Joaquim de Fiore; ao contrário, encarna o mistério de Cristo nas Igrejas locais, dinamiza-o com os diferentes carismas, interioriza-o na fé dos fiéis (*sensus fidelium*), que têm uma participação viva e responsável na vida e na caminhada da Igreja. Assim, a Igreja é católica, aberta a todo o mundo, a todas as gerações, graças ao dinamismo do Espírito de Jesus. A saúde pneumatológica da Igreja Católica universal deita suas raízes em sua referência cristológica. A missão do Filho e a do Espírito são inseparáveis e complementares.

Nossa realidade, porém, está muito longe de viver esta catolicidade eclesial, pois a Igreja foi-se parcializando tanto em sua teologia como em sua pastoral. A eclesiologia latina decantou-se em direção à eclesiologia mais institucionalizada das cartas pastorais, do Evangelho de Mateus e das cartas deuteropaulinas (Efésios e Colossenses), deixando um tanto de lado as eclesiologias mais carismáticas, comunitárias e dinâmicas dos escritos paulinos, joânicos e dos Atos.[35] Isto provocou tensões na Igreja e, mesmo, em alguns casos, divisões internas. Nada mais contrário à catolicidade do que uma Igreja monocultural, uniforme, ocidental, eurocêntrica, quase exclusivamente latina.

Hoje em dia, o problema da inculturação da Igreja nas diversas culturas constitui um grave desafio. Dever-se-ia aprender com o passado e tirar as lições do alto

---

[35] BROWN, R. *Las iglesias que los apóstoles nos dejaron*. Bilbao, 1975.

preço que se pagou por não se ter seguido o caminho de algumas pessoas e empresas pioneiras da inculturação, como a tentativa frustrada de adotar os ritos malabares, as intuições de Mateo Ricci, na China, de De Nobili, na Índia, as missões jesuíticas na America Latina...

A Igreja há de abrir-se a mundos e culturas bem diferentes; não somente ao mundo moderno, globalizado e Pós-Moderno, mas também aos mundos da Ásia e da África, e às culturas originárias da América. Muitos teólogos falam hoje da necessidade de des-helenizar e, sobretudo, desocidentalizar o Cristianismo, para que Atenas não triunfe sobre Jerusalém.[36] O Espírito nos impele a descobrir as sementes do Verbo nas culturas e a superar, como Paulo, a "circuncisão judaica" para dirigir-nos aos novos areópagos de hoje, como João Paulo II pedia à Igreja.

Tudo isso tem repercussões em muitos terrenos: governo e estrutura eclesial, colegialidade episcopal,[37] ministérios, liturgia[38] e sacramentos,[39] teologia sistemática e moral, pastoral... O Espírito leva a Igreja a ser cada vez mais católica.

---

[36] METZ, J. B. ¿Atenas contra Jerusalén? In: *Memoria passionis*. Santander: Sal Terrae, 2007. p. 231-238. GONZÁLEZ FAUS, J. I. Deshelenizar el cristianismo. In: *Calidad cristiana*. Santander: Sal Terrae, 2006. p. 185-225.

[37] Não se deveria deixar às Igrejas locais e a suas conferências episcopais a competência sobre assuntos relacionados com a doutrina da fé, a liturgia e a moral?

[38] Deve-se proibir os tambores nas liturgias africanas e recomendar o gregoriano e o latim? As traduções litúrgicas para o aymara, para o quéchua ou para outras línguas devem ser revisadas em Roma... ou pode-se deixar tal competência aos bispos da região onde estas línguas são faladas?

[39] Muitos teólogos e pastoralistas perguntam-se se o pão e o vinho eucarísticos, elementos típicos da cultura mediterrânea, não poderiam ser trocados em outras Igrejas locais onde o elemento mais comum não é o trigo, mas o milho, o milho indiano, o arroz... ou onde não é fácil obter ou produzir vinho de uva. A Igreja universal deve estar ligada a esses elementos culturais? A Igreja não tem grande liberdade de inculturação, mantendo sempre a salvo a substância dos sacramentos? "O pão e o vinho" são o símbolo básico da Eucaristia ou, antes, não é "a comida partilhada"?

O Espírito mantém a apostolicidade da Igreja

O termo "apostólico", já utilizado por Inácio de Antioquia para se referir à Igreja (séc. II), em pouco tempo passou ao creio batismal e, finalmente, ao Creio de Constantinopla.

"Apostólico" faz referência aos apóstolos e à sua importância em todo o Novo Testamento como testemunhas da ressurreição de Jesus, como os que receberam o encargo missionário de anunciar o Evangelho a todos os povos, os que, com seu sangue, deram credibilidade a sua mensagem. Graças ao Espírito, os apóstolos realizaram sua missão e puderam dar testemunho do Evangelho de Jesus até o final de suas vidas. Eles também serão juízes escatológicos no último dia.

Quando se afirma que a Igreja é apostólica, quer-se lembrar que a comunidade da Igreja está em conformidade com as origens e que há de manter a forma de existência da comunidade messiânica de Jesus até que o Senhor volte. O sacramento do episcopado ordena e dá a graça do Espírito para poder viver esta comunhão apostólica no Espírito.

João Crisóstomo afirma:

> Os apóstolos não desceram da montanha como Moisés, levando em suas mãos tábuas de pedra; eles saíram do cenáculo levando o Espírito Santo em seu coração e oferecendo em toda a parte os tesouros de sabedoria, de graça e de dons espirituais como de uma fonte transbordante: saíram, de fato, a pregar a todo o mundo, quase como se fossem, eles próprios, a lei viva, como se fossem livros animados pela graça do Espírito Santo.[40]

---

[40] *Homilías sobre el Evangelio de Mateo*, I.

Esta fidelidade apostólica implica:

- estar governada por dirigentes ou pastores que sucedem os apóstolos designados por Jesus. Esta sucessão dos apóstolos não é só nem principalmente jurídica (uma cadeia sucessória que historicamente vem desde os apóstolos até os bispos de hoje), mas sobretudo doutrinal (a Igreja mantém a Tradição apostólica) e testemunhal (os bispos, como todos os cristãos, devem ser seguidores dos apóstolos, como eles o foram de Jesus). Esta dimensão apostólica em breve (seguramente por influência do Pseudodionísio) passará a chamar-se "hierárquica", que significa poder sagrado, termo que não é evangélico e que tende a confundir-se com os poderes deste mundo;

- manter a doutrina católica, ou seja, a Tradição da Igreja desde suas origens, a unidade da fé que os apóstolos transmitiram, e isto de modo seguro e certo (a isto é que, em breve, chamar-se-á "infalibilidade");

- uma missão total universal (a todas as nações) e escatológica (até o final dos tempos).

Somente o Espírito pode manter a Igreja na fidelidade apostólica através dos séculos; somente o Espírito assiste a Igreja na pregação da fé; somente o Espírito fortalece a Igreja na confissão da fé na vida até o martírio. Graças ao Espírito, a Igreja poderá discernir os livros inspirados da Escritura e separar as verdadeiras doutrinas das falsas. Este Espírito é também o que torna eficazes os sacramentos, os quais comunicam o Espírito a todos os cristãos (Batismo, Confirmação, Eucaristia) e, especialmente, a seus pastores (ministros ordenados), para que vivam esta dimensão apostólica da Igreja.

É um engano querer viver a fé eclesial à margem ou contra a apostolicidade da Igreja, rompendo a comunhão doutrinal ou a obediência aos pastores. O Espírito não pode atuar contra a apostolicidade da Igreja de Jesus. Pneumatologia e Cristologia nunca podem opor-se.

A eclesiologia, porém, é uma função da Pneumatologia (W. Kasper), mesmo que se tenha a impressão de que, muitas vezes, a Pneumatologia se tenha transformado em uma função da eclesiologia, de modo que não é a Igreja que obedece e serve ao Espírito; ao contrário, não raro, ela se acredita proprietária do Espírito e tenta domesticá-lo e extingui-lo.

As estruturas da Igreja haverão de ser instrumentos para sua missão, e a missão não deverá estar a serviço das estruturas. Requer-se um grande discernimento para não acreditar que são de direito divino e intocáveis, portanto elas são algo que está sujeito às mudanças históricas. A Igreja, que, iluminada pelo Espírito, foi capaz de ir criando as estruturas de governo mais aptas para seu tempo, deveria hoje revisá-las à luz do mesmo Espírito, sempre em fidelidade à Tradição apostólica. Muitas formas de governo da Igreja conservam ainda os traços da sociedade absolutista, quando se acreditava que a monarquia absoluta era a forma mais perfeita de governo e que, portanto, era a que Deus queria para sua Igreja, como argumentava Bellarmino.[41] O Espírito atua através de mediações humanas, mas não se pode sacralizar tais mediações, é preciso revê-las continuamente. Mais tarde veremos as propostas concretas que hoje em dia surgem com respeito às estruturas da Igreja.

Para concluir este parágrafo sobre as características da Igreja, digamos que, assim como é preciso refazer continuamente a unidade da Igreja, para que seja deve-

---

[41] *De romano pontífice*, 3ª controversia. BELLARMINO, R. *Obras completas* (edición Vives) I, p. 461s.

ras una, assim como é preciso reformar continuamente a Igreja para que seja santa, e abri-la ao mundo para que seja católica, assim também é mister recuperar a autêntica apostolicidade da Igreja e despojá-la de todas as aderências históricas que obscurecem sua missão apostólica. A esta tarefa ingente nos impulsiona o Espírito de Jesus.

Espírito Santo e iniciação cristã

A Igreja primitiva vinculou estreitamente o Espírito com a iniciação cristã. Já no dia de Pentecostes, aos ouvintes que, com o coração compungido, perguntam a Pedro e aos demais apóstolos o que teriam de fazer, Pedro responde que se façam batizar para receber o dom do Espírito Santo (At 2,37-38). O dom do Espírito aparece intimamente ligado ao Batismo (At 8,26-40), e, em alguns casos, precede o banho batismal, como o de Saulo (At 9,17-19) e o de Cornélio (At 10,47). Este dom do Espírito leva consigo a remissão dos pecados (At 2,38; Tt 3,5), e é um novo nascimento (Jo 3,5).

Por outro lado, o fato de que o Batismo incorpore à Igreja a quem o recebe (At 2,41; 1Cor 12,13; Ef 4,5-6), revela a estreita conexão entre Igreja e Espírito. Mais ainda, juntamente com outros teólogos modernos (Rahner, Ratzinger, Semmelroth), cremos que a incorporação à Igreja é o primeiro fruto do Batismo e, ao mesmo tempo, sinal dos demais frutos, concretamente da efusão do Espírito.[42]

---

[42] Em terminologia clássica da Escolástica, se a imersão na água é o sinal visível do sacramento (*sacramentum tantum*), a incorporação à Igreja é o primeiro efeito e, concomitantemente, sinal de ulteriores frutos (*res et sacramentum*), que se podem resumir como o dom do Espírito (*res tantum*). A partir daqui se pode reivindicar o caráter eclesial e não meramente invisível do caráter batismal. É o sinal de ter sido incorporado à Igreja, o qual é algo indelével.

Com o tempo, esta iniciação cristã estruturar-se-á no catecumenato, com suas diversas etapas: candidatura ou primeira aproximação, para romper com o paganismo; catecumenato, em que, durante vários anos, os catecúmenos escutavam a Palavra; o tempo quaresmal de preparação imediata ao Batismo (com instruções mais concretas sobre o Batismo, o Creio, o Pai-Nosso, os exorcismos e o discernimento); a liturgia sacramental da vigília pascal no batistério e a participação na Eucaristia na basílica; a tudo isso se seguiam as catequeses mistagógicas para os neófitos na semana de Páscoa "in albis".[43]

Desta etapa da iniciação cristã no catecumenato queremos apenas assinalar os elementos que interessam especialmente para nosso tema da relação entre Espírito e Igreja: a epiclese batismal e a confirmação.

Epiclese batismal

Em primeiro lugar está a importância que se dava à invocação do Espírito, ou epiclese, para a bênção da água batismal, o que indica como a Igreja, desde suas origens, não teve uma mentalidade mágica sobre os sacramentos nem sobre seu ministro, senão que concebia os sacramentos dentro do marco litúrgico da oração da Igreja e da invocação ao Pai, a fim de que enviasse seu Espírito santificador sobre os fiéis reunidos na assembleia.

Até nossos dias se conservou esta antiga invocação, ou epiclese, que pede a Deus que o Espírito desça e fecunde as águas batismais nas quais os novos cristãos se vão incorporar à Igreja, e assim renascer de novo:

---

[43] CODINA, V.; IRARRÁZAVAL, D. *Sacramentos de iniciación*. Madrid, 1987. p. 57-65.

Ó Deus, pelos sinais visíveis dos sacramentos, realizais maravilhas invisíveis. Ao longo da história da salvação vós vos servistes da água para fazer-nos conhecer a graça do Batismo.

Já na origem do mundo vosso Espírito pairava sobre as águas para que elas concebessem a força de santificar.

Nas águas do dilúvio prefigurastes o nascimento da nova humanidade, de modo que a mesma água sepultasse os vícios e fizesse nascer a santidade.

Concedestes aos filhos de Abraão atravessar o mar Vermelho a pé enxuto, para que, livres da escravidão, prefigurassem o povo, nascido na água do Batismo.

Vosso Filho, ao ser batizado nas águas do Jordão, foi ungido pelo Espírito Santo. Pendente da cruz, do seu coração aberto pela lança fez correr sangue e água.

Após sua ressurreição, ordenou aos apóstolos: "Ide, fazei todos os povos discípulos meus batizando-os em nome do Pai e do Filho e do Espírito Santo".

Olhai agora, ó Pai, a vossa Igreja e fazei brotar para ela a água do Batismo. Que o Espírito Santo dê por esta água a graça de Cristo, a fim de que o homem e a mulher, criados à vossa imagem, sejam lavados da antiga culpa pelo Batismo e renasçam pela água e pelo Espírito Santo para uma vida nova.

Nós vos pedimos, ó Pai, que por vosso Filho desça sobre esta água a força do Espírito Santo. E todos os que, pelo Batismo, forem sepultados na morte com Cristo, ressuscitem com ele para a vida. Por Cristo, nosso Senhor. Amém.

Tal epiclese, que se repetirá nos demais sacramentos, indica esta conexão entre Igreja e Espírito. Os batizandos e seus acompanhantes dão-se conta da riqueza bíblica, teológica e espiritual dessa epiclese batismal?

Este Espírito recebido no Batismo é a fonte e a raiz de toda a vida cristã, que descrevemos anteriormente como "dom do Espírito".

Em uma catequese mistagógica aos catecúmenos, Cirilo de Jerusalém dizia-lhes que já haviam recebido o Batismo na vigília pascal:

> Batizados em Cristo, fostes feitos conformes ao Filho de Deus. Predestinados pela adoção de filhos, Deus os fez conformes ao corpo glorioso de Cristo. Tornados participantes de Cristo, sois justamente chamados cristos... porque recebestes o selo do Espírito Santo, e sobre vós se cumpriu em imagem, porque sois imagens de Cristo. Ele também, depois de ser batizado no Jordão, transmitiu às águas o perfume de sua divindade, tornou a subir, e o Espírito Santo desceu pessoalmente sobre ele, pousando semelhante sobre semelhante. Também a vós, quando tiverdes subido novamente da piscina das sagradas fontes, vos terá sido concedido o crisma, que é figura daquele que ungiu a Cristo, ou seja, o Espírito Santo.[44]

Isto nos introduz no tema da Crisma.

A Crisma

Dentro da liturgia batismal, celebrada no batistério, acontecia uma série de unções sobre o batizando com o óleo santo perfumado, consagrado previamente pelo bispo invocando o Espírito,[45] que, juntamente com a imposição das mãos, constitui o núcleo fundamental do que em breve na Igreja latina se chamará de "sacramento da Confirmação".

Esta unção, que com o tempo, no Ocidente, por motivos pastorais, se separará do Batismo e ficará reser-

---

[44] *Catequesis*, XXI, I.
[45] Atualmente, a consagração do crisma acontece na missa de Crisma da Quinta-feira Santa.

vada ao bispo,[46] está especialmente relacionada com o dom do Espírito, como se depreende tanto do simbolismo da unção como da própria liturgia.

A unção, que, como vimos anteriormente quando falamos dos símbolos do Espírito, era reservada originalmente aos reis de Israel para que recebessem a força do Espírito com vistas a praticar o direito e a justiça (*mispat wesedaqah*), especialmente com os pobres (Sl 72,1), mais tarde se estendeu aos sacerdotes (Ex 30,22) e, metaforicamente, aos profetas (Is 61; Is 42,1-3).

Esta unção do Antigo Testamento, que anunciava um futuro Messias (Ungido ou Cristo) que realizaria o que os reis de Israel não haviam cumprido, alcança sua plenitude em Jesus, o Cristo, que em seu Batismo no Jordão viu descer sobre ele o Espírito em forma de pomba (Lc 3,21-22) e, ungido assim pelo Espírito,[47] foi enviado a anunciar o Evangelho aos pobres e a libertação dos cativos (Lc 4,14-22) e passou pelo mundo fazendo o bem, curando os oprimidos pelo diabo (At 10,38).

O sentido da Confirmação só aparece claro a partir dos seguintes três eixos básicos deste sacramento: sua relação com o Batismo, sua dimensão eclesial e sua conexão com o Espírito.

Confirmação e Batismo

Por um lado, a Confirmação tem uma estreita relação com o Batismo e com a iniciação cristã, da qual faz parte integrante, como enfatizou o Concílio Vatica-

---

[46] Pode-se conferir todo o desenvolvimento histórico e teológico da Confirmação em: CODINA; IRARRÁZAVAL, *Sacramentos de iniciación*, p. 117-136.

[47] Os Padres da Igreja veem no Batismo de Jesus e na descida do Espírito a unção messiânica que constitui a Jesus Cristo, ungido.

no II ao prescrever que a celebração da Confirmação precede a renovação das promessas do Batismo (SC, n. 71). A teologia moderna (sobretudo H. Küng e seu discípulo Amongou Atangana) insiste, com razão, em que a Confirmação não é um sacramento autônomo, mas dependente do Batismo, já que o Batismo, como Cipriano afirmava, é um "sacramento duplo". Isto explica a ausência, no Oriente cristão, tanto do ritual como de uma teologia autônoma da Confirmação. Nisto, como em tantas outras coisas, o Oriente é testemunho fiel da Tradição primitiva e patrística da Igreja.

Confirmação e Igreja

A segunda linha teológica própria da Confirmação é sua dimensão eclesial, que nasce de sua conexão com o mistério de Pentecostes, pelo qual a Igreja se constitui como comunidade missionária aberta ao mundo. O Concílio Vaticano II também enfatiza esta linha ao afirmar que "pelo sacramento da Confirmação [os fiéis] se vinculam mais estreitamente à Igreja" (LG, n. 11; cf. AG, n. 11, e AA, n. 3). Isto supõe um compromisso em vista da missão de difundir e de defender a fé, sendo testemunhas de Cristo. O fato de que o ministro originário da confirmação seja o bispo também confere a este sacramento um forte sentido eclesial.

Confirmação e Espírito

Sem dúvida, porém, o aspecto mais específico da Confirmação, que está na base dos anteriores, é sua relação com o dom do Espírito, sua dimensão pneumática, presente tanto no simbolismo da unção como nos textos bíblicos da celebração (Is 61,1-3.6.8-9b; Sl 103; At

8,1.4.14-17; Jo 14,23-26). As orações litúrgicas também fazem referência ao Espírito. Assim, enquanto o bispo impõe as mãos sobre os confirmandos, diz:

> Deus eterno e onipotente, no batismo pela água e pelo Espírito, deste novo nascimento aos teus servos, e perdoaste-lhes os pecados. Concede que o teu Espírito repouse sobre eles: Espírito de sabedoria e de entendimento; Espírito de conselho e de força interior; Espírito de conhecimento e de piedade; e que a sua alegria esteja no temor do Senhor. Amém.[48]

Também a fórmula oficial do sacramento na liturgia latina faz referência clara ao Espírito: "N., recebe por este sinal o dom do Espírito".

Podemos nos perguntar se atualmente os confirmandos (e quem os prepara) percebem claramente estas três dimensões da Confirmação, a batismal, a eclesial e a pneumática. E se esta dimensão pneumática se abre a todas as perspectivas que tanto o simbolismo da unção como os textos bíblicos insinuam claramente. Nós tememos que para muitos, inclusive jovens, a Confirmação se reduza aos aspectos mais pessoais e existenciais da pessoa, mas que não se abra à dimensão eclesial (por que muitos jovens, após a Confirmação, desaparecem da Igreja, muitas vezes até seu matrimônio?) e muito menos à dimensão de justiça e de transformação da sociedade e do próprio cosmo em uma terra nova.

---

[48] Como já indicamos antes, chama a atenção que nesta oração se recorra aos dons do Espírito que aparecem em Is 11,1-2, mas não se mencione os dons do Espírito que têm relação com a justiça para com os fracos (Is 11,3-5) ou com a harmonia e a reconciliação cósmica da nova criação (Is 11,6-9).

Dualismo Batismo/Confirmação

Chegados a este ponto, podemos nos perguntar pelo sentido do dualismo Batismo/Confirmação. Por que a Igreja, já desde seus começos, acrescentou ao rito batismal da água o rito da unção? Acaso o Batismo não confere o Espírito, sem o qual não há perdão de pecados nem filiação divina? O Batismo já não nos introduz na Igreja e nos compromete a viver plenamente as exigências do Evangelho? Por que um novo rito sacramental e um novo simbolismo? Para que serve a Confirmação?, perguntam-se alguns.

Cremos, com Congar, que a dualidade Batismo/Confirmação não se pode resolver satisfatoriamente apenas a partir do plano da teologia sacramental, mas é preciso recorrer à teologia trinitária,[49] isto é, a partir das duas missões do Filho e do Espírito. Temos de retomar aqui tudo o que dissemos anteriormente acerca das "duas mãos do Pai" e aplicá-lo a estes dois sacramentos. A Confirmação simboliza a missão do Espírito.

O Batismo exemplifica e torna presente a missão – a mão – do filho, que, encarnando em Jesus de Nazaré, com sua vida, morte e ressurreição, deu-nos vida nova e libertou-nos do pecado (Rm 6). Mas esta realidade ficaria incompleta sem a referência ao Espírito – a outra mão do Pai –, que preparou e orientou a vida de Jesus e constitui seu dom pascal, do qual nasce a Igreja.

A separação que, na Igreja latina, se deu historicamente entre Batismo e Confirmação por motivos pastorais,[50] seguramente foi um dos motivos por que

---

[49] CONGAR, *El Espíritu Santo*, p. 655-658.

[50] A partir do séc. IV, devido ao aumento do número de batizados e à impossibilidade de o bispo atendê-los diretamente, como antes, delega-se aos presbíteros o batizar, mas ao bispo se reserva a Confirmação. A Igreja oriental, em contrapartida, manteve a

a dimensão do Espírito ficou um tanto obscurecida e ainda esquecida no Ocidente. Isto nos leva a questionar acerca da estrutura atual da iniciação cristã.

Questionamentos e propostas pacíficas em torno da iniciação cristã

É assunto conhecido e óbvio que os primeiros cristãos batizados eram adultos. Logo depois se batizaram também os filhos dos pais cristãos, sem que houvesse nenhuma controvérsia sobre isso. Conforme H. U. von Balthasar, a opção de batizar as crianças foi uma das mais importantes e transcendentais de toda a Igreja, já que permitiu à Igreja nascente transcender os limites de uma seita e constituir-se em uma Igreja popular (*Volkskirche*).[51]

Os dados bíblicos sobre o Batismo de crianças não são convincentes, de modo que não se podem aduzir argumentos bíblicos nem a favor nem contra esta práxis.[52] A Tradição do Batismo infantil pode ser argumentada a partir do séc. II para o Batismo de crianças em geral, e a partir do séc. III para o Batismo de recém-nascidos. No entanto, em pleno séc. IV coexiste esta práxis do Batismo infantil com a do Batismo de adultos, como atestam os numerosos casos de Santos Padres, filhos de famílias cristãs, que foram batizados sendo já adultos (Basílio, Crisóstomo, Jerônimo, Paulino de Nola, Gregório Nazianzeno, Ambrósio, Agostinho...).

---

unidade da iniciação cristã e deixou nas mãos dos presbíteros Batismo, Confirmação e Eucaristia.

[51] VON BALTHASAR, H. U. *Escritos teológicos* II, *Sponsa Verbi*. Madrid, 1961. p. 16.

[52] Cf. CODINA; IRARRÁZAVAL, *Sacramentos de iniciación*, p. 67-70.

Todavia, com a conversão de Constantino e a passagem para a Igreja de Cristandade, generaliza-se o Batismo de crianças, práxis que no Ocidente se reforça pela doutrina agostiniana do pecado original, assim como pela numerosa mortalidade infantil e pela conseguinte preocupação pela sorte das crianças mortas sem o Batismo.[53] Esta práxis foi mantida, defendida e reforçada pela Igreja até nossos dias, insistindo em que os pais católicos batizem seus filhos dentro das primeiras semanas de seu nascimento (*Código de Direito Canônico*, cânon 867).

Entretanto, no transcurso da história foram surgindo vozes contrárias a esta práxis eclesial generalizada do Batismo de crianças: valdenses, cátaros, albigenses (condenados pelo Concílio Lateranense IV), anabatistas (condenados por Trento)... eram contra. Observou-se que, sempre que se quer separar a Igreja do Estado, questiona-e o Batismo das crianças, que é uma peça-chave da Igreja de Cristandade.

Em 1943, em pleno nacional-socialismo alemão, o teólogo Karl Barth, propulsor de uma Igreja penitente frente a Hitler, em uma conferência pronunciada na Suíça, questionou fortemente o Batismo de crianças, considerando-o uma grave ferida no corpo eclesial, que só se mantém para não tocar no regime de uma Igreja de Cristandade edificada sem uma convicção de fé pessoal.[54]

A estas considerações mais teológicas se acrescentarão imediatamente outras mais pastorais, por causa da

---

[53] Fazendo frente aos teólogos que condenavam ao inferno as crianças mortas sem Batismo, na Idade Média, o teólogo Pedro Lombardo propôs a doutrina do limbo para as crianças mortas sem Batismo. Tal doutrina, que nunca foi definida pela Igreja, hoje em dia foi rechaçada oficialmente por Roma por falta de fundamento, deixando à grande misericórdia do Senhor a sorte das crianças mortas sem batizar.

[54] BARTH, K. *Theologische Studien*. 1947. Heft 14.

crescente descristianização de muitos países europeus de Tradição católica, mas que começavam a ser "países de missão". A partir de então, propuseram-se diversos projetos pastorais que visavam a adiar o Batismo até que a criança-jovem tenha uso da razão e possa responder pessoalmente à proposta do Evangelho (Batismo por etapas, Batismo escalonado, Batismo postergado...).[55] Outros autores propõem reestruturar totalmente a iniciação cristã, situando a confirmação como o momento personalizador e culminante da iniciação (J. Moingt, D. Borobio).

A a este respeito, a Instrução da Congregação para a Doutrina da Fé de 1980 rejeitou todas essas propostas, defendendo inequivocamente o Batismo das crianças. Baseava-se na tradição de que as crianças são batizadas na fé da Igreja, afirmava que não se atenta contra a liberdade, já que esta sempre está condicionada, e observava, por outro lado, que o Batismo das crianças é expressão da gratuidade da salvação. Diante dos que afirmavam que não era adequado continuar batizando crianças sem garantias de continuidade, em um mundo pluralista e descristianizado, o documento propunha oferecer palestras para a formação dos pais, até mesmo uma certa demora pedagógica.

A partir de então, o processo de descristianização foi crescendo, sobretudo na Europa, mas também em outros continentes tradicionalmente cristãos: muitos pais já não levam os filhos para batizar, outros atrasam até que estes o desejem, outros continuam a batizá-los por tradição, mas sem nenhuma convicção profunda e sem vinculação alguma com a práxis da Igreja. Em muitos

---

[55] MICHEL ROBERGE, R. Un giro en la pastoral bautismal. *Selecciones de Teología* 69 (1979) 15-32.

casos, não existe nenhuma garantia de que as crianças batizadas serão educadas na fé da Igreja, menos ainda quando a sociedade deixou de ser culturalmente cristã.

Por outro lado, a teologia do pecado original foi repensada hoje a partir de esquemas já não simplesmente agostinianos,[56] a mortalidade infantil diminuiu muito em diversos lugares e, em todo caso, já não existe a angústia acerca do destino das crianças mortas sem o Batismo.

Diante da complexa e difícil situação, com muitas variantes e condicionamentos, de acordo com os diferentes lugares, numerosos teólogos e pastores questionam-se se é coerente, teológica e pastoralmente falando, continuar a manter a norma universal de que as crianças de famílias católicas devam ser batizadas nas primeiras semanas de seu nascimento. Muitos se perguntam se não seria pastoralmente mais oportuno deixar maior liberdade com respeito à idade do Batismo, favorecer um Batismo mais maduro e consciente, que se poderia receber juntamente com a Confirmação e a Eucaristia, como na Igreja primitiva, restabelecendo-se, assim, a estrutura unitária da iniciação, que no Ocidente ficou dispersa. A Igreja latina, que pouco a pouco foi retardando a primeira comunhão para a idade do uso da razão, e a Confirmação para a idade juvenil, não teria de procrastinar também o Batismo? Nenhum destes teólogos e pastoralistas nega a validez do Batismo das crianças, batizadas na fé da Igreja; o que questionam é sua conveniência, sua frutuosidade e seu sentido pastoral. Uma nova iniciação cristã, na qual o Batismo e a Confirmação não estivessem separados cronologicamen-

---

[56] SCHOONENBERG, P. *Mysterium salutis*, II/II. p. 985-1039. DUQUOC, Ch. Pecado original y transformaciones teológicas. *Selecciones de Teología* 72 (1979) 275-284.

te, ajudaria a manter viva e presente a tensão entre a missão do Filho e a do Espírito.[57]

Isto supõe também repensar a evangelização, a educação cristã e a catequese, quem deve oferecê-la, em que instâncias comunitárias, quando e durante quanto tempo.

Tampouco se pode pensar que basta retardar a idade da iniciação cristã para solucionar muitos desses problemas; não basta ministrar boa catequese se não existe garantia de um contexto cristão na família. Famílias pobres podem, às vezes, viver valores mais próximos do Evangelho do que muitos setores economicamente bem acomodados e com boa formação religiosa, mas pouco sensíveis à justiça e à solidariedade.[58] Em todo caso, as comunidades paroquiais, como propõem alguns pastoralistas da França, poderiam oferecer aos pais várias opções pastorais tanto aos que desejam batizar seus filhos pequenos quanto aos que preferem que primeiro recebam a catequese e adiem a iniciação cristã para uma idade mais madura.

Permanecer na normativa atual supõe, segundo muitos teólogos e pastoralistas, manter uma Igreja de Cristandade que cresce mais vegetativamente do que por decisão própria e que não tem futuro em um mundo cada vez mais pluralista e secularizado. O divórcio entre a fé professada e a vida real de muitos cristãos não tem suas raízes nesta iniciação cristã infantil, sem autêntica conversão nem convicção pessoal? As catequeses de

---

[57] Podemos nos perguntar se o interesse pastoral que se fomentou em torno da Confirmação depois do Concílio Vaticano II não é, no fundo, um modo de não questionar o Batismo das crianças. Do mesmo modo, muitos creem que a renovação do diaconato permanente freia a questão de revisar o ministério presbiteral e seus condicionamentos atuais.

[58] Cf. CODINA, V. ¿Es lícito bautizar a los ricos? *Selecciones de Teología* 53 (1975) 56-59.

primeira comunhão e de Confirmação suprem realmente o déficit de personalização do Batismo infantil?[59]

O que fica claro é que as numerosas vozes que, há muito tempo e a partir de diversos lugares da Igreja, postulam uma reestruturação da iniciação cristã para responder melhor ao contexto social e eclesial de hoje não podem ser desatendidas como perigosas, falsas ou tendenciosas, mas é preciso escutá-las, discerni-las e ver nelas a presença do Espírito, que clama por uma Igreja diferente e renovada, já não de Cristandade. Não se pode extinguir o Espírito (1Ts 5,19).

A epiclese eucarística

O Espírito atualiza na Eucaristia o mistério pascal (SC 47) e continua a ação de Pentecostes.

A epiclese ou invocação ao Pai para pedir a efusão do Espírito, presente nos diversos sacramentos, alcança na celebração eucarística seu ponto culminante.[60]

Tradicionalmente, para os católicos latinos, o centro da Eucaristia é a consagração, à qual se segue a elevação das espécies do pão e do vinho consagrados. As controvérsias medievais em torno da presença real de Cristo na Eucaristia provocaram uma reação muito compreensível: concentrar toda a Eucaristia na presença real e favorecer uma série de devoções que reafirmavam tal presença, como o sacrário, a adoração, a exposição

---

[59] Já se disse, com humor, que uma Igreja que batiza crianças sem o uso da razão e confere a Unção dos Enfermos aos que já perderam o uso da razão não oferece uma imagem demasiado atraente ao mundo moderno...

[60] Cf., além de CONGAR, El Espíritu Santo, p. 658-687, a tese doutoral de: PERTILE, Nédio. *Manifestado pelo Espírito Santo. Paul Evdokimov: "Teologia sob o signo da epiclese"*. Belo Horizonte, 2005. Texto manuscrito.

e a bênção do Santíssimo com a custódia, a Festa de Corpus Christi, com sua procissão, a comunhão espiritual etc. Em contrapartida, descuidaram-se ou marginalizaram-se outros aspectos mais comunitários e a própria comunhão sacramental. O Concílio Lateranense IV, em 1251, impõe a obrigação de comungar uma vez por ano, pela Páscoa (DS, 812), o que supõe que muitos não o faziam.[61]

Neste contexto, centrado na presença real a partir da consagração, o relato da instituição, ou seja, as palavras que fazem memória do que Jesus disse na última ceia ao converter o pão e o vinho em seu Corpo e em seu Sangue, adquirem um valor definitivo, a ponto de se considerar que este relato constitui o elemento essencial para a consagração.[62]

Dá-se, também, um deslocamento eclesiológico que foi amplamente estudado por H. de Lubac:[63] no segundo milênio, a Igreja deixar de ser o corpo "verdadeiro" de Cristo para ser o corpo "místico" de Cristo, ao passo que a Eucaristia deixa de ser o corpo "místico" de Cristo para ser o corpo "verdadeiro" de Cristo. A mentalidade da Igreja primitiva era muito mais eclesial e relacionava intrinsecamente Igreja e Eucaristia, enquanto a do segundo milênio latino é sacramental, mas menos eclesial; ao realismo eclesial do primeiro milênio se sucede o realismo sacramental da presença eucarística no segundo milênio, mas com perda do sentido comunitário. A Eucaristia converte-se em uma devoção individual cujo ápice parece centrar-se mais na adoração da presença

---

[61] CODINA, V. *La fracción del pan*. Cochabamba, 2002. p. 106-121.

[62] Em termos escolásticos, se o pão e o vinho são a "matéria" da Eucaristia, as palavras do relato institucional ("Isto é meu corpo... isto é meu sangue") constituem a "forma" do sacramento. Assim o declara o Concílio de Florença em 1439 (DS 1.321).

[63] DE LUBAC, H. *Corpus mysticum. L'Eucharistie et l'Église au Moyen Age*. Paris, 1949.

real durante a elevação ("Meu Senhor e meu Deus!") do que na comunhão; e na comunhão se acentua o encontro pessoal com o Senhor, mas sem incidência na incorporação ao corpo eclesial do Senhor Ressuscitado.

Esta concepção da Eucaristia está estreitamente ligada à teologia do ministério sacerdotal do Ocidente latino, que vê no sacerdote "outro Cristo" que age na pessoa de Cristo (*in persona Christi*). Logicamente, para o Ocidente latino, o ministro dos sacramentos atua em forma indicativa: "eu te batizo", "eu te absolvo", "isto é meu corpo"...

Esta visão eclesiológica, sacramental e eucarística latina contrasta com a da Igreja oriental, que, por não ter sofrido controvérsia alguma sobre a presença real, não precisou desenvolver os aspectos de presença real e de adoração, ao passo que insistiu nas dimensões mais comunitárias e eclesiais da ceia do Senhor. Para o Oriente cristão, o ministro dos sacramentos, mais do que representar de modo muito pessoal a Cristo, age de forma especial em nome da comunidade eclesial e realiza nos sacramentos sua missão de forma deprecativa: "Fulano, és batizado", "que Deus te perdoe", "que o Espírito desça sobre a comunidade e seus dons...".

Mais concretamente, a Igreja do Oriente, ao menos desde o Concílio de Constantinopla (séc. IV), dá grande importância, na Eucaristia, à invocação do Espírito Santo, isto é, à epiclese, à qual concede força consecratória. A Igreja ocidental, posto que não desconheça a epiclese e, de algum modo, a tem presente, às vezes de forma implícita (como no cânone romano), não lhe deu importância decisiva com vistas à consagração.

Temos aqui uma antiga controvérsia entre Oriente e Ocidente, que se foi agravando com o tempo.

Um teólogo oriental, Paul Evdokimov, expressa assim este conflito:

> Para compreender melhor a razão profunda do conflito que separa a tradição oriental da ocidental e cujo ponto essencial não é somente a epiclese eucarística, mas a epiclese como expressão da teologia do Espírito Santo, é preciso levar em conta que, para os gregos, o cânone da liturgia é um todo inseparável de um único mistério, e que não se pode, de maneira nenhuma, decepá-lo ou detalhá-lo em seus elementos para extrair seu momento central, deixando-o como que isolado. Para os latinos, as *verba substantialia* da consagração, as palavras tradicionais de Cristo, são pronunciadas pelo sacerdote *in persona Christi*, e isso lhes confere um valor imediatamente consecratório. Para os gregos, era absolutamente desconhecida, mesmo inconcebível, semelhante definição da ação sacerdotal – *in persona Christi* –, identificando o sacerdote com Cristo. Para eles, o sacerdote invoca o Espírito Santo precisamente para que a Palavra de Cristo, reproduzida, citada pelo sacerdote, adquira toda a eficácia da Palavra-ato de Deus.[64]

Por trás desta controvérsia estão as diversas mentalidades teológicas: enquanto o Ocidente acentua a dimensão cristológica no ministro (que age na pessoa de Cristo) e no relato da instituição (que tem, por si mesmo, força consecratória para a presença real de Cristo na Eucaristia), o Oriente destaca a dimensão pneumatológica no ministro (que invoca o dom do Espírito na epiclese) e na Eucaristia (que tem na epiclese sua força consecratória). Encontramo-nos, de novo, diante das duas missões trinitárias, a do Filho e a do Espírito, as duas mãos do Pai. É necessário não separar ambas as missões, mas articulá-las de forma adequada e integral.

---

[64] EVDOKIMOV, P. *L'Orthodoxie*. Paris, 1959. p. 250.

Felizmente, o Concílio Vaticano II conseguiu uma aproximação de posturas: a reforma litúrgica do Concílio explicitou a epiclese na oração eucarística latina, e a teologia pós-conciliar sobre a Eucaristia adquiriu uma visão mais dinâmica e menos cronológica do sacramento, afirmando que tanto o relato institucional como a epiclese são elementos constitutivos da eficácia do sacramento. É preciso ver ambos os elementos (relato e epiclese) dentro do conjunto unitário da oração eucarística ou anáfora, que é uma oração eclesial ao Pai em nome da Igreja, sem que haja preocupação quanto ao instante exato da consagração ou da presença real, visto que a presença do Senhor começa já com a reunião comunitária de vários em seu nome (Mt 18,20), continua com a liturgia da Palavra e alcança sua plenitude na oração eucarística em sua totalidade, que culmina na comunhão.

As novas orações eucarísticas do Concílio Vaticano II desenvolveram a dupla epiclese: a primeira pede a ação do Espírito sobre os dons do pão e do vinho para que se convertam no Corpo e no Sangue do Senhor, e a segunda pede a efusão do Espírito para transformar a comunidade no corpo eclesial de Cristo.

Concretamente, na Oração Eucarística II, inspirada na Tradição apostólica de Hipólito, encontramos estas duas formulações:

A primeira epiclese, antes do relato da instituição, reza assim: "Santificai, pois, estas oferendas, derramando sobre elas o vosso Espírito, a fim de que se tornem para nós o Corpo e o Sangue de Jesus Cristo, vosso Filho e Senhor nosso".

A segunda epiclese, depois do relato, formula-se assim: "E nós vos suplicamos que, participando do Corpo e Sangue de Cristo, sejamos reunidos pelo Espírito Santo num só corpo".

Dessa forma, a dupla epiclese expressa plenamente o sentido da Eucaristia, que não termina na presença real de Cristo, mas se orienta para a transformação da comunidade no corpo eclesial de Cristo, através da comunhão sacramental. Dito de outra maneira, o Espírito não somente torna presente o Ressuscitado, mas tende a formar sua comunidade, seu corpo eclesial na história. A Eucaristia não é algo individual, mas o sacramento eclesial por excelência: ao participar de um mesmo pão, formamos um mesmo corpo (1Cor 10,17). Este é o sentido primordial da Eucaristia: reunir os fiéis em um só corpo, o corpo eclesial do Senhor.[65] Isto é o que o axioma de inspiração patrística resume com exatidão e profundidade: a Igreja faz a Eucaristia, e a Eucaristia faz a Igreja.

Também o Concílio Vaticano II reformulou com maior precisão a questão do ministério, integrando a dimensão cristológica, mais pessoal, com a mais comunitária, de união com o povo: "[...] o sacerdote ministerial, pelo seu poder sagrado, forma e conduz o povo sacerdotal, realiza o sacrifício eucarístico fazendo as vezes de Cristo [*in persona Christi*] e oferece-o a Deus em nome de todo o povo [*in nomine totius populi*]; [...]" (LG, n. 10).

Desse modo, ao recuperar a dimensão epiclética, a Igreja latina aproximou-se ecumenicamente da do Oriente e se enriqueceu. O teólogo brasileiro Nédio Pertile sintetiza bem os elementos mais importantes deste enriquecimento a partir da epiclese eucarística:

- importância da liturgia para compreender a fé e a teologia da Igreja (*lex orandi, lex credenti*) e, concretamente, para recuperar a Pneumatologia;

---

[65] GIRAUDO, C. *Num só corpo. Tratado mistagógico sobre a Eucaristia*. São Paulo: Loyola, 2003.

- prioridade do Espírito em toda ação espiritual e eclesial;
- iluminação, a partir do Espírito, da difícil questão da eficácia dos sacramentos e da tensão entre a dimensão objetiva (*ex opere operato*) e a subjetiva (*ex opere operantis*);
- superação do cristomonismo, para assim recuperar uma visão trinitária plena (as duas mãos do Pai);
- enriquecimento na teologia dos ministérios com uma releitura pneumatológica deles;
- importância da epiclese para compreender melhor a consagração;
- colaboração para o diálogo ecumênico com o Oriente e também com a Reforma;
- respeito perante o mistério, sobriedade e recuperação da dimensão apofática ou de silêncio;
- reconhecimento da provisoriedade e pobreza de toda linguagem teológica para expressar o mistério.[66]

O Espírito, sem dúvida, vai unificando as Igrejas para que formem o único corpo de Cristo.

No entanto, podemos nos perguntar se não deveríamos acrescentar a estas duas epicleses eucarísticas, sobre os dons e sobre a comunidade, uma terceira epiclese que pedisse a efusão do Espírito para transformar a história e a criação, e que antecipe já, proficamente, a transfiguração escatológica da nova terra e do novo céu (GS, n. 39). Mais tarde aprofundaremos esta dimensão.

Digamos, finalmente, que para a teologia oriental, sobretudo siríaca, se ressalta que na Eucaristia, junto

---

[66] PERTILE, *Manifestado pelo Espírito Santo...*, p. 372-428.

ao corpo e ao sangue de Cristo, recebemos o Espírito, pois "o Espírito é o que dá vida, a carne não serve para nada" (Jo 6,63).

Santo Efrém, o Sírio, em um de seus hinos litúrgicos, afirma:

> [Jesus] chamou ao pão seu corpo vivo, encheu-o de si mesmo e do Espírito, estendeu sua mão e lhes deu o pão... Tomai e comei com fé, e não duvideis de que seja meu corpo. E quem o come com fé, através dele, come o fogo do Espírito... Comei todos e comei por meio do Espírito... De agora em diante, vós comereis uma Páscoa pura e sem mancha, um pão fermentado e perfeito que o Espírito amassou e cozeu, um vinho mesclado com Fogo e com o Espírito.[67]

O Espírito enriquece a Igreja com seus carismas

Já vimos, anteriormente, que a Escritura atesta a existência de dons e carismas do Espírito com os quais enriquece a vida pessoal dos cristãos. Queremos agora destacar especialmente a dimensão eclesial de tais carismas do Espírito.[68]

Já no Antigo Testamento se manifestam esses carismas ou dons do poder de Deus, do Espírito, sobretudo para os dirigentes e chefes de Israel: Sansão (Jz 13,25; 14,6; 15,14), Otoniel (Jz 3,10), Jefté (Jz 11,29), Saul (1Sm 11,16), que se expressam, às vezes, em for-

---

[67] *Discursos de Semana Santa*, IV, 4.
[68] SCHÜRMANN, H. Los dones de la gracia. In: BARARUNA, G. (ed.). *La Iglesia del Vaticano II*, vol. I. Barcelona. p. 579-602. RAHNER, K. *Lo dinámico en la Iglesia*. Barcelona, 1963.

mas extáticas (1Sm 19,20; Nm 11,25-29), outras vezes em forma de sabedoria (Gn 41,38; Ex 31,3; 35,31; Ne 9,20), em inspirações do Espírito (Nm 24,2; 2Cr 15,1; 20,14; 2Sm 23,2). O texto de Is 11,1-2 sobre os dons do Espírito do futuro Messias será visto como um texto paradigmático acerca dos carismas que a Igreja medieval (principalmente Tomás de Aquino) desenvolverá amplamente ao falar dos dons do Espírito. O profeta Joel anuncia que todo o povo receberá esta efusão do Espírito (3,1), e a comunidade de Jerusalém vê o cumprimento em Pentecostes (At 2). É típico destes dons do Espírito o orientar-se para o serviço da história da salvação, do bem do Povo de Deus.

No Novo Testamento, Paulo, um homem carismático que passou de perseguidor do Cristianismo a apóstolo dos gentios (At 9,3; Gl 1,12.15; Ef 3,2), será aquele que desenvolverá mais extensamente o tema dos carismas do Espírito na Igreja, acima de tudo em 1Cor 12–14; Rm 12,1-8; 16,1 e Ef 4,1-16. Esses carismas, que recebem em Paulo diversos nomes (dons do Espírito, energias ou operações, diaconias ou serviços, carismas ou dons da graça), são para ele fatos de ordem pneumática, através dos quais se manifesta o poder divino a serviço da comunidade. Esta efusão do Espírito está intimamente ligada com o Jesus glorioso, tal como o experimentou Paulo em Damasco: são dons do Ressuscitado a serviço da Igreja.

A distinção que, às vezes, se costuma estabelecer entre carisma e instituição, entre carisma e hierarquia, emprestando muitas vezes uma conotação negativa à instituição hierárquica diante da riqueza positiva do carisma, é totalmente alheia a Paulo, para quem o governo apostólico da Igreja (ao que em pouco tempo se chamou "hierarquia") é obra do Espírito e tem o dever de discernir os carismas (1Ts 5,19-21).

Ainda que Paulo não estabeleça um catálogo ordenado de carismas, em suas enumerações os apóstolos ocupam sempre o primeiro lugar (1Cor 12,28-29; Ef 4,11), seguidos dos profetas, que falam em nome do Espírito e são, assim como os apóstolos, testemunhas da ressurreição, exortam, consolam, edificam, explicam as Escrituras etc. (1Cor 14,24-25). Outros carismas têm a ver com os dons de sabedoria e inteligência, com os doutores que ensinam (1Cor 14,6-19), com a fé extraordinária (1Cor 12,9), com serviços caritativos, milagres, assistência, diversidade de línguas etc. (1Cor 12,28-30). Contudo, o maior carisma é a caridade fraterna (1Cor 13).

Diante do carismatismo exagerado e descontrolado de Corinto, Paulo estabelece uma série de princípios para evitar qualquer forma de anarquia. Nesse contexto, insere-se sua doutrina da Igreja como corpo de Cristo, com muitos membros que devem, todos eles, ser respeitados e colaborar para o bem de todo o corpo (1Cor 12,12-30). Há pluralidade de dons, mas um só Senhor, um só corpo, uma só fé, um só Batismo, um só Espírito (Ef 4,1-6). Dentre as normas que Paulo dá para salvaguardar a ordem comunitária das comunidades carismáticas, deve-se destacar a centralidade da Palavra e, concretamente, a confissão de Jesus como o Senhor (1Cor 12,3), a liberdade do Espírito (1Cor 12,11-13) e a utilidade do carisma para a comunidade (1Cor 12,27-30).

A época da Igreja apostólica é, indubitavelmente, um tempo em que florescem os carismas, mas estes não cessam em períodos posteriores. Os mártires seriam vistos como herdeiros dos carismáticos. No séc. III – com a aparição do montanismo, que professava um grande entusiasmo carismático e um grande rigor ascético, mas com independência total em relação à hierarquia – a palavra "carisma" começa a adquirir certa conotação negativa na Igreja: algo suspeitoso e perigoso, que tende à ruptura eclesial.

No entanto, continuam florescendo na Igreja movimentos proféticos suscitados pelo Espírito, mesmo que não sejam chamados de "carismáticos": o monacato, movimentos laicais medievais entusiastas da pobreza, movimentos de homens e mulheres orientados à mística interior, os mendicantes, os movimentos em torno da Reforma católica e protestante, a renovação teológica e espiritual que precedeu e acompanhou o Concílio Vaticano II, o movimento ecumênico, os movimentos espirituais e teológicos da libertação do Terceiro Mundo, a renovação carismática e pentecostal moderna, movimentos laicais etc.

É indubitável que todos estes carismas precisam ser discernidos, e por isso a Tradição, tanto bíblica quanto eclesial, deu grande importância à doutrina e à prática do discernimento dos espíritos (1Ts 5,19-21; 1Jo 4,1s; 1Cor 12,10), mas não podem ser ignorados ou extintos alegre ou impunemente.

O Concílio Vaticano II retomou a teologia dos carismas, ressaltando que o Espírito Santo não apenas santifica e dirige o Povo de Deus por meio dos sacramentos e dos ministérios, mas distribui graças carismáticas entre seus fiéis (1Cor 12,11; 1Cor 12,7), que são importantes e úteis para a Igreja, quer se trate de dons extraordinários, quer de dons mais simples, deixando a quem preside a Igreja a competência de os discernir (LG, n. 12; cf. AA, n. 3). Como afirma a *Lumen Gentium* em outro lugar, o

Espírito dirige e enriquece a Igreja "com diversos dons hierárquicos e carismáticos" (LG, n. 4).

A teologia católica ainda não tirou todas as consequências desta teologia dos carismas do Espírito. Ao longo da história, houve a tendência a identificar a ação do Espírito quase exclusivamente com os ministérios e sacramentos, esquecendo-se destes outros dons carismáticos não hierárquicos, ou relegando-os a casos extraordinários de alguns místicos.

Os leigos

O Concílio Vaticano II reabilitou o sentido e a missão dos leigos na Igreja, Povo de Deus (LG, cap. II e IV; AA), acolhendo todos os anseios e reflexões teológicas que foram surgindo no seio da Igreja durante os anos que o precederam.

No n. 3 do decreto do Concílio Vaticano II sobre o apostolado dos leigos, podemos ler:

> O Espírito Santo [...] concede também aos fiéis [...] dons particulares [...] "distribuindo-os por cada um conforme lhe apraz" (1Cor. 12,11) [...]. A recepção destes carismas, mesmo dos mais simples, confere a cada um dos fiéis o direito e o dever de atuá-los na Igreja e no mundo, para bem dos homens e edificação da Igreja, na liberdade do Espírito Santo, que "sopra onde quer" (Jo 3,8) e, simultaneamente, em comunhão com os outros irmãos em Cristo, sobretudo com os próprios pastores; a estes compete julgar da sua autenticidade e exercício ordenado, não de modo a apagarem o Espírito, mas para que tudo apreciem e retenham o que é bom (cf. 1Ts 5,12.19.21).

A exortação pós-sinodal *Christifideles Laici*, de João Paulo II (1988), aprofunda de novo o ser e a missão do laicato na Igreja. Este tema já foi abundantemente estudado,[69] e indicaremos apenas algum aspecto concreto a respeito da relação entre os carismas do laicato e a estrutura eclesial, para nos perguntar se a instituição eclesial leva a sério o dinamismo e os carismas que o Espírito difunde no laicato da Igreja em sua missão profética, sacerdotal e régia de batizado em Cristo.

Há um texto importante no capítulo IV da *Lumen Gentium* (LG, n. 37), sobre os leigos, que gostaríamos de destacar: "Segundo o grau de ciência, competência e autoridade que possuam, [os leigos] têm o direito, e por vezes mesmo o dever, de expor o seu parecer sobre os assuntos que dizem respeito ao bem da Igreja".

E na nota de rodapé n. 117 cita-se uma frase de Pio XII, de 1950, na qual se afirma que, nas batalhas decisivas, muitas vezes a partir da linha de frente é que nascem as iniciativas mais felizes.

Ordinariamente, os leigos são consultados sobre temas nos quais têm especial competência, como é o caso da sexualidade e da família, da biologia e da genética, das ciências sociais e políticas, da economia e da ecologia...? Suas opiniões sobre o caminhar da própria Igreja são ouvidas? Escuta-se a voz dos leigos na Igreja? Escuta-se, bem concretamente, a voz das mulheres, que constituem a maior parte da Igreja? O Espírito não fala através do laicato?

Vida religiosa

A vida religiosa, "embora não pertença à estrutura hierárquica da Igreja, está, contudo, firmemente rela-

---

[69] A bibliografia é imensa, desde o livro clássico de Y. M. CONGAR, *Jalones para una teología del laicado*, Barcelona, 1961, até nossos dias.

cionada com sua vida e santidade" (LG, n. 44). Essas palavras do Concílio Vaticano II situam claramente a vida religiosa dentro da estrutura carismática da Igreja, um dom do Espírito, sinal para a Igreja dos valores evangélicos e transcendentes do Reino de Deus, vividos no seguimento de Jesus.

Não é casual que o Concílio Vaticano II, que recupera a dimensão pneumatológica da Igreja e redescobre a importância dos carismas, seja o primeiro Concílio a tratar da vida religiosa dentro do contexto eclesial. Este não é o espaço adequado para expor a história e a teologia da vida religiosa.[70] Sublinharemos apenas alguns aspectos da relação entre o carisma da vida religiosa e a instituição eclesial.

A Igreja institucional, no decorrer dos séculos, aceitou e apreciou enormemente o carisma da vida religiosa, desde suas origens monásticas até as formas atuais de vida consagrada. Mas a história e a teologia da vida religiosa, do passado e do presente, também estão plenas de exemplos de como a hierarquia eclesiástica, muitas vezes desejando discernir os espíritos – coisa legítima –, de fato controlou e freou o Espírito.

Um exemplo claro disso foi quando o Concílio Lateranenese IV, em 1215, decidiu que, no futuro, os carismas religiosos só seriam quatro: os de Basílio, Agostinho, Bento e Francisco. Pode a hierarquia, em nome do discernimento e do bem comum, controlar e limitar os carismas do Espírito a seu gosto? A multidão de carismas religiosos que surgiram na Igreja desde então pôs às claras o abusivo de tal determinação. Na realidade, há sempre certa tensão entre a estrutura

---

[70] Cf. CODINA, V. *Teología de la vida religiosa*. Madrid, 1968. CODINA, V.; ZEVALLOS, N. *Vida religiosa. Historia y teología*. Madrid, 1987.

hierárquica institucional e a liberdade e a novidade do Espírito, tensão que é sadia se se conserva nos devidos limites do diálogo e da comunhão, mas que facilmente pode romper-se.

Recordemos, a título de exemplo, as dificuldades que tiveram os carismas femininos para poder levar uma vida consagrada apostólica fora dos muros da clausura[71] e as tensões mais recentes entre numerosas congregações masculinas e femininas (jesuítas, franciscanos, ramos femininos e masculinos de carmelitas...), bem como da Confederação Latino-Americana e Caribenha de Religiosos e Religiosas (CLAR) com os dicastérios romanos.

Paulo VI, em seu documento *Mutuae Relationes* (1978), tentou articular o diálogo entre a vida religiosa e a instituição eclesial oferecendo critérios pastorais sobre as mútuas relações entre os bispos e os religiosos da Igreja. Contudo, depois de trinta anos, estamos muito longe de que estas relações recíprocas tenham dado todos os frutos esperados.

Há uma tendência, por parte de muitos membros da instituição eclesiástica, a valorizar e aproveitar a vida religiosa à medida que é útil para a pastoral diocesana, vendo nela unicamente a dimensão do "fazer" e, concretamente, da ajuda à pastoral paroquial. Já faz anos que J. B. Metz alertou contra o perigo da paroquialização da vida religiosa.[72] Este perigo ainda persiste, sobretudo para a vida religiosa masculina clerical.

Neste caso – perguntam-se muitos religiosos e religiosas –, onde fica a contribuição da vida religiosa

---

[71] Um caso típico é o de Mary Ward (1585-1645), cuja pessoa e projeto apostólico foram incompreendidos em seu tempo, algo de que Pio XII, um tanto tardiamente, fez um claro e louvável reconhecimento.

[72] METZ, J. B. *Las órdenes religiosas*. Barcelona, 1978.

como testemunho evangélico na vida contemplativa de oração, em atividades não estritamente paroquiais nem sacramentais, como a evangelização, as missões "ad gentes", a iniciação mistagógica à experiência espiritual, a educação cristã, a investigação e docência teológica, o trabalho com comunidades de base, o diálogo com a filosofia e as ciências, as publicações e a presença nos meios de comunicação social; o trabalho no campo da saúde, da promoção social e do desenvolvimento; a atenção aos mais pobres, como crianças de rua, órfãos, anciãos, deficientes, drogados e doentes de Aids; a pastoral penitenciária; a atenção a prostitutas, refugiados, sem-teto e migrantes, camponeses, índios e afro-americanos...?

Por que a vida religiosa laical dos irmãos e a vida religiosa feminina é muitas vezes desvalorizada? Não persiste uma visão clerical da vida religiosa? Por que não se valoriza, para além da funcionalidade da vida religiosa, seu carisma místico-profético? Não constituem uma imensa riqueza para a Igreja místicos e místicas como Catarina de Sena, João da Cruz, Teresa de Jesus, Inácio de Loyola, Teresa de Lisieux, Edith Stein...? Não trazem nada à vida da Igreja os numerosos santos e os recentes mártires religiosos na America Latina, África e Ásia?

Podemos nos contentar com repetir as palavras de João Paulo II em sua exortação pós-sinodal *Vita Consecrata*, quando, citando Santa Teresa, se pergunta "que seria do mundo se não existissem os religiosos?".[73] Não será que a Igreja institucional se sente ainda, muitas vezes, depositária exclusiva do Espírito?

---

[73] JOÃO PAULO II. *Vita consecrata*, n. 105 – com citação de Santa Teresa, *Libro de la vida*, c. 32, 11.

Magistério e magistérios

Intimamente ligada ao tema anterior encontra-se a questão do Magistério na Igreja. Ninguém duvida da necessidade, competência, autoridade e valor do Magistério episcopal e papal na Igreja, tanto ordinário quanto extraordinário (LG, n. 25). Isto é consequência da missão dos bispos como sucessores dos apóstolos na Igreja e de sua ordenação sacramental.

Faz um século, Pio X, em sua encíclica *Vehementer Nos*, de 1906, afirmava que a Igreja

> [...] é essencialmente uma sociedade desigual, ou seja, uma sociedade composta de distintas categorias de pessoas: os pastores e o rebanho; os que têm uma posição nos diversos graus da hierarquia e a multidão dos fiéis. E as categorias são de tal maneira distintas umas das outras que somente na pastoral residem a autoridade e o direito necessários para mover e dirigir seus membros rumo à meta da sociedade, ao passo que a multidão não tem outro dever senão o de deixar-se conduzir e, como dócil rebanho, seguir seus pastores.[74]

Pode-se repetir e aceitar hoje essas palavras de Pio X? Correspondem à Tradição mais genuína e rica da Igreja?

Para Santo Tomás, junto ao Magistério hierárquico ou cátedra episcopal (*cathedra pastoralis*), existe o Magistério ou a cátedra dos teólogos e doutores (*cathedra magistralis*);[75] e o cardeal H. J. Newman reconhece que na Igreja, junto à tradição episcopal, está a tradição profética.

---

[74] PIO X. *Vehementer Nos*. AAS 39 (1906) 8-9.
[75] *Quodlibet* III, 9, ad 3 e In IV Sent. d 19,2,2 1q. a 2 ad 4.

Na rica Tradição eclesial, este segundo Magistério teológico e profético nunca foi considerado perigoso, competitivo ou paralelo, mas foi visto, antes, como uma ajuda à Igreja apostólica e hierárquica a partir de outro carisma não hierárquico[76] e que, mesmo gerando, às vezes, tensões e discórdias, conduz a uma concórdia mais plena, pois ambos os Magistérios, como funções diversas e complementárias, ordenam-se à comunhão eclesial, como atesta o próprio Newman.

Ainda mais, a Igreja nomeou doutoras da Igreja mulheres como Catarina de Sena, Teresa de Jesus, Teresa de Lisieux e Edith Stein, que não pertencem à estrutura hierárquica da Igreja. Isto significa que na Igreja existem diversas formas e estilos de Magistério, que não existe uma divisão rígida entre a Igreja docente e a Igreja discente, mas que na Igreja, pela força do Espírito Santo, todos aprendemos e ensinamos na mesma comunhão de fé.

Seria preciso, pois, levar em conta o Magistério dos santos, dos mártires, dos profetas, de homens e mulheres que com sua vida deram testemunho de sua fé e nos revelam, a partir de sua experiência espiritual, dimensões inéditas da fé. Não têm nada a ensinar à Igreja pessoas como Charles de Foucauld, Martin Luther King, Teresa de Calcutá, Pedro Arrupe, Atenágoras, Monsenhor Romero, Helder Câmara, Ignacio Ellacuría...? Não se enriqueceu o Magistério episcopal do Concílio de Trento e, mais recentemente, do Concílio Vaticano II, com a contribuição do Magistério dos teólogos?

Todavia, não se deveria acrescentar a esses Magistérios exemplificados o Magistério popular dos pobres e

---

[76] NEWMAN, J. H. *Essays*. I: *Apostolic Tradition*. 1836. *The prophetic office in the Church*. 1837.

simples, a quem foram revelados os mistérios do Reino, como exclamou Jesus, cheio de alegria no Espírito (Lc 10,21)? Não diziam os Santos Padres que os pobres tinham sido seus mestres?

Por que, pois, existe atualmente tanta suscetibilidade na hierarquia perante qualquer manifestação oral ou escrita, diante de qualquer tomada de postura ou expressão de opinião de católicos que não fazem parte da hierarquia, sejam religiosos ou religiosas, homens ou mulheres leigas, movimentos religiosos ou laicais, teólogos ou teólogas..., considerando-os como um Magistério "paralelo" ao hierárquico, algo perigoso, suspeitoso, uma forma de "dissenso" que redunda no enfraquecimento da comunhão e da unidade eclesial? Que dizer quando esta opinião não somente é criticada, mas silenciada, censurada ou condenada, muitas vezes sem prévio diálogo? Não é legítimo, na Igreja, pensar diferente e livremente em muitas coisas, desde que se mantenha a fé e a comunhão eclesial, como afirmava Agostinho?[77] Onde fica a liberdade do carisma na Igreja?

Acaso o mistério profundo de Deus só pode ser formulado de uma única maneira? Acaso não existe mais de uma teologia válida e segura (*tuta*) na Igreja? Não é mister distinguir claramente a fé das teologias, e não impor uma teologia concreta como obrigatória para toda a Igreja? Não são válidas as diferentes teologias das diversas Igrejas locais, conquanto mantenham a comunhão com a Igreja Católica? Não pode haver legitimamente uma teologia latino-americana, uma teologia asiática, uma teologia africana, como houve, antigamente, uma teologia em Cartago, outra em Antioquia, outra em Alexandria?

---

[77] "É legítimo, mantendo-se o vínculo da comunhão, pensar de forma diferente": AGOSTINHO. *De Bapt*, III, 3,5; "Nas coisas necessárias, unidade; nas duvidosas, liberdade; em tudo, caridade".

Não se avança na compreensão do mistério cristão com a contribuição de todos, graças ao Espírito que nos vai conduzindo até a verdade plena? Não existe o risco de extinguir o Espírito, se se professa uma única teologia monolítica como obrigatória para todos?

Movimentos carismáticos e pentecostais

Para alguns autores, estes movimentos, que surgiram tanto no seio da Igreja Católica como dentro das Igrejas evangélicas, constituem um sinal dos tempos – o movimento espiritual mais importante nascido depois da Reforma –, os quais desafiam profundamente as Igrejas (Harvey J. Cox, J. Comblin...). Para alguns teólogos católicos, a renovação carismática é o maior fruto do Concílio Vaticano II.[78]

Curiosa, mas também logicamente, na Igreja do Oriente cristão não se encontram tais movimentos carismáticos e pentecostais, certamente porque a Igreja oriental, em sua teologia, eclesiologia, liturgia, espiritualidade e pastoral, manteve muito viva a consciência da ação do Espírito: suas celebrações (ícones, música, incenso...) são cálidas, suas comunidades são participativas, sua espiritualidade é humana, cósmica e integral.

Estes movimentos pentecostais e carismáticos do Ocidente cristão são um sinal positivo de que se assumiu a dimensão carismática da Igreja, superando-se o juridicismo sacramental e o funcionalismo institucional da Igreja de Cristandade pós-tridentina, redescobrindo, desse modo, a importância da experiência espiritual e do dom do Espírito.[79]

---

[78] MESORI, V.; RATZINGER, J. *Informe sobre la fe*. Madrid, 1985.

[79] A bibliografia sobre esta questão é imensa. Citemos, por sua autoridade incontesté, CONGAR, *El Espíritu Santo*, p. 353-415.

Indiretamente, representam uma superação do cristomonismo ocidental latino e um desejo de abrir-se à dimensão do Espírito. São uma crítica a nossas comunidades demasiado impessoais, a nossas celebrações litúrgicas excessivamente ritualistas, intelectuais e frias, à pouca participação dos leigos na vida da comunidade, ao esquecimento do Espírito na vida cristã, à pouca atenção que ordinariamente se dá, na comunidade cristã, a problemas humanos, como os relacionados à afetividade e à sexualidade, aos conflitos matrimoniais e familiares, à solidão, às enfermidades, ao alcoolismo, à dependência das drogas, ao luto pelos falecimentos etc., que são os que afligem a grande maioria dos fiéis. Há uma busca de calor e entusiasmo que não se encontram em outras instâncias eclesiais.

Acrescenta-se a esta busca teológica o desejo psicológico de compensar as feridas afetivas causadas pelo mundo moderno neoliberal, individualista, racionalista, frio e materialista. Os setores empobrecidos, vítimas do sistema neoliberal, encontram nestes espaços um refúgio espiritual para sua situação angustiosa de pobreza e de falta de esperança, mesmo à custa de certa alienação. Já se disse que na América Latina os mais pobres entre os pobres não recorrem às comunidades eclesiais de base, mas aos grupos pentecostais (C. Mesters).

No entanto, não se pode deixar de lado alguns problemas que foram surgindo em diversas partes em torno desses grupos, problemas que, para alguns, são riscos reais não superados; para outros, estão em via de superação; e para outros, ainda, talvez já sejam coisa do passado.

Muitos reconhecem que, graças a esses movimentos, sentiram-se convertidos, curados, renovados interiormente, que experimentaram uma alegria e um gozo profundos e até agora desconhecidos. Também se produziu um ecumenismo entre membros da renovação carismática católica e o pentecostalismo evangélico.

O principal problema desses movimentos carismáticos é o de que, reagindo positivamente contra o chamado cristomonismo ocidental, venham a cair no extremo contrário de um pneumatomonismo, ou seja, de uma vivência e afirmação do Espírito que se situe à margem da vida, morte e ressurreição de Jesus. A vida humilde e pobre de Jesus de Nazaré sempre será o critério básico para discernir os espíritos; não se pode esvaziar a cruz de Cristo. Esta referência a Cristo inclui uma inserção na grande comunidade eclesial, sem se separar dela de forma sectária. Para os católicos, existe o risco de se converter mais em comunidade da Palavra do que da Eucaristia, que é o centro da Igreja.

Quando não se leva em conta isso, existe o risco de se inclinar para um fundamentalismo bíblico (ler os textos fora do contexto e de uma crítica exegética sadia), para um anti-intelectualismo unido a uma valorização excessiva do sentimental e do espetaculoso (como curas, dom de línguas); existe o perigo de menosprezar as mediações históricas e prescindir do compromisso social (a chamada greve social). A mão do Espírito há de estar sempre unida à do Filho encarnado em Jesus de Nazaré.

Como assumir esses movimentos no que têm de positivo, superando seus riscos e purificando-os de seus elementos ambíguos ou negativos? Este é o grande desafio das Igrejas, também da católica.

Novos movimentos eclesiais

Encontramo-nos diante de um fenômeno relativamente novo, mas que está exigindo grande vigência na Igreja de hoje, tem um grande respaldo oficial e constitui, para alguns, uma alternativa ao que foi a vida religiosa em outras épocas da Igreja. Os movimentos eclesiais levam muito a sério o protagonismo dos leigos na evangelização, estão bem sintonizados com o mundo moderno e secular, usam os modernos meios técnicos e de comunicação para difundir a mensagem evangélica, proporcionam boa formação a seus membros, mantêm vínculos comunitários estreitos, possuem uma mística segundo o carisma e o talento do próprio fundador, produzem frutos de vida cristã no povo, sentem-se missionários e até mesmo se fazem itinerantes etc.

Não se pode negar que existem sinais claros da presença do Espírito nestes movimentos, que são muito variados e não se podem englobar em uma única visão geral. Mas existem também questionamentos e problemas que deverão ser discernidos com o tempo.

Em alguns desses movimentos, a Modernidade (e mesmo a Pós-Modernidade) de seu estilo de vida e dos meios técnicos contrasta com uma teologia e, às vezes, uma espiritualidade muito conservadora, de resistência, em alguns casos com normas internas muito rígidas e verticalistas, como se quisessem edificar uma nova Cristandade, mais adaptada certamente ao mundo moderno do que a Cristandade medieval mas, no fundo, com traços semelhantes aos da Igreja pré-conciliar. Isto explicaria o respaldo de que gozam por parte de amplos setores da atual hierarquia eclesiástica, que veem neles o modelo da Igreja do futuro. Contudo, é este, realmente, o futuro da Igreja do Concílio Vaticano II para o qual o Espírito aponta?

Outros têm observado em alguns destes movimentos eclesiais certo espírito de gueto que os encerra em seus grupos, com pouca abertura não somente às paróquias, mas à pastoral de conjunto da Igreja local. Acaso o Espírito encerra os carismas em comunidades sectárias, ou, ao contrário, não os abre à universalidade e à catolicidade do corpo eclesial? Alguns documentos do Magistério eclesial advertiram claramente contra este risco.

A partir do Terceiro Mundo e, concretamente, da América Latina, faz anos que alguns teólogos (como J. Comblin)[80] constataram que esses novos movimentos eclesiais nasceram no Primeiro Mundo, a partir de onde costumam ser dirigidos, gozam de muitos meios econômicos e intelectuais de formação, agrupam ordinariamente setores das classes média e alta e não são demasiado sensíveis à mudança social nem aos problemas da injustiça e da pobreza. Neste sentido, parecem mais próprios do mundo desenvolvido do que do mundo pobre, que se sente mais em sintonia com as comunidades eclesiais de base que surgiram dos setores populares da Igreja e que correspondem mais às opções pastorais das Igrejas pobres, concretamente da latino-americana.[81]

O que parece evidente é a necessidade de ir iniciando o processo de discernimento que, por vezes, exige tempo, a fim de crivar o que é autenticamente do

---

[80] COMBLIN, J. Os "movimentos" e a pastoral latino-americana: *Revista Eclesiástica Brasileira* 170 (1983) 227-262.

[81] Apesar disso, o *Documento de Aparecida* (2007) dá muita importância a estes novos movimentos eclesiais, colocando-os em pé de igualdade com as comunidades de base e dando, às vezes, a impressão de que os prefere a estas. Em Aparecida, participaram membros de comunidades Neocatecumenais, Shalom, Comunhão e Libertação, Schönstatt, Sodalitium...

Espírito e distingui-lo das aderências pessoais, culturais ou teológicas que o obscurecem.

Igreja local

No acontecimento de Pentecostes, chama a atenção o fato de as pessoas que residiam em Jerusalém, vindas de todas nações, ouvirem os apóstolos cada uma em sua própria língua (At 2,5-7). Este fenômeno, descrito por Lucas como uma restauração da unidade perdida em Babel (Gn 11,1-9), abre-nos também o caminho para uma reflexão sobre o Espírito e sobre a pluralidade das comunidades eclesiais.

Estamos tão acostumados a identificar a Igreja com a Igreja universal, que nos custa muito tomar consciência da importância histórica, teológica e eclesial das Igrejas locais. Durante muitos séculos, no imaginário de muitos cristãos, a Igreja foi vista como uma grande diocese, em cuja cabeça está o papa, que tem delegações em diversos lugares. No fundo, não haveria grande diferença entre o modo de ser e de funcionar da Igreja e o das grandes empresas ou bancos internacionais, que possuem um escritório central e sucursais em muitos e diferentes lugares.

Certamente, esta teologia e esta práxis eclesial uniformes e centralizadas foram típicas da Igreja durante todo o segundo milênio, e foram consagradas pelo Concílio Vaticano I ao falar de "um rebanho sob um só pastor". Durante o segundo milênio, houve grande silêncio teológico sobre as Igrejas locais, que, felizmente, foi interrompido no Concílio Vaticano II, quando se voltou a ressaltar a importância eclesiológica das Igrejas locais.

Este redescobrimento das Igrejas locais, que, segundo K. Rahner, é a maior contribuição eclesiológica do Concílio Vaticano II, está intimamente unido à recuperação da dimensão pneumatológica da Igreja por parte da teologia conciliar.

O Concílio Vaticano II, porém, não inventou nada novo, apenas voltou à Tradição bíblica, patrística e eclesial do primeiro milênio.

O Novo Testamento começa por chamar "Igreja" uma comunidade local bem concreta, a de Jerusalém e, a seguir, designa com este nome as diversas comunidades locais que vão nascendo. A Igreja de Deus está em Tessalônica, em Laodiceia, em Antioquia, em Cesareia, em Éfeso, em Corinto... A Igreja de Deus pode estar em uma região (Ásia, Galácia, Macedônia, Judeia...), mas também pode residir em uma comunidade doméstica, uma casa onde se fazem as reuniões dos cristãos, por exemplo: as casas de Prisca e Áquila.

Essas Igrejas locais constituem a Igreja universal, que é mais do que a soma de Igrejas locais: é a comunhão de todas elas (Ef 4,1-6; Rm 16,12.23; Cl 1,24), é uma Igreja de Igrejas. Tal pluralidade de Igrejas locais está presidida pela Igreja de Roma, que, sendo também ela uma Igreja local, goza de uma primazia especial sobre toda a Igreja universal.[82]

Isto supõe que a Igreja primitiva estava muito mais descentralizada do que a atual. Havia grande autonomia por parte das Igrejas locais, tanto do Oriente (Constantinopla, Alexandria, Antioquia...) como do Ocidente (Cartago, na África, Gália, Hispânia...); celebravam seus sínodos e concílios regionais sem intervenção romana e

---

[82] A obra clássica sobre este tema é a de: TILLARD, J. M. R. *La Iglesia local*. Salamanca, 1999.

possuíam diversas teologias: a teologia de Agostinho é diferente da dos orientais, e entre estes a de Alexandria (Orígenes, Cirilo, Atanásio) difere da de Antioquia (João Crisóstomo...) e da de Capadócia (Basílio, Gregório de Nissa e Gregório Nazianzeno). Recorria-se a Roma como última instância de apelação, como fez Cipriano no caso dos rebatizantes, ou perante problemas que afetavam a todos, como acontecia nos concílios ecumênicos.

O Concílio Vaticano II recuperou esta rica Tradição sob diversos ângulos:

- a Igreja local não é uma parte, mas uma porção do Povo de Deus presidida pelo bispo; nas Igrejas locais (*in quibus*) e delas (*ex quibus*) existe a Igreja universal (LG, n. 23; cf. n. 26); os bispos não devem ser considerados vigários do Romano Pontífice (LG, n. 27); o episcopado é um verdadeiro sacramento (LG, n. 21);

- a Igreja local se reúne na celebração litúrgica da Eucaristia, sobretudo presidida pelo bispo local (SC, nn. 37-38; 41-42);

- existe uma colegialidade episcopal das Igrejas locais e de seus pastores sob o papa, que se evidencia nas conferências episcopais, nos sínodos e nos concílios ecumênicos (CD, nn. 11; 36-38);

- reconhece-se a existência das Igrejas do Oriente como Igrejas locais de Tradição apostólica, com sua liturgia e espiritualidade próprias (UR, nn. 15-17; OE, nn. 2-11), algo que tem grandes consequências ecumênicas;[83]

---

[83] Teólogos como Boyer, Ratzinger, Congar ou Dulles perguntam-se sobre a legitimidade de se impor a determinada Igreja as determinações, inclusive dogmáticas, de cuja formulação essa Igreja não tenha participado. Paulo VI, em 1974, quando dos setecentos anos do II Concílio de Lião (1274), não chama a esta assembleia de "concílio" mas de "sínodo da Igreja ocidental", indicando, com isso, que, depois da separação das Igrejas do Oriente, não houve mais concílios propriamente ecumênicos, mas sínodos da Igreja ocidental...

- isto implica uma dimensão missionária e cultural, pois cada Igreja local haverá de fazer um esforço de inculturação do Evangelho em seu próprio território geográfico (AG, nn. 19-20).

Assim como o Concílio Vaticano II recuperou a eclesiologia da Igreja local, dentro de uma eclesiologia pneumatológica, não restaurou, no entanto, a práxis antiga da eleição episcopal com a participação de toda a comunidade local. Este era o modo tradicional de proceder até o séc. V, como atestam alguns textos primitivos (a Didascália, a Carta de Clemente Romano aos Coríntios, Hipólito, Cipriano...) e como o recomendam os próprios papas ao sugerir "que não se ordene um bispo contra o parecer dos cristãos e sem que eles o tenham pedido expressamente" (Leão Magno).[84]

Na eleição dos bispos havia uma seleção de candidatos pelo povo e pelo clero local, pelo testemunho do parecer da comunidade, pela decisão última dos bispos da província eclesiástica e, finalmente, pela consagração episcopal por três bispos, como sinal de colegialidade.

Esta práxis primitiva, que foi reservada a Roma para impedir a intromissão dos príncipes seculares, manteve-se intocável até nossos dias, constituindo uma fonte de conflitos, tensões e rejeições nas Igrejas locais. Todos conhecemos exemplos concretos e recentes disso.

Pode-se afirmar, com J. M. R. Tillard, que "o lento desaparecimento da eleição dos bispos pelo povo e, a seguir, por um grupo do clero local, é uma ferida que se fez na verdade eclesial da diaconia".[85]

---

[84] Cf. SCHATZ, K. Elección de obispos. Historia y teología. *Selecciones de Teología* 181 (1991) 103-113. GONZÁLEZ FAUS, J. I. *Ningún obispo impuesto. Las elecciones episcopales en la historia de la Iglesia.* Santander: Sal Terrae, 1992.

[85] TILLARD, J. M. R. *La Iglesia local.* Salamanca, 1999. p. 261.

Também estavam proibidas as ordenações de bispos sem uma comunidade local concreta (*ordinationes absolutae*). A práxis atual de nomear bispos auxiliares, designando-lhes dioceses inexistentes, para salvar, assim, juridicamente, a Tradição primitiva, não somente rompe uma Tradição própria da Igreja de comunhão e de uma eclesiologia pneumatológica como também "fere a natureza autêntica do episcopado".[86] Para não falar do costume de premiar os serviços de sacerdotes que trabalham na Cúria Romana ou de honrar os que vão desempenhar cargos diplomáticos com a nomeação episcopal. Que teologia do episcopado, da Igreja local e do Espírito subjaz aqui?

Evidentemente, a Igreja local não esgota toda a eclesialidade, mas se abre à Igreja universal, católica, presidida pelo bispo de Roma. Mas o primado de Pedro não pode obscurecer a dignidade das Igrejas locais, como o próprio Concílio Vaticano I afirmou, citando o Papa São Gregório Magno: "Minha honra é a honra da Igreja universal. Minha honra é o sólido vigor de meus irmãos. Então, eu sou verdadeiramente honrado quando não se nega a honra que a cada um é devida" (DS 3.061).

Depois do Concílio, no ano 1992, a declaração *Comunionis Notio*, emitida pela Congregação para a Doutrina da Fé, tentou precisar alguns elementos desta teologia da Igreja local, afirmando que a Igreja universal antecede ontológica e cronologicamente a Igreja local. Isto provocou um debate teológico entre J. Ratzinger, que defendia tal postura, e W. Kasper, que insistia na prioridade das Igrejas locais, a partir das quais se constitui a Igreja universal. No final, chegou-se a um acordo em que existiria uma mútua imanência entre Igreja local e

---

[86] Ibid., p. 250.

Igreja universal, porém a controvérsia denotou diversos acentos na concepção eclesiológica.[87]

Por trás da eclesiologia da Igreja local, de sua autonomia e liberdade, de sua própria teologia, liturgia, espiritualidade e inculturação pastoral, esconde-se uma Pneumatologia que defende a ação livre e concreta do Espírito de Pentecostes, simbolizado nas línguas de fogo, que respeita as diferenças e as diversidades de ser e de viver o único mistério pascal de salvação de Jesus Cristo, o Senhor, na unidade da fé e da comunhão eclesial.

Isto não é nada fácil na prática, pois se tende de novo a impor um modelo centralizado de Igreja na teologia, na liturgia, na pastoral e no governo.

Como se explica, por exemplo, que os documentos do episcopado latino-americano, reunido em suas Assembleias de Santo Domingo (1992) e Aparecida (2007), convocadas e inauguradas pelo papa e presididas por seus representantes delegados, tenham sido obrigados a obter, antes de sua publicação, a aprovação oficial e a consequente correção por parte de Roma?

Não se está voltando a um centralismo eclesiológico que desconhece a liberdade das Igrejas locais e a colegialidade episcopal? Não se estará desconfiando do Espírito, cuja missão consiste em manter a unidade da Igreja, mas dentro da pluralidade, sem desembocar na uniformidade nem em um centralismo vertical?

---

[87] A visão de Ratzinger é mais platônico-agostiniana (parte de uma ideia); a de Kasper, mais aristotélico-tomista (parte da realidade). Evidentemente, isto repercute no modo de governo da Igreja. Cf. MARTÍNEZ GORDO, J. Eclesiología y gobernanza. El debate de J. Ratzinger y W. Kasper sobre la relación entre la Iglesia universal y la Iglesia local. *Selecciones de Teología* 180 (2006) 284-298 (original publicado na *Revista Latinoamericana de Teología* 66 [2005] 229-250).

O Espírito suscita o senso da fé

Vimos, anteriormente, que o Espírito derramado em nossos corações é fonte de vida e de santidade para cada batizado. Queremos agora destacar a dimensão eclesial desta presença do Espírito nos fiéis.

O Concílio Vaticano II, ao falar do Povo de Deus, ressalta sua dimensão profética, mediante a qual o povo participa do profetismo de Cristo. E acrescenta:

> A totalidade dos fiéis que receberam a unção do Santo (cf. 1Jo 2,20.27) não pode enganar-se na fé; e esta sua propriedade peculiar manifesta-se por meio do sentir sobrenatural da fé do povo todo, quando este, "desde os bispos até o último dos leigos fiéis", manifesta consenso universal em matéria de fé e costumes. Com este sentido da fé, que se desperta e sustenta pela ação do Espírito de verdade, o Povo de Deus, sob a direção do sagrado Magistério que fielmente acata, já não recebe simples palavra de homens, mas a verdadeira Palavra de Deus (cf. 1Ts 2,13), adere indefectivelmente à fé uma vez confiada aos santos (cf. Jd 3), penetra-a mais profundamente com juízo acertado e aplica-a mais totalmente na vida (LG, n. 12,1).

Este parágrafo tem uma grande riqueza e densidade que convém esclarecer e aprofundar. Tradicionalmente, deu-se por pressuposto que o povo cristão tem de obedecer aos ensinamentos do Magistério da Igreja, o qual goza da assistência do Espírito e pode chegar a ser infalível. Esta visão, verdadeira no que afirma, é parcial e empobrecedora, pois reduz a vida cristã à obediência ao Magistério, como se o povo de Deus fosse simplesmente passivo. Pareceria que somente a hierarquia goza do dom do Espírito.

O Concílio Vaticano II afirma uma série de proposições que podem parecer revolucionárias a quem não conhece a Tradição autêntica da Igreja.

O Povo de Deus tem a unção do Espírito, como afirma a Primeira Carta de João. Os cristãos receberam uma unção do Espírito Santo (1Jo 2,20), o mesmo Espírito dado ao Messias e, por ele, aos crentes, unção espiritual que permanece neles e que os instrui interiormente, de modo que não necessitam de quem os ensine (1Jo 2,27). Isto não significa que não se deva escutar o ensinamento dos apóstolos, mas que a unção ilumina por dentro os corações e faz com que se aceite o ensinamento dos apóstolos a partir de dentro, não simplesmente como algo imposto do exterior, a que se deve submeter-se, não como simples palavra humana, mas como Palavra de Deus. É o que Jesus prometeu a seus discípulos: que o Espírito os levaria à verdade plena e os faria conhecer tudo (Jo 16,13).

Isto é o que tradicionalmente se denominou "senso da fé", pelo qual, graças ao Espírito, o povo crente, como por um instinto espiritual, conhece por conaturalidade,[88] intui, aceita, compreende, mantém, defende, desenvolve e transmite tudo o que está de acordo com a Palavra, com a fé apostólica recebida através da Tradição da Igreja. Este é o senso da fé (*sensus fidelium*).[89]

Também J. H. Newman reconhece que todo batizado tem como que um instinto, certo sentido para conhecer e aceitar tudo o que corresponde ao corpo de

---

[88] Santo Tomás desenvolveu este conhecimento por conaturalidade, graças ao qual a inteligência se sente inclinada, como por instinto, a aderir ao que encontrar em harmonia com o sentido verdadeiro da Palavra de Deus: *Summa Theologica*, IIa IIae, 2, 3, ad. 2.

[89] TILLARD, J. M. R. *Le "sensus fidelium". Réflexion théologique en Foi populaire et Foi savante*. Paris, 1976. p. 9-40.

Cristo, no qual foi enxertado pelo Batismo. É como uma consciência de pertencer ao Povo de Deus que o leva a reconhecer o que é inerente a este Povo de Deus.

O que não vai de encontro ao Magistério hierárquico da Igreja, que se volta precisamente para esse povo dotado desse senso da fé. As declarações do Magistério devem corresponder a este senso da fé, para que sejam críveis, como veremos em breve, mais extensamente, ao falarmos da "recepção".

O Concílio, porém, torna ainda mais concreto esse senso da fé e afirma que, graças a tal senso sobrenatural da fé, e pela unção do Espírito, o povo é infalível na fé e na moral; ou seja, não pode equivocar-se, sempre e quando mantenha sua fé em comunhão com os pastores e demais fiéis da Igreja.

Isto também causará estranheza aos que acreditam que somente o papa e os bispos podem ser infalíveis.

Na realidade, o Concílio Vaticano I, ao definir a infalibilidade do Magistério pontifício do papa quando fala como pastor universal (*ex cathedra*) em matéria de fé e de costumes (DS 3.074), não pretende outorgar ao bispo de Roma um atributo à margem e separado do da Igreja; ao contrário, afirma taxativamente que, em virtude da promessa da assistência divina prometida a Pedro, o Romano Pontífice "goza daquela infalibilidade da qual o divino Redentor quis que toda a Igreja estivesse provida" (DS 3.074). Ou seja, o Magistério pontifício expressa, formula, concretiza e declara de modo infalível o que a Igreja de modo infalível crê. O papa não define sua fé, mas a da Igreja, a das Igrejas locais, às quais, de algum modo, deverá escutar e consultar. Ele é a voz autorizada da Igreja infalível.[90]

Tudo quanto dissemos antes acerca da presença e da ação do Espírito na Igreja, sobre a vinda do Espírito prometida por Jesus e acontecida na Páscoa-Pentecostes, encontra aqui uma expressão concreta na fé do Povo de Deus.

As consequências que se deduzem dessas afirmações são muito importantes. O povo não é um rebanho sem mais discernimento do que o do pastor que o guia;[91] é um povo com voz, testemunha da Tradição, capaz de discernir a verdade de uma doutrina com a luz interior do Espírito; capaz, também, de aprofundar a fé, fazê-la crescer interiormente e deduzir novas consequências para os novos tempos; capaz, mesmo, de fazer propostas proféticas para toda a Igreja.

Já os Padres da Igreja observavam que os fiéis são capazes de manter a fé mesmo quando contam com ministros e pastores hereges, que não expressam a fé da Igreja. "Os ouvidos do povo são mais santos do que os corações dos sacerdotes", afirmava Hilário de Poitiers.[92] E o futuro cardeal J. H. Newman admirava-se que no século IV muitas comunidades cristãs mantiveram sua fé quando seus bispos caíram no arianismo.[93] Não é por acaso que o próprio Newman tenha desenvolvido

---

[90] Esta infalibilidade da Igreja não torna dispensável a atuação do Magistério episcopal e pontifício como expressão autorizada da fé do povo. Isto não conseguem aceitar os ortodoxos, anglicanos e protestantes, que acreditam que tal infalibilidade do povo exclui qualquer outro órgão de expressão. Cf. RIUDOR, I. *Iglesia de Dios, Iglesia de los hombres*, vol. I. Santander/Bilbao, 1972. p. 66-74. VITALI, D. "Universitas fidelium in credendo falli nequit" (LG 12). Il *sensus fidelium* al Concilio Vaticano II. *Gregorianum* 86 (2005) 607-628.

[91] CONGAR, Y. M. *Jalones para una teología del laicado*. Barcelona, 1961. p. 324-325.

[92] *Contra Auxencio*, 96; PL 10,613. O mesmo afirmam Atanásio e Teodoreto (*Hist. Ecl.* II, 19; PG 82, 1.057ss).

[93] NEWMAN, J. H. *The Rambler*. 1859.

em seguida o tema da evolução do dogma: no fundo, justifica-se por este senso vivo da fé do Povo de Deus.

O fato de que tanto Pio IX quanto Pio XII, antes de definirem respectivamente os dogmas da Imaculada Conceição e da Assunção de Maria, tenham consultado o sentir do povo cristão sobre essas verdades é um testemunho e uma prova da importância do senso da fé.

Podemos pensar nas consequências pastorais desta fé do povo. Graças a ela, a fé se manteve durante séculos em lugares sem sacerdotes e em tempos de perseguição religiosa. Esta fé é a que nutre a religiosidade popular em muitos lugares da Igreja (na maioria?), a que as mães transmitem a seus filhos; é a fé da maioria dos pobres, a quem foram revelados os mistérios do Reino e intuem os valores do Evangelho com muito maior profundidade do que os sábios, prudentes e ricos (Lc 10,21). É um lugar teológico privilegiado para conhecer a fé e a Tradição da Igreja, que se expressa de muitas maneiras: em tradições, crenças, ritos, festas, imagens, templos, cantos, orações, escritos, devoções...

Este senso da fé do povo desempenha um papel profético muito importante para receber ou responder ao que a Igreja propõe. Isto, porém, merece um tratamento à parte.

Recepção e resposta eclesial

A "recepção" é uma dimensão eclesiológica que se refere ao processo vital pelo qual o povo acolhe e assimila vitalmente um ensinamento ou uma norma que a hierarquia lhe propôs. Não é simples obediência, mas aceitação viva. É como o "amém" litúrgico com que o povo reunido em assembleia adere pessoalmente à Palavra, à oração da Igreja, à Eucaristia que lhe é entregue como "o corpo de Cristo". Sem este amém, diz Santo Tomás, não há verdadeira comunhão. Pela recepção, aderimos ao mistério último de Deus que se nos revelou, nossa fé ultrapassa a formulação e penetra na mesma comunhão trinitária.[94] Muitas vezes isto acontece na oração litúrgica da Igreja, através de cuja prece afirmamos e recebemos nossa fé.[95]

Esta categoria eclesiológica da recepção, desconhecida durante muitos anos na eclesiologia oficial, foi investigada e aprofundada teologicamente a partir da década de 1960, tanto no âmbito do movimento ecumênico quanto no da Igreja Católica, sobretudo por Y.-M. Congar[96] e A. Grillmeier.[97]

Congar define a recepção como "o processo pelo qual o corpo eclesial faz verdadeiramente sua uma determinação que ele não deu a si mesmo, reconhecendo na medida promulgada uma regra que convém à sua vida".[98] Em outras palavras, é reconhecida como "boa-nova". A recepção supõe também uma apropriação criativa por parte da comunidade.

O fundamento último da recepção é precisamente o senso de fé do Povo de Deus (*sensus fidelium*), que,

---

[94] É o que formula Santo Tomás, quando diz que "o ato de fé do crente não termina no enunciado, mas no conteúdo do enunciado", ou seja, na realidade divina: *Summa Theologica*, IIa IIae, 1, 2, ad 2.

[95] O axioma *Lex orandi, lex credendi*, "a oração é norma de fé", tem também este sentido.

[96] CONGAR, Y. M. La recepción como realidad eclesiológica. *Concilium* 77 (1972) 57-85.

[97] GRILLMEIER, A. Konzil und Rezeption. Methodische Bemerkungen zu einem Thema der ökumenischen Diskussion der Gegenwart. *Theologie und Philosophie* 45 (1970) 321-352.

[98] CONGAR, La recepción como realidad eclesiológica, p. 58. Pode-se ver também: ANTÓN, A. La recepción en la Iglesia e Eclesiología I y II. *Gregorianum* 77 (1996) 57-95 e 437-469.

animado pelo Espírito, é capaz de acolher e de assimilar o que intui que está de acordo com a fé e com o Evangelho, enquanto rejeita o que não percebe como bom para o corpo eclesial, mesmo que não seja necessariamente falso (cf. LG, n. 12). A recepção não é o que confere à declaração do Magistério sua verdade, mas o que confirma que nesta declaração se encontra a verdade. É um acontecimento de comunhão: pela comunhão se faz a verdade.[99]

Uma eclesiologia não pneumática não pode entender nem levar em conta a recepção, senão que se mantém puramente em termos jurídicos de autoridade e obediência, que, sem ser incorretos, são parciais e unilaterais e, com o tempo, contraproducentes se não ficam integrados em uma visão eclesiológica mais rica e plena. A partir de uma eclesiologia juridicista e clerical, a falta de recepção é vista e julgada unicamente como desobediência e falta de comunhão. A não recepção, porém, não significa simplesmente rechaço. São Carlos Borromeu, arcebispo de Milão, não aceitou a uniformidade da liturgia que Trento havia proposto e que ia contra a Tradição litúrgica própria da Igreja de Milão.

O evento de Pentecostes pode ilustrar esta atitude receptiva do povo. O discurso de Pedro é acolhido e recebido pelas pessoas que o escutam a partir de sua própria língua e cultura, a ponto de perguntarem, com o coração compungido, o que devem fazer (At 2,37). O Espírito é que move a partir de dentro dos corações, tanto dos apóstolos como do povo, para pregar e receber a Palavra. E é importante constatar que cada qual recebe a palavra de Pedro segundo sua própria cultura: a recepção está estreitamente ligada à inculturação.

---

[99] TILLARD, J. M. *Iglesia de Iglesias*. Salamanca, 1991.

A recepção desempenhou um papel muito importante no desenvolvimento tanto da Igreja quanto do dogma.

As primeiras gerações cristãs receberam o Antigo Testamento, mesmo estando conscientes de que havia ficado obsoleto pela Páscoa de Jesus, e, à luz do Espírito, entenderam que em Jesus se haviam cumprido as Escrituras. Tanto João quanto Lucas, Paulo e o autor do Apocalipse estão conscientes de que Cristo não é um ponto de partida, mas sim o cumprimento do plano salvífico de Deus (At 3,13-26). A Igreja chegou a formular o cânone do Novo Testamento (a lista de livros da comunidade primitiva que considerava como inspirados e Palavra de Deus) por recepção, fazendo um discernimento entre os livros que se apresentavam como testemunhas da fé primitiva. Isto exigiu tempo, pelo que o cânone não chegou a formular-se até o séc. IV; houve dúvidas sobre alguns livros, e não se admitiram como inspirados e parte do Novo Testamento alguns livros tão antigos e veneráveis como a *Didascália*, a *Carta de Clemente*, o *Pastor de Hermas*, assim como alguns Apocalipses diferentes do de João, nem outros Evangelhos diferentes dos de Marcos, Mateus, Lucas e João, que foram considerados apócrifos (os Evangelhos de Tiago, da Natividade e Infância de Jesus, de Tomé, de Madalena, de Judas...).

Os Evangelhos apócrifos, escritos posteriormente aos quatro Evangelhos (a partir do séc. II), não foram admitidos no cânone escriturístico porque não se adequavam ao que havia acontecido na realidade, afastavam-se da história de Jesus e de sua cruz, caindo no maravilhosismo e na salvação pelo conhecimento; não correspondiam à fé apostólica da Igreja, recebida por tradição, nem eram textos lidos em suas liturgias, mesmo que pudessem conter alguns elementos interessantes.

O sensacionalismo dos modernos meios de comunicação (rádio, TV, imprensa, novelas, cinema), na hora de divulgar e romancear os acontecimentos desses livros apócrifos, afirmando que a Igreja os havia mantido ocultos e proibido sua leitura porque atacavam e questionavam sua fé, supõe grande ignorância e desconhecimento deste processo de discernimento que a Igreja primitiva teve de fazer a fim de elaborar o cânone da Escritura e chegar à sua recepção.[100] Para nós, cristãos, todo este processo de recepção do cânone da Escritura foi, sem dúvida, movido e guiado interiormente pelo Espírito, que em sua pedagogia respeita as liberdades e os ritmos da história, e não atua à margem das pessoas e de sua cultura.

A recepção dos concílios ecumênicos também supôs um amplo processo de assimilação que, em certas ocasiões, exigiu dezenas de anos, com avanços e retrocessos. Os primeiros concílios (Niceia, Constantinopla...) demoraram muito para ser recebidos.[101] O Concílio Vaticano II (1962-1965), depois de mais de quarenta anos, ainda não foi plenamente recebido: muitos não o conhecem, outros fazem uma hermenêutica redutora e interesseira dele, e outros ainda o rejeitam abertamente e desejam voltar à situação anterior ao dito Concílio.[102] A recepção de um Concílio, disse Congar, identifica-se com sua eficácia.

---

[100] ALEGRE, X. *Jesús, Judas, da Vinci.* Cristianisme i Justicia, 142. Barcelona, 2006.
[101] SCHATZ, K. *Los concilios ecuménicos.* Madrid, 1999.
[102] MADRIGAL, S. *Vaticano II; remembranza y actualización.* Santander: Sal Tarrea, 2002. CODINA, V. El Vaticano II, un concilio en proceso de recepción. *Selecciones de Teología* 177 (enero-marzo 2006) 4-18.

As normas litúrgicas e sacramentais também passaram por diversos processos de recepção. Os santos venerados pela Igreja desde suas origens foram fruto de uma recepção vital por parte de todo o Povo de Deus. Quem proclamou a santidade de Maria, de José, de Pedro, de Paulo e dos demais apóstolos, dos mártires...? Os processos de canonização que conhecemos atualmente são da Idade Moderna. Não há também, em nossos dias, testemunhos da fé popular que recorre às tumbas de mártires e de santos em busca de sua intercessão e venera-os como santos antes que a Igreja se tenha manifestado oficial e publicamente?

Mas, como insinuamos, pode acontecer de uma doutrina ou norma promulgada pelo Magistério da Igreja ter encontrado resistência, dificuldades, oposição ou mal-estar. É o que se chama "contestação" (ou "dissenso"), que é o oposto à recepção. Não é que o promulgado pela autoridade seja necessariamente falso ou errôneo, mas é possível, sim, que seja uma doutrina ou uma norma inoportuna, mal expressada e formulada de maneira parcial e incompleta, fora de contexto, não adaptada a uma cultura ou a um momento histórico, que não leva em conta a Tradição mais autêntica da Igreja, que não vise ao futuro, que queira manter estruturas já obsoletas e inadaptadas ao presente, sem discernir os sinais dos tempos. A mesma virtude da *epikeia* pode ser muitas vezes uma forma de ir além da lei e buscar o que o legislador, no fundo, desejava.

Esta atitude, quando não é de uma única pessoa, mas algo coletivo, comunitário e durável, não pode ser considerada simplesmente como desobediência, mas deve ser cuidadosamente escutada e discernida para ver o que o Espírito quer dizer às Igrejas através de tal contestação (Ap 1,4–3,22). Os que contestam a doutrina ou a norma não agem necessariamente por capricho ou soberba; às vezes lhes seria mais fácil calar e aceitar o prescrito, mas correriam o risco de cometer o pecado de omissão, que os monges chamavam de pecado da "taciturnidade", ou seja, de calar quando deveriam falar. Há um fogo interior que os impulsiona a não calar, a exprimir sua voz, a denunciar, a resistir, a não aceitar, mesmo a transgredir a norma ocasionalmente. Por trás de muitas dessas atitudes, por vezes dolorosas e crucificadoras, está o clamor do Espírito.

Seguramente, a autoridade busca prioritariamente manter a tradição, a harmonia, a coesão do grupo; talvez não se possa pedir que inove, que avance, que evolucione... A história da Igreja nos ensina que muitos desses cristãos incômodos e molestos ajudaram a fazer avançar a doutrina, a moral, a práxis eclesial. Recordemos que a práxis penitencial da confissão particular, promovida pelos monges irlandeses na Europa, foi muito malvista e até mesmo condenada pela hierarquia oficial, até que foi assumida como obrigatória para toda a Igreja. Nem sempre é fácil distinguir o que pertence à tradição autêntica da fé cristã das tradições que se enchem com o pó da história. Nem sempre é simples distinguir o essencial e necessário do contingente.[103] O Espírito, porém, a partir de dentro, move pessoas e grupos para que façam avançar a Igreja até o Reino.

Exponhamos alguns exemplos de contestação acontecidos nos pontificados em torno do Concílio Vaticano II.

A encíclica *Veterum Sapientia*, promulgada por João XXIII, pouco antes do Concílio, que prescrevia

---

[103] LÓPEZ AZPITARTE, E. La obediencia, el conflicto y la transgresión. *Sal Terrae* 93/11 (2005) 975-987. GONZÁLEZ FAUS, J. J. *La autoridad de la verdad. Momentos oscuros del magisterio eclesiástico*. Santander: Sal Terrae, 2006.

que a teologia fosse ensinada em latim em todas as faculdades eclesiásticas, não foi recebida e sofreu uma forte contestação por parte das próprias universidades católicas e seus professores, por considerá-la obsoleta e em desacordo com as exigências da teologia e do diálogo entre teologia e cultura.[104] Hoje ninguém se lembra dela.

A encíclica *Humanae Vitae*, de Paulo VI (1968), não foi nem tem sido recebida pelo Povo de Deus: matrimônios cristãos praticantes, leigos, teólogos moralistas e dogmáticos, até conferências episcopais mostraram, com muito respeito, suas divergências, a necessidade de maior precisão e abertura, de uma interpretação ampla, de uma complementação. Na elaboração da encíclica, Paulo VI não levou suficientemente em conta o senso da fé da grande maioria do Povo de Deus, tampouco dos peritos que ele mesmo nomeou como conselheiros. Um documento ou uma norma elaborada sem um amplo diálogo e sem consulta prévia dos interessados necessariamente provocará conflitos.[105]

De João Paulo II, para não citar as críticas que surgiram em torno da *Veritatis Splendor* e da *Evangelium Vitae*, por parte de amplos setores eclesiais, vamos nos limitar a um caso simbólico e bastante significativo. A beatificação de Pio IX, juntamente com a de João XXIII, no pontificado de João Paulo II, provocou uma forte crítica de muitos setores eclesiais, não porque duvidassem da santidade de Pio IX, mas porque acreditavam

---

[104] O mesmo Karl Rahner disse em Innsbruck que se ele tivesse de ensinar em latim deixaria a cátedra; e afirmava que nos últimos cinquenta anos só se havia publicado um livro de teologia realmente valioso em latim, o *Mysterium fidei*, de M. de la Taille (que hoje ninguém mais cita...).

[105] O Patriarca de Constantinopla, Atenágoras, que se encontrou com Paulo VI em Roma e em Jerusalém em um abraço ecumênico, e que apreciava muito Paulo VI, ao inteirar-se da publicação da *Humanae Vitae*, disse-lhe que, tendo descido a coisas tão concretas, bastava dizer que os esposos se amem, respeitem a vida e vejam, perante Deus, como devem agir e quantos filhos hão de ter.

ser inoportuno que, depois do Concílio Vaticano II, que muitos segmentos da Igreja ainda não haviam recebido plenamente, se exaltasse o papa do Concílio Vaticano I, ideológica e politicamente reacionário. Era como debilitar as figuras de João XXIII e do Concílio Vaticano II com uma contraposição que resultava teológica e pastoralmente desafortunada. Não foram escutadas as vozes que preanunciavam o conflito, e se produziu a contestação. Pio IX é realmente uma figura que atrai e leva à devoção o povo cristão de hoje, como o é João XXIII, cuja tumba está sempre cheia de flores levadas pelo povo?

Contestação profética na história da Igreja

Sempre que a Igreja como instituição se fossilizou ou foi perdendo vigor evangélico, o Espírito fez surgir, a partir da periferia, movimentos proféticos para renová-la.

Sem nenhuma pretensão de exaustividade, queremos apresentar alguns marcos do polo profético da Igreja, em que aparece a força do Espírito que impulsiona, a partir de baixo, de pessoas e movimentos, a uma renovação da Igreja.

O monacato

É difícil descrever, e mais ainda analisar, as mudanças que se operaram na Igreja a partir da virada constantiniana, quando a Igreja deixou de ser perseguida para ser tolerada e, posteriormente, convertida na Igreja oficial do Império Romano (ano 380). Esta mudança de situação entusiasmou muitos membros da Igreja, criando neles um grande oportunismo. Parecia-lhes impossível que a Igreja tivesse passado das catacumbas para as basílicas romanas; que o papa, que durante os séculos anteriores muitas vezes havia sido perseguido e mesmo martirizado, agora fosse nomeado sumo pontífice do Império Romano, cargo que antes era ocupado pelo imperador. Testemunho desse entusiasmo pode ser o comentário ingênuo do historiador Eusébio de Cesareia, quando narra o banquete que foi oferecido pelo imperador Constantino aos bispos do Concílio de Niceia:

> Destacamentos de guarda real e tropas rodeavam a entrada do palácio com as espadas desembainhadas e, em meio a eles, os homens de Deus [os bispos] avançavam sem medo rumo ao interior dos aposentos imperiais, onde alguns foram companheiros do imperador à mesa, ao passo que outros se reclinavam em leitos dispostos de ambos os lados. Podia-se pensar que assim se representava profeticamente o quadro do Reino de Cristo, e que se tratava mais de um sonho do que de uma realidade.[106]

Contudo, as pessoas mais lúcidas da Igreja logo perceberam a ambiguidade da situação de uma Igreja estreitamente unida ao Império Romano, e o entusiasmo dos primeiros tempos desembocou numa visão muito mais crítica, mesmo amarga. Isto aparece em um fragmento de Santo Hilário:

> [O imperador cristão Constâncio] apunhala-nos pelas costas, mas nos acaricia o ventre... Não nos destrói o caminho da liberdade, lançando-nos no cárcere, mas nos honra em seu palácio para escravizar-nos. Não dilacera nossas carnes, mas destroça nossa alma com ouro... Confessa a Cristo para negá-lo... Reprime heresias para destruir os cristãos... Constrói Igrejas para demolir a fé.

---

[106] EUSÉBIO DE CESAREIA. *Vida de Constantino*, 3,15.

Em todos os lugares tem teu nome à flor dos lábios, mas faz tudo o que pode para que ninguém creia que tu és Deus... Distribui entre seus seguidores sedes episcopais, substituindo o bons pelos malvados... Sua inteligência ultrapassa a do diabo, com um triunfo novo e inaudito: consegue perseguir sem fazer mártires.[107]

A Igreja obtém categoria imperial, é "senhora e dominadora", sente-se a presença do Reino de Deus sobre a terra. De uma Igreja de convertidos que tinham de passar pelo catecumenato para aceder aos sacramentos da iniciação cristã, passa-se a uma Igreja de Batismos maciços de crianças.

Perante tal situação, o Espírito suscitou o movimento de cristãos, homens e mulheres cheios de Espírito (pneumatóforos) que se dirigiam ao deserto para viver a radicalidade da vida cristã: o que é conhecido sob o nome de "monacato". Não rompem com a instituição eclesial, mas mantêm certa distância geográfica em relação às sedes episcopais urbanas, a fim de viver mais fielmente o Evangelho em um clima de pobreza, ascetismo, oração, trabalho e solidariedade com os necessitados. Dizem querer imitar a vida dos apóstolos, a vida da comunidade primitiva de Jerusalém; afirmam ser os sucessores dos mártires e lutam contra o demônio; ou seja, pretendem fazer uma espécie de exorcismo de uma sociedade que se chama cristã, mas que não renunciou a seus vícios pagãos.

Não é aqui o momento de fazer uma história do monacato, mas tão somente de indicar que se trata de uma reação profética, de uma contestação da incipiente Igreja de Cristandade.[108] Esta é a origem profética da vida

---

[107] HILÁRIO. *Contra Constantinum imperatorem*, 4-5; PG 10, 580-581.
[108] Pode-se ver uma breve síntese do monacato em: CODINA, V.; ZEVALLOS, N. *Vida religiosa. Historia y teologia*. Madrid, 1987. p. 23-37.

religiosa na Igreja, um carisma suscitado pelo Espírito que denuncia a presença do pecado na sociedade e na própria Igreja, e que quer voltar ao Evangelho. A intuição do "seguimento de Cristo" dos monges foi recebida criativamente no âmbito da Igreja e foi crescendo como "árvore plantada por Deus e maravilhosa e variamente ramificada no campo do Senhor" (LG, n. 43), ensejando uma rica variedade de formas de vida religiosa. Contudo, a própria vida monástica e religiosa necessitará continuamente ser discernida[109] e muitas vezes reformada,[110] pois tende a deixar o deserto, a margem e a fronteira, para se instalar também, ela mesma, no centro do poder.

A interpelação do Oriente

A evolução da Igreja no sentido de uma Igreja de Cristandade, que começara com a conversão de Constantino, culmina no séc. XI com a reforma do Papa Gregório VII.

Este antigo monge de Cluny, para defender a liberdade da Igreja perante os príncipes seculares e os senhores feudais, centraliza a estrutura eclesial, convertendo a Igreja em uma imensa abadia sob o controle papal. Desaparece a eclesiologia da Igreja local; cessa a participação dos fiéis na nomeação dos bispos e na vida cristã; a comunidade cristã se divide entre clérigos e leigos; a teologia deixa de ser simbólica, como na época patrística, para ser cada vez mais racionalista; a sede romana tem poder espiritual, mas também temporal; a Pneumatologia se obscurece.

---

[109] Além das extravagâncias dos monges que viviam nas árvores (dendritas) ou em colunas (estilitas), a Regra de São Bento adverte contra os monges vagabundos (giróvagos) e os que buscavam desculpas para fazer sempre o próprio capricho (sarabaítas).

[110] A própria vida beneditina viveu as reformas de Bento de Aniane, Cluny, o Cister, a Trapa...

Neste clima se gera e se consuma a ruptura com a Igreja do Oriente, a qual – mais próxima das origens bíblicas e patrísticas, mais sensível ao mistério trinitário e, em especial, ao Espírito, mais carismática do que jurídica, embora tenha tido suas tensões com a Igreja romana por motivos políticos, culturais e religiosos – manteve a comunhão com Roma enquanto se respeitou a eclesiologia das Igrejas locais. Agora, no clima da reforma gregoriana, vive um estranhamento e uma asfixia que conduz à ruptura. A ocasião se deu quando, em 1054, o Cardeal de Silva Cândida excomungou a Igreja de Constantinopla.[111]

Todavia, como escreve João Paulo II:

> E se, lentamente, já nos primeiros séculos da era cristã, foram surgindo contraposições no interior do corpo da Igreja, não podemos esquecer que durante todo o primeiro milênio, não obstante as dificuldades, perdurou a unidade entre Roma e Constantinopla. Compreendemos cada vez melhor que não foi tanto um episódio histórico ou uma simples questão de preeminência a dilacerar o tecido da unidade, mas um progressivo alheamento, de modo que a diversidade dos outros deixou de ser percebida como riqueza comum, para ser vista como incompatibilidade.[112]

O Oriente representava para a Igreja romana uma voz profética que podia ajudá-la a enriquecer-se com uma visão mais ampla e pluralista da Igreja, a manter presentes e vivas as duas mãos do Pai. O Ocidente, no entanto, foi-se esquecendo da missão do Espírito.

---

[111] Mais adiante, veremos o papel que desempenhou nesta separação a questão do *Filioque*. Cf. CODINA, V. *Los caminos del Oriente cristiano*. Santander: Sal Terrae, 1997. p. 17-28.

[112] JOÃO PAULO II. *Orientale Lumen*, n. 18.

Lamentavelmente, essa interpelação do Oriente acabou em ruptura; contudo, ainda agora, desde a separação, continua chamando-nos a uma conversão a uma Igreja mais aberta ao Espírito. Isto favoreceria a unidade ecumênica de ambas as Igrejas.

Movimentos laicais e populares (sécs. XI-XIII)

O processo de clericalização, centralismo e também mundanização da Igreja vai crescendo na Igreja romana. A teocracia pontifícia alcança seu apogeu. O papa deixa de ser vigário de Pedro e servo dos servos de Deus (Gregório Magno) para ser chamado Vigário de Cristo, Cabeça da Igreja, mediação entre Deus e a humanidade.

A sociedade feudal entra em crise, surgem as cidades, uma cultura urbana e associativa, nascem as vilas francas, os burgos, inicia-se o comércio, começa certa secularização e uma ciência mais empírica. O próprio monacato é incapaz de responder aos novos desafios.

Também neste contexto surge uma contestação profética, na qual, como de costume, mesclam-se as ambiguidades, os erros e as deficiências humanas com a profunda inspiração do Espírito. Aparece uma série de movimentos laicais que querem voltar à Igreja das origens, a uma Igreja pobre e simples, não clerical, fraterna e comunitária, que goze da liberdade do Espírito, que viva o Evangelho mais radicalmente, que antecipe a escatologia. Alguns movimentos adotaram posturas radicais, postulando maior presença do Espírito na Igreja, mas muitas vezes sem integrar adequadamente a dimensão mais visível, encarnatória, sacramental e apostólica da Igreja.[113]

---

[113] ESTRADA, J. A. Un caso histórico de movimientos por una Iglesia popular: movimientos populares de los siglos XI e XII. *Estudios Eclesiásticos* 65 (1979) 171-200.

Cátaros, albigenses, valdenses, humilhados, pobres de Deus... desembocaram em posturas anti-hierárquicas, antissacramentais e, às vezes, milenaristas, que entraram em conflito com a Igreja romana. Também a postura espiritualista de Joaquim de Fiore (1135-1202), que preconizava a chegada de uma era do Espírito que suprimiria e anularia a era de Cristo, chocou-se com a fé da Igreja.

Em contrapartida, os movimentos mendicantes (franciscanos, dominicanos, servitas...), que coincidiam em muitos aspectos com os anteriores, foram aprovados pela hierarquia da Igreja porque souberam conciliar a dimensão pneumática da Igreja com sua dimensão cristológica: são pobres, mendicantes, simples, menores, que vivem em fraternidades e comunidades entre os pobres dos subúrbios das cidades nascentes, vivem o evangelho sem glosa e sob o vento do Espírito, mas tudo isso em comunhão eclesial com o Papa ("o Senhor Papa") e com os bispos, colaborando com seu trabalho missionário, apostólico e intelectual com a missão universal da Igreja de seu tempo. A Igreja, ao aprovar os mendicantes, reconhece esta presença profética do Espírito, mesmo que, no fundo, a vida dos mendicantes questione a própria estrutura eclesial.[114]

O Espírito não suprime nem suplanta a missão de Jesus, mas a orienta, complementa e vivifica. Em confronto com o mistério de Jesus morto e ressuscitado é que se discerne se um espírito é autenticamente cristão. O Espírito não deixa de renovar continuamente a Igreja, mesmo que, amiúde, não seja fácil discerni-lo

---

[114] O filme de Zefirelli *Irmão Sol, irmã Lua* mostra em imagens gráficas o contraste entre a luxuosa pirâmide romana formada pelo papa e pelos cardeais vestidos de vermelho e a humildade e pobreza de Francisco e de seus companheiros, que lhes pedem sua aprovação.

com clareza, porque não se encarna em ninguém e move a todos a partir de dentro, em meio a suas limitações e pecados.

A Reforma

É-nos difícil compreender, hoje, o que supôs a decadência da Igreja na baixa Idade Média, no outono medieval. Vive-se uma sensação de insegurança e de angústia na sociedade e na Igreja, pois se dissolveram os marcos medievais de referência.

Os papas vivem uma grande mundanização e estão mais preocupados em promover a arte renascentista e defender os Estados pontifícios do que em incentivar a pastoral.[115] O baixo clero vive entre a ignorância e o relaxamento. A espiritualidade e a devoção populares estão marcadas por uma prática devocional intensa (peregrinações, indulgências, relíquias, procissões...), mas enfermiça, sem raízes autenticamente bíblicas nem litúrgicas, com um medo invencível do demônio e uma obsessão doentia pelo pecado. Ademais, há guerras, pestes, movimentos apocalípticos e milenaristas...

A teologia, passado o esplendor da primeira escolástica dos mendicantes (Tomás de Aquino, Boaventura...), tornou-se decadente, afetada pelo nominalismo e pelo racionalismo. Nasce a eclesiologia, no séc. XIV, como tratado teológico independente (Egídio Romano, Jaime de Viterbo), preocupada sobretudo com a defesa do poder do papa diante do poder do imperador. Há uma

---

[115] Eis aqui o testemunho do Papa Adriano VI: "Sabemos muito bem que nesta Santa Sé, há muitos anos, aconteceram coisas abomináveis... Todos nós, prelados e eclesiásticos, desviamo-nos do caminho do direito, e já faz tempo que não há um sequer que faça o bem". *Deutsche Reichstagakten unter Karl VI, Gotha 1896*, III, 74,387. Citado por: VELASCO, R. *La Iglesia de Jesús*. Estella: Verbo Divino, 1992. p. 204.

identificação entre a Igreja e o papa, que tem o poder diretamente derivado de Deus, que lhe dá competência ilimitada no espiritual e no temporal. A Igreja é uma sociedade jurídica governada pelo papa como bispo universal, ao estilo jurídico do Estado. O jurídico passa por cima do sacramental e do pastoral.

Ao mesmo tempo, alvorece um mundo novo, com descobrimentos científicos e geográficos, renascimento humanístico, sentido da liberdade e da individualidade...

Neste clima, a Reforma é um movimento profético que quer devolver à Igreja seu rosto evangélico. Não é correto, nem histórica nem teologicamente, contrapor a Contrarreforma à Reforma, como se fossem dois movimentos opostos: o movimento católico frente o protestante. Na realidade, trata-se de um mesmo movimento convergente, que, sem dúvida, o Espírito suscitou na Igreja como protesto profético perante uma situação de decadência moral e espiritual. No fundo, tanto a Reforma católica quanto a protestante querem voltar às fontes da vida cristã, ao Evangelho; querem renovar a fé no mistério do Deus transcendente e misericordioso que nos salva por Cristo Crucificado; querem chamar à conversão dos costumes, à oração e à confiança em Deus e no poder de sua graça; querem trabalhar pelo Reino de Deus, que é diferente dos reinos deste mundo; querem reformar a Igreja, respeitar a liberdade de consciência, viver na fidelidade ao Espírito. As experiências espirituais de Lutero e de Inácio de Loyola são mais semelhantes do que muitos suspeitam.

O que aconteceu é que, como nos movimentos laicais medievais, posto que todos quisessem reformar a Igreja a partir de dentro, por causa de uma série complexa de motivos pessoais e históricos, um grupo acabou rompendo com a Igreja romana (Reforma protestante, com suas variantes alemã, suíça e anglicana...), ao passo que outro setor, apesar das tensões, pôde reformar a Igreja a partir de dentro mantendo-se em comunhão com Roma (Teresa, João da Cruz, Inácio, clérigos regulares...). Essa Reforma católica é a que depois de Trento adotará a índole apologética de Contrarreforma.

Se a Igreja romana tivesse aprendido a lição da separação do Oriente, se tivesse lido em profundidade o que significavam os movimentos laicais medievais e os mendicantes, certamente a Reforma não teria sido necessária. A Igreja tem muita dificuldade em chegar a discernir com profundidade o que o Espírito está dizendo, compreender que não se deve sentir atacada quando surgem novos movimentos proféticos, aceitar a pluralidade de carismas, ler a história com olhos da fé e ver que o Espírito não deixa de renovar continuamente a Igreja e de chamá-la a reformar-se continuamente. Desta força do Espírito vive ainda hoje a Igreja da Reforma separada de Roma, como o próprio Concílio Vaticano II reconheceu (UR, nn. 20-23).

Os defensores dos índios

A historiografia hispânica apresentou, durante séculos, a conquista e a evangelização da América como um empreendimento grandioso, o mais notável depois da criação e da redenção de Nosso Senhor Jesus Cristo (de acordo com o cronista López de Gómara), e considerou como "lenda negra" todas as críticas à Coroa espanhola. Para Menéndez Pelayo, Bartolomeu de las Casas era um louco paranoico.

Afortunadamente, hoje se tem uma visão mais crítica e real da conquista, dos verdadeiros interesses que se encobriam sob a ideologia religiosa, da crueldade terrível dos conquistadores, do genocídio que se perpetrou entre os habitantes daquelas terras, da exploração de suas riquezas, da destruição de culturas e da extirpação das religiões nativas, consideradas idolátricas e diabólicas. Também hoje se tem consciência da grande ambiguidade de uma evangelização cheia de luzes e sombras, marcada pela estreita união entre a espada e a cruz, entre os missionários e os conquistadores.

O próprio Bento XVI, que em seu discurso de inauguração de Aparecida (13 de maio de 2007) havia apresentado uma visão demasiado otimista da evangelização da América Latina, teve de retificar sua postura perante a multidão de críticas recebidas, e na audiência de 23 de maio, em Roma, afirmou:

> Certamente que a recordação de um passado glorioso não pode ignorar as sombras que acompanharam a obra da evangelização do continente latino-americano: não é possível esquecer os sofrimentos e as injustiças que infligiram os colonizadores às populações indígenas, pisoteadas em seus direitos humanos fundamentais. Mas a obrigatória menção desses crimes injustificáveis – já condenados por missionários como Bartolmeu de las Casas e por teólogos como Francisco de Vitória, da Universidade de Salamanca – não deve impedir de reconhecer com gratidão a admirável obra realizada pela graça divina entre essas populações ao longo dos séculos.[116]

Este não é o espaço para se traçar a história da conquista e da evangelização. Queremos apenas indicar

---

[116] Pode-se conferir a citação no *Documento de Aparecida*, n. 5, nota 4. O mesmo *Documento* publica também, no final, o Discurso inaugural de Bento XVI.

que, em meio àquele mundo de horror, surgiram vozes proféticas da parte de missionários, bispos e religiosos em favor dos índios: os chamados "defensores dos índios".[117]

O *Documento da III Assembleia de Bispos Latino-Americanos*, reunida em Puebla (1979), resume em um célebre parágrafo o que queremos expressar aqui:

> Intrépidos lutadores em prol da justiça e evangelizadores da paz como Antônio de Montesinos, Bartolomeu de las Casas, João de Zumárraga, Vasco de Quiroga, João del Valle, Julián Garcés, José de Anchieta, Manuel da Nóbrega e tantos outros que defenderam os índios perante os conquistadores e encomendeiros até com a própria morte, como o bispo Antônio Valdivieso, demonstram, com a evidência dos fatos, como a Igreja faz a promoção da dignidade e da liberdade do homem latino-americano.[118]

O mesmo documento menciona também todo o empenho missionário de todo o Povo de Deus, suas incontáveis iniciativas de caridade, assistência e educação; as sínteses de evangelização e de promoção humana das missões franciscanas, agostinianas, dominicanas, jesuítas e mercedárias; a criatividade na pedagogia da fé, conjugando a música, o canto, a dança, a arquitetura, a pintura, o teatro...; o impulso de criação de universidades e escolas; a elaboração de dicionários, gramáticas, catecismos nas diversas línguas etc.[119]

Em suma, diante de um mundo cheio de crueldade e atropelo dos direitos humanos dos índios, o Espírito faz surgir vozes proféticas que não apenas denunciam esta

---

[117] CODINA, V. Opción por los pobres en la Cristiandad colonial: los obispos protectores del Indio (ss. XVI-XVII). In: *Seguir a Jesús hoy*. Salamanca, 1988. p. 235-256. Cf. o livro clássico de: DUSSEL, E. *El episcopado latinoamericano y la liberación de los pobres (1504-1620)*. México, 1979.

[118] *Puebla*, n. 8.

[119] Ibid., n. 9.

situação injusta, mas que tentam reverter a história por caminhos de humanização e de integração da fé com a justiça e com as culturas.

A minoria do Concílio Vaticano I

O Concílio Vaticano I, convocado por Pio IX (1846-1878), fazia parte de um plano papal de reforma da Igreja, cujos passos prévios foram a proclamação do dogma da Imaculada Conceição de Maria (1854) e a publicação do *Syllabus* (1864), que era uma condenação dos erros modernos (panteísmo, racionalismo, indiferentismo, socialismo, liberdade religiosa, estatismo, galicanismo, laicismo, franco-maçonaria...). O Concílio Vaticano I devia condenar os erros da Modernidade, como Trento havia condenado o Protestantismo, afirmando o triunfo da autoridade divina da revelação (constituição *Dei Filius*, sobre a fé) e o triunfo da autoridade e da infalibilidade papal diante das tendências desagregadoras da Igreja (constituição *Pastor Aeternus*, sobre a Igreja). Isto se dá em um contexto histórico em que o papado se confronta com os membros da reunificação italiana, que querem anexar os Estados pontifícios à nova nação que se está urdindo. O próprio Concílio foi interrompido no dia 18 de julho de 1870, e dois meses depois, no dia 20 de setembro, as tropas de Vítor Emanuel atravessavam a Porta Pia romana.

Sem entrar aqui nos detalhes históricos do desenvolvimento do Concílio,[120] queremos, no entanto, ressaltar que, perante a corrente oficial, que defendia

---

[120] Pode-se consultar os livros clássicos de: AUBERT, R. *Pío IX y su época*. Valencia, 1974. MARTINA, G. *La Iglesia de Lutero a nuestros días*, III. Madrid, 1974. E os mais recentes de: ESTRADA, J. A. *Iglesia, identidad y cambio. El concepto de Iglesia de Vaticano I a nuestros días*. Madrid, 1985. SCHATZ, K. *Los concilios ecuménicos. El Concilio Vaticano I*. Madrid, 1999. p. 203-246.

ardentemente a infalibilidade papal e a exaltação da figura do papa sem uma eclesiologia suficiente subjacente, havia uma minoria de bispos que representavam outra mentalidade teológica.

Esses bispos e teólogos buscavam uma renovação eclesiológica mais sacramental e pneumatológica do que jurídica; uma Igreja de comunhão estreitamente ligada ao mistério trinitário (escola de Tübingen e romana), que respeitasse mais a autonomia colegial do episcopado (bispos orientais e franceses, alguns com mentalidade galicana) e que levasse em conta a evolução histórica da Igreja e a liberdade pessoal e religiosa das pessoas (bispos alemães, J. H. Newman[121]).

Prevaleceu a corrente oficialista, apoiada pelo próprio Pio IX, que chegou a dizer: "A tradição sou eu". E ainda que seja certo o que afirma o teólogo J. Ratzinger – que o Concílio condenou tanto o episcopalismo quanto o papalismo, ou seja, as correntes mais extremas, quer ultramontanas, quer galicanas –, no entanto o Concílio Vaticano I representa a culminância da evolução da Igreja de Cristandade do segundo milênio (W. Kasper) e o triunfo do Catolicismo intransigente e de uma eclesiologia hierarcológica (Y.–M. Congar).

À luz da Pneumatologia, podemos ver nesta minoria do Concílio Vaticano I uma voz profética do Espírito, apesar de, como sempre, mesclada com as inevitáveis limitações, ambições e erros humanos. Dentro dessa minoria houve uma facção extrema que não aceitou a infalibilidade papal (Doellinger e alguns bispos), cujo membros foram excomungados e se separaram da Igreja

---

[121] J. H. Newman acreditava que a definição do primado pontifício era um luxo, não uma necessidade. Cf. CONZEMIUS, V. ¿Por qué tuvo lugar en 1870 la definición del primado pontificio? *Concilium* 64 (1971) 69.

Católica, formando o grupo dos chamados "veterocatólicos". Os demais bispos e teólogos da minoria aceitaram o Concílio, mas não deixaram de trabalhar por uma estrutura mais comunitária e colegial da Igreja.

O que a minoria do Concílio Vaticano I queria e não logrou ver foi o que se realizou no Concílio Vaticano II, que "recebeu" o Concílio Vaticano I, isto é, não o negou, mas o assumiu, reinterpretando-o, porém, dentro de uma eclesiologia de uma Igreja mistério de comunhão (LG, cap. I) e Povo de Deus (LG, cap. II), em que o papa aparece como cabeça do colégio episcopal, e sua infalibilidade faz parte da infalibilidade que o Senhor quis que toda a Igreja tivesse (LG, cap. III).

Isto nos leva a refletir sobre a dimensão profética do Concílio Vaticano II.

O Concílio Vaticano II

Hoje ninguém duvida de que o Concílio Vaticano II (1962-1965) significou uma grande irrupção do Espírito na Igreja, um verdadeiro Pentecostes, como havia pedido João XXIII. Ordinariamente, porém, o Espírito prepara lentamente seus caminhos, não irrompe de improviso. Por isso temos de considerar o Concílio Vaticano II em todo seu processo dinâmico através do tempo.

Movimentos de renovação anteriores ao Concílio

Depois das duas guerras mundiais, surge na Igreja, em meados do séc. XX, uma série de movimentos renovadores, indubitavelmente inspirados pelo Espírito, que vão constituir a base, o húmus do que haverá de florescer na primavera eclesial do futuro Concílio. Tais movimentos têm uma dupla orientação. Por um lado, voltam às fontes originárias da Igreja e, por outro, abrem-se ao mundo moderno.

Dentre os movimentos que recuperam o frescor das fontes da Igreja primitiva, é preciso apontar:

- o movimento bíblico, que recorre à Escritura como novo rigor científico e, ao mesmo tempo, respirando o ar novo que proporcionou a encíclica *Divino Afflante Spiritu*, de Pio XII (1943);

- o movimento patrístico, que redescobre a riqueza teológica, pastoral e espiritual dos Padres da Igreja, tanto do Oriente quanto do Ocidente;

- o movimento litúrgico, que retorna à liturgia como celebração viva do mistério pascal por toda a assembleia, para além das rubricas;

- o movimento catequético, que inspirará a moderna catequese à luz do melhor da tradição antiga;

- o movimento teológico eclesial, que excede a eclesiologia juridicista do segundo milênio, que definia a Igreja como "sociedade perfeita", e busca voltar à eclesiologia do primeiro milênio, a do Povo de Deus (Cerfaux, Koster), corpo místico de Cristo (Mersch, Tromp, *Mystici Corporis* de Pio XII, 1943), mistério de comunhão, em que o cristológico e o pneumatático, o institucional e o carismático se reúnam, se enriqueçam e se complementem mutuamente.

Contudo, existem também outras fontes de renovação que nascem muito mais da abertura aos sinais dos tempos do mundo moderno. Dentre elas, mencionemos:

- o movimento ecumênico, nascido no mundo protestante para refazer a unidade da Igreja, dilacerada pelas divisões;

- o movimento social, muito sensível à questão operária e aos pobres, com tudo o que isto implica perante a orientação da Igreja e a evangelização dos setores populares; a experiência dos sacerdotes operários é um sinal desta abertura nova ao social, que ultrapassa a Doutrina Social da Igreja;
- o movimento laical começa a surgir a partir da tomada de consciência da dignidade de todo batizado e do compromisso dos leigos pela transformação da sociedade; tal movimento questiona, evidentemente, uma Igreja clerical em que os leigos não têm maioridade nem legítima autonomia;
- a abertura da teologia ao mundo moderno busca dialogar com os "mestres da suspeita", com as ciências, a história, a economia, a evolução, a sociologia, a psicologia, a sexualidade, a linguagem...: com as chamadas "realidades terrenas" (G. Thils).

Como indicamos anteriormente, muitos destes movimentos foram questionados pela Igreja oficial: a encíclica *Humani Generis*, de Pio XII (1950), condenou a nova teologia que surgia em diferentes institutos teológicos da Europa Central e privou de suas cátedras os representantes dessa teologia: Congar, Chenu, Daniélou, De Lubac... Estes serão, juntamente com outros de igual modo suspeitos (Rahner, Lyonnet, Häring...), os grandes teólogos do Concílio Vaticano II, não sem antes ter passado pelo sofrimento da cruz e ter acrisolado sua fé e seu amor à Igreja.

O Concílio Vaticano II como evento episcopal

A figura carismática de João XXIII catalisou todo este dinamismo convocando o Concílio. Para ele, o Concílio Vaticano II significava abrir a janela para que o vento do Espírito soprasse sobre a Igreja e removesse o pó acumulado durante séculos. Já em seu discurso inaugural surpreendeu ao falar que, diante das condenações e anátemas de outros concílios, ele desejava empregar a disciplina da misericórdia; diante do imobilismo, ele queria adaptar o depósito da fé às novas exigências dos tempos; e perante os "profetas de calamidades", ele preferia confiar na Providência de Deus, que guia e rege a história da humanidade e da Igreja, através das pessoas, sem que elas o esperem.

Paulo VI, seguramente menos carismático do que João XXIII, mais intelectual e homem da cúria vaticana, levou o Concílio Vaticano II a bom termo.

Não podemos valorizar a dimensão pneumatológica do Concílio Vaticano II a partir do número de referências ao Espírito (umas 260 vezes), alusões por vezes sugeridas por protestantes e ortodoxos. A dimensão pneumatológica do Concílio Vaticano II mostra-se na transformação do modelo eclesial de Cristandade e no retorno a uma Igreja mais próxima de suas origens bíblicas e patrísticas, a Igreja de comunhão típica do primeiro milênio. Há, pois, uma transição de uma Igreja clerical e identificada com a hierarquia para uma Igreja Povo de Deus; de uma Igreja juridicista, definida como sociedade perfeita, para uma Igreja mistério que brota da Trindade; de uma Igreja triunfalista para uma Igreja que peregrina rumo à escatologia; de uma Igreja única arca de salvação para uma Igreja sacramento de salvação; de uma Igreja centrada em si mesma para uma Igreja voltada para Cristo, Luz das nações; de uma eclesiologia cristomonística para uma Igreja trinitária, em que a presença do Espírito é claramente afirmada; de uma Igreja centrípeta para uma Igreja centrífuga, orientada para o

Reino de Deus; de uma Igreja centralizadora para uma Igreja de corresponsabilidade; de uma Igreja senhora, mãe e mestra, para uma Igreja servidora; de uma Igreja comprometida com o poder para uma Igreja solidária com os pobres; de uma Igreja à margem e contrária ao mundo moderno para uma Igreja neste mundo moderno e em diálogo com ele.[122]

Esta recuperação pneumatológica repercute, evidentemente, em toda a eclesiologia e, como vimos, supõe uma recuperação do sentido da fé do povo cristão, dos carismas hierárquicos e não hierárquicos, das Igrejas locais, da colegialidade episcopal, do laicato, da vida religiosa como algo que pertence à vida da Igreja, da vocação universal à santidade, da opinião pública, da recepção, da liberdade religiosa, do diálogo com as religiões não cristãs, da necessidade de uma contínua reforma e conversão na Igreja, da dimensão missionária como algo que afeta toda a Igreja etc.

Um texto conciliar pode resumir esta dimensão pneumatológica recuperada no Concílio Vaticano II:

> Consumada a obra que o Pai confiou ao Filho para ele cumprir na terra (cf. Jo 17,4), foi enviado o Espírito Santo no dia de Pentecostes, para que santificasse continuamente a Igreja e deste modo os fiéis tivessem acesso ao Pai, por Cristo, num só Espírito (cf. Ef 2,18). Ele é o Espírito de vida, ou a fonte de água que jorra para a vida eterna (cf. Jo 4,14; 7,38-39); por quem o Pai vivifica os homens mortos pelo pecado, até que ressuscite em Cristo os seus corpos mortais (cf. Rm 8,10-11). O Espírito habita na Igreja e nos corações dos fiéis, como num templo (cf. 1Cor 3,16; 6,19), e dentro deles ora e dá testemunho da adoção de filhos (cf. Gl 4,6; Rm 8,15-16.26).

---

[122] ALMEIDA, A. J. de. *Lumen Gentium. A transição necessária.* São Paulo: Paulus, 2005.

A Igreja, que ele conduz à verdade total (cf. Jo 16,13) e unifica na comunhão e no ministério, enriquece-a ele e guia-a com diversos dons hierárquicos e carismáticos e adorna-a com os seus frutos (cf. Ef 4,11-12; 1Cor 12,4; Gl 5,22). Pela força do Evangelho rejuvenesce a Igreja e renova-a continuamente e leva-a à união perfeita com o seu Esposo. Porque o Espírito e a Esposa dizem ao Senhor Jesus: "Vem" (cf. Ap 22,17)! Assim, a Igreja toda aparece como "um povo unido pela unidade do Pai e do Filho e do Espírito Santo" (LG, n. 4).

Primavera e inverno pós-conciliar

O Concílio Vaticano II despertou na Igreja uma profunda renovação, uma verdadeira primavera pós-conciliar, um grande entusiasmo, um verdadeiro *kairós* ou tempo de graça.

Isso ecoou e se manifestou nos diversos âmbitos da vida eclesial: em maior proximidade ecumênica com as Igrejas cristãs, em impulso do diálogo com as diversas religiões, na renovação da liturgia (uso de línguas vernáculas, de novos rituais), na criação das conferências episcopais e dos sínodos romanos, na renovação dos seminários e da vida sacerdotal, no diaconato permanente, em grande transformação da vida religiosa, em revitalização da teologia...; enfim, na aparição de uma mentalidade nova que se chamou "conciliar", para distingui-la da "pré-conciliar". Viveram-se momentos de grande sonho e entusiasmo eclesial, espiritual e pastoral.

Contudo, tal como em toda primavera se produzem degelos e avalanchas da neve acumulada durante o inverno, também no pós-concílio deram-se excessos, exageros, abusos e deserções. Isto provocou uma reação contra o Concílio Vaticano II por parte de setores que jamais chegaram a aceitá-lo. O caso mais extremo foi o do integrista monsenhor Lefebvre, que acabou excomungado por João Paulo II em 1988. Mas, sem chegar a esses extremos, muitos começaram a ver no Concílio Vaticano II a causa de todos os males da Igreja.

Isso provocou, como reação, uma retirada eclesial que se iniciou já no final do pontificado de Paulo VI e que se manteve durante o de João Paulo II. É o que foi chamado de "inverno eclesial" (Rahner), "restauração" (G. C. Zízola), "volta à grande disciplina" (J. B. Libanio), "noite escura" (J. I. Gonzáles Faus), "involução eclesial" (Concilium)... A minoria eclesial, que no Concílio Vaticano II havia ficado de algum modo marginalizada, agora desfralda as bandeiras da Cristandade (G. Alberigo).

Os sintomas deste inverno eclesial são claros: reanimação do centralismo eclesiástico, liderança crescente da Congregação para a Doutrina da Fé, freio ao ecumenismo, medo do diálogo inter-religioso, conflitos com os setores mais dinâmicos da vida religiosa, censura a teólogos, volta à liturgia pré-conciliar, debilitação das conferências episcopais e revigoramento das nunciaturas, auge de novos movimentos eclesiais de cunho espiritualista e conservador, nomeação de bispos de linha mais tradicional do que profética, leitura minimalista do Concílio Vaticano II e tendência a voltar a posturas eclesiológicas pré-conciliares, questionamento de algumas figuras conciliares (como K. Rahner) e exaltação de outras que não haviam intervindo no Concílio, como H. U. von Balthasar etc.

Seria falso dizer que o Concílio Vaticano II ficou enclausurado. O próprio João Paulo II, em sua carta *Tertio Millennio Adveniente*, exorta à sua plena recepção (n. 36). É inegável, porém, que nos achamos diante de novo contexto eclesial, marcado também pelas mudanças sociais do mundo de hoje: queda do muro de Berlim, triunfo do neoliberalismo, auge da Pós-Modernidade, atentado de 11 de setembro de 2001 contra as Torres Gêmeas e o Pentágono, medo do terrorismo, forte presença do Islamismo no âmbito internacional, guerras no Oriente e na África, aumento de refugiados e migrantes, consciência do desastre ecológico que se vai produzindo, avanço insuspeitado da tecnologia e dos meios de comunicação social (MCSs) etc.

Lições da história da Igreja

Antes de tratar de outros temas sobre a situação atual da Igreja, gostaríamos de refletir brevemente sobre algumas lições que podemos tirar da história dos movimentos proféticos na Igreja.

A primeira coisa que deve ser afirmada é que o Espírito nunca abandona a Igreja do Senhor Jesus. Posto que a teologia se tenha esquecido da Pneumatologia ou a tenha silenciado na Igreja de Cristandade, o Espírito de vida continua presente na comunidade cristã, atuando, movendo, dirigindo a partir de dentro seus caminhos.

O Espírito, também na Igreja de Cristandade, faz com que se mantenha viva a fé em Cristo, que não decresça o amor, que não faltem santos e mártires, que haja pastores para o povo, que os sacramentos sejam frutuosos, que a religiosidade do povo não desapareça, que não cessem os carismas, que não faltem nem místicos nem profetas, que surjam vocações missionárias, que haja catequistas, teólogos e mestres, que as mães transmitam a fé a seus filhos, que os pobres não fiquem abandonados, que não se perca a esperança mesmo em meio a dificuldades e sofrimentos, que os pecadores obtenham o perdão e os anciãos não temam a morte, que a comunidade eclesial se mantenha unida apesar de todas as divisões, que a santidade vença e supere o pecado, que a Igreja, não obstante ser pecadora, seja a santa Igreja do Senhor.

Neste contexto, é preciso ressaltar as vozes proféticas que, como vimos, o Espírito suscita continuamente na Igreja, como polo profético diante de uma instituição que com frequência se esclerosa, se enrijece, se afasta das fontes vivas do Evangelho, se sente possuidora da verdade absoluta, busca mais seu poder e seu prestígio do que o bem do povo, mesmo que o faça "em nome de Deus". Toda instituição humana tende a degenerar e necessita do contraponto da crítica e do confronto de outros segmentos. A Igreja não escapa a essa lei sociológica.

Por isso o Espírito suscita diferentes pessoas, grupos e movimentos proféticos que querem que a Igreja volte às fontes mais primitivas do Evangelho e ausculte os sinais dos tempos. Tais movimentos, pessoas ou grupos proféticos suscitados pelo Espírito têm algumas características constantes.

Surgem desde a base, do deserto, da periferia, da fronteira, não a partir do centro do poder eclesial ou social; nascem a partir do não poder, da margem; possuem origem humilde. Não aconteceu o mesmo com as grandes figuras bíblicas do Antigo Testamento e, acima de tudo, com Jesus, pobre carpinteiro de um desconhecido povoado chamado Nazaré?

Todavia, diferentemente da encarnação do Filho em Jesus, o Espírito não se encarna em ninguém. Por isso, ordinariamente, a voz genuína do Espírito se mistura aos condicionamentos, limitações, erros e pecados das pessoas e dos grupos. Por conseguinte, como vimos, alguns desses grupos degeneraram em heresias e acabaram se afastando da Igreja.

Isso justifica a necessidade de a Igreja, principalmente de seus dirigentes, fazer um verdadeiro discernimento dos espíritos sobre essas vozes proféticas, discernimento que requer tempo e paciência. A tentação dos dirigentes é a pressa, o não consultar nem esperar, mas condenar e extinguir o Espírito.

Há outra tentação bastante sutil, talvez a pior: a de aceitar esses movimentos proféticos para cooptá-los, domesticá-los, torná-los inofensivos e não perigosos para a instituição. É o que, segundo dizem, fazem as formigas com os grãos de trigo: arrancam-lhes seu ponto germinal para que não cresçam e, assim, possam ser armazenados tranquilamente em seus formigueiros como alimento para o tempo de inverno... Não foi o que se fez com alguns movimentos laicais medievais, com alguns grupos da Reforma... e é o que se tenta fazer com o próprio Concílio Vaticano II?

Por tudo o que se disse anteriormente, todos estes grupos e vozes proféticas têm muitas dificuldades em ser aceitos. Ordinariamente, no começo, são incompreendidos, e muitas vezes são rejeitados ou mesmo condenados sem motivo pelas autoridades oficiais. Isso constitui fonte de grande sofrimento e dor para tais vozes proféticas. Não foi o que aconteceu aos profetas de Israel e ao próprio Jesus em relação aos dirigentes religiosos de seu tempo?

A fim de discernir esses movimentos é preciso ver se suas aspirações tendem, em última instância, a voltar ao Jesus histórico de Nazaré, o que foi crucificado e ressuscitou, se têm como horizonte o Reino de Deus e se querem permanecer em comunhão com a comunidade eclesial e com seus pastores. Este é sempre o "teste" definitivo. O Espírito é dinamismo, força, ação, "verbo" (não "substantivo"), pois seu único conteúdo é a pessoa de Jesus, seu mistério pascal, sua missão.

Quando esses movimentos são assumidos em profundidade pela Igreja institucional, produzem muito fruto, um fruto antes insuspeitado, que é uma prova de que sua origem provém do Espírito do Senhor.

Mas, por seu turno, tais movimentos e vozes proféticas, uma vez aceitos oficialmente, correm o risco de cair na tentação do poder, de voltar ao centro e de se esquecer de sua origem marginal. Por isso muitas vezes degeneram de suas primeiras intenções e, para evitá-lo, necessitam de uma contínua reforma e de voltar à periferia de onde nasceram.[123]

Escutar o clamor do Espírito na Igreja de hoje

Diante da situação atual de inverno eclesial surgem muitas questões. Como viver e sentir-se Igreja neste inverno eclesial?[124] Outros se perguntam se o Espírito continua falando na Igreja de hoje e como escutá-lo e discerni-lo em meio a outras vozes. Vamos nos concentrar preferencialmente nesta última questão.

Não pretendemos fazer um elenco completo das questões pendentes para a Igreja de hoje. Outros já o

---

[123] As contínuas reformas da vida religiosa são um exemplo desta necessária refundação.
[124] Cf. CODINA, V. *Sentirse Iglesia en el invierno eclesial*. Cuadernos Cristianisme i Justicia, 45. Barcelona, 2006.

fizeram.[125] Limitar-nos-emos aos grandes âmbitos de onde se escuta a voz de protesto do povo católico e, através de seu clamor, a voz do Espírito. São muitas as vozes que afirmam que "outra Igreja é possível" e se perguntam se não é preciso "refundar a Igreja".[126]

A estrutura eclesiástica

Nós, católicos, não duvidamos da importância, necessidade e fundamentação teológica da primazia do bispo de Roma, que, como vigário de Pedro, preside as Igrejas na caridade, confirma-as na fé e mantém-nas em comunhão.[127] O que suscita uma grande contestação eclesial é o modo atual do exercício do dito primado.

Depois do Concílio, Paulo VI reconheceu, com grande honestidade, que o primado de Pedro, que devia ser símbolo de unidade eclesial, havia-se convertido no maior obstáculo para a unidade das Igrejas.[128]

O teólogo J. Ratzinger também estava consciente de que a Igreja Católica não podia considerar que a configuração do primado nos sécs. XIX e XX era a única possível, necessária para todos os cristãos, e que, consequentemente, "Roma não deve exigir do Oriente mais

---

[125] Cf., a título de exemplo, algumas obras: PÉREZ AGUIRRE, L. *La Iglesia increíble. Materias pendientes para el tercer milenio.* Montevideo, 1993. GONZÁLEZ VALLÉS, C. *Querida Iglesia.* Madrid, 1996. CRISTIANISME I JUSTÍCIA. *El tercer milenio como desafío a la Iglesia.* Barcelona, 1999. GONZÁLEZ FAUS, J. I. Para una reforma evangélica de la Iglesia. *Revista Latinoamericana de Teología* 8 (1986) 133-157.

[126] Veja-se o conjunto de seis cadernos do Centre d'Estudis Francesc Eiximenis, Barcelona, 2005, sobre a necessidade da refundação da Igreja, sob a responsabilidade de F. Martí, R. M. Nogués, P. Lluis Font, Ll. Duch, J. Huguet, N. Reverdín, G. Mora e J. I. González Faus.

[127] Veja-se uma boa fundamentação em: TILLARD, J. M. R. *El obispo de Roma.* Santander: Sal Terrae, 1986. E, mais recentemente, em: PIÉ-NINOT, *Eclesiologia,* p. 429-548.

[128] *AAS* 159 (1967) 498.

doutrina do primado do que a ensinada e formulada durante o primeiro milênio".[129]

Ademais, o próprio João Paulo II se sentia na responsabilidade de escutar a petição das comunidades cristãs que solicitavam um exercício do primado que, sem renunciar de nenhum modo ao essencial de sua missão, se abrisse a uma situação nova, e por isso pede a luz do Espírito para que pastores e teólogos das Igrejas busquem juntos as formas segundo as quais este serviço de fé e de amor se possa realizar de modo que seja reconhecido por todos.[130]

E acrescenta:

> Tarefa imensa, que não podemos recusar, mas que sozinho não posso levar a bom termo. A comunhão real, embora imperfeita, que existe entre todos nós, não poderia induzir os responsáveis eclesiais e os teólogos a instaurarem comigo, sobre este argumento, um diálogo fraterno, paciente, no qual nos pudéssemos ouvir, pondo de lado estéreis polêmicas, tendo em mente apenas a vontade de Cristo para a sua Igreja, deixando-nos penetrar do seu grito: "Que todos sejam um [...], para que o mundo creia que tu me enviaste" (Jo 17,21)?[131]

À solicitação de João Paulo II imediatamente surgiram respostas com diversas propostas que recolhem petições que há muito tempo se levantaram na Igreja.[132]

---

[129] RATZINGER, J. Prognose für die Zukunft des Ökumenismus. *Bausteine für die Einheit der Christen* 17 (1977) 10 (citação tirada de: ESTRADA, J. A. *Del misterio de la Iglesia al pueblo de Dios*. Salamanca, 1988. p. 112).

[130] JOÃO PAULO II, *Ut unum sint*, n. 95.

[131] Ibid., n. 96.

[132] Além dos autores citados anteriormente, vejam-se as contribuições de: QUINN, J. R. *La reforma del papado*. Barcelona, 2000. SCHICKENDANTZ, C. *¿Adónde va el papado?* Buenos Aires: Proyecto, 2001. ESTRADA, J. A. *La Iglesia, ¿institución o carisma?* Salamanca, 1984. p. 187-197; 238-243; 266-277. CRISTIANISME I JUSTÍCIA. *El tercer milenio como desafío para la Iglesia*. Barcelona, 1999.

Enumeremos as principais propostas que foram surgindo dos diversos lugares:

- que o papa deixe de ser chefe do Estado vaticano e se desligue totalmente do dito Estado, último reduto dos Estados pontifícios da Igreja de Cristandade; que, como bispo de Roma, resida em São João de Latrão, sede originária e cátedra do bispo de Roma;

- que o papa não delegue a outros sua primária tarefa pastoral de ser o bispo da Igreja local de Roma;

- que se suprima a estrutura medieval dos cardeais (colégio cardinalício, consistório de cardeais...), que tinha sentido enquanto estes eram os párocos de Roma que aconselhavam e elegiam seu bispo, o papa, mas que, hoje em dia, ficou totalmente defasada e superada, e constitui uma estrutura de Cristandade ("príncipes da Igreja") paralela às conferências episcopais;

- consequentemente, a eleição do papa não seja através dos cardeais, mas através dos presidentes das conferências episcopais, evitando, assim, que o papa eleja seu futuro sucessor;

- que se reforme profundamente a Cúria, de modo que esta não se interponha entre o papa e os bispos, e se respeite plenamente a colegialidade episcopal;

- concretamente, que se revise o modo de funcionamento da Congregação para a Doutrina da Fé, que é fonte de contínuos conflitos com os teólogos;

- que se suprimam as nunciaturas, pois a situação atual, na qual os núncios são bispos diplomáticos sem dioceses, é eclesiologicamente anômala, um resíduo da Igreja de Cristandade, e não corresponde à eclesiologia do Concílio Vaticano II; as relações entre Roma e as Igrejas locais deveriam ser estabelecidas normalmente pelos presidentes das conferências episcopais, o que não impede que o papa possa, em algum caso, enviar um seu delegado às dioceses para tratar de algum assunto especial;

- que se descentralize a Igreja, dando maior autonomia às conferências episcopais;[133]
- que se mude o modo de eleger os bispos e que se volte a uma prática mais participativa das Igrejas, mais próxima da prática da Igreja primitiva;
- que o bispo de Roma esteja disposto a renunciar, no tempo oportuno, como os demais bispos da Igreja universal;
- que os sínodos que se celebram periodicamente em Roma não sejam apenas consultivos, mas deliberativos;
- que se revisem as finanças vaticanas e que o estilo de vida do papa e de seus colaboradores, assim como de suas cerimônias, seja simples e humilde, como corresponde a apóstolos e seguidores do Jesus pobre e humilde, o carpinteiro de Nazaré.

Certamente, para alguns, tais sugestões e petições parecerão idealistas e utópicas. Na realidade, é o que o povo, de formas diversas, pede aos gritos faz tempo, e parece que ninguém escuta. Deveríamos nos alegrar de o povo se expressar cada vez com maior liberdade, e também ver na falta de liberdade algo negativo.

Nesse sentido, o teólogo Joseph Ratzinger, depois do Concílio, perguntava-se se o fato de que não haja quem se atreva a falar com liberdade "é sinal de melhores

---

[133] Incompreensivelmente, depois do Concílio Vaticano II restringiu-se ainda mais o papel das conferências episcopais. Cf. a carta apostólica de João Paulo II *Apostolos suos. Las conferencias episcopales*, 1998.

tempos ou de um minguado amor por aquilo que já não faz arder o coração por causa de Deus neste mundo".[134]

Por meio deste brado, clama o Espírito, que deve ser discernido, mas não pode ser extinto (1Ts 5,19-20).

Se este Espírito não é escutado, não nos admiremos de que o ecumenismo não avance, de que muitos católicos abandonem a Igreja, de que os jovens prescindam dela, de que aumentem a indiferença e a animosidade contra a Igreja de Jesus no mundo. Como constata o Concílio Vaticano II, "os crentes [a Igreja], por exposições falaciosas da doutrina, ou ainda pelas deficiências da sua vida religiosa, moral e social, se pode dizer que antes esconderam do que revelaram o autêntico rosto de Deus e da religião" (GS, n. 19). Não escutar o clamor do Espírito a respeito da estrutura eclesiástica é algo grave e de grande responsabilidade. É pecar contra o Espírito.

Liturgia e sacramentos

Aqui também existe um clamor crescente sobre diversos temas.

Já vimos que a iniciação cristã necessita de uma séria reestruturação e que não podemos nos contentar em continuar obrigando todos à práxis do Batismo de crianças, típica da época de Cristandade, que hoje está em crise em muitos lugares e que cada vez resulta menos adequada em uma sociedade pluralista como a atual. O Cristianismo não nasce, faz-se, já dizia Tertuliano. A Igreja não pode continuar a crescer apenas vegetativamente.

---

[134] RATZINGER, J. *El nuevo pueblo de Dios*. Barcelona, 1972. p. 290.

Ninguém põe em questão a centralidade da Eucaristia na Igreja, fonte e cume da vida eclesial e cristã, como afirma o Concílio Vaticano II (SC, n. 10) e como o afirmaram ultimamente o sínodo sobre a Eucaristia e a exortação apostólica pós-sinodal *Sacramentum Caritatis* (2006), de Bento XVI.

Sem nos deter aqui nas críticas que surgiram contra as normas restritivas da instrução *Redemptionis Sacramentum*, da Congregação para o Culto Divino (2004), e a respeito da atual possibilidade de voltar ao latim e ao ritual anterior ao Concílio Vaticano II (2007), queremos chamar a atenção para a contradição que muitos constatam entre a centralidade da Eucaristia na Igreja e a escassez e insuficiência de ministros ordenados para que possam presidir a Eucaristia. Aumentam as paróquias sem sacerdotes na Europa e também na América Latina. No Brasil, segundo testemunho dos próprios bispos da Conferência Nacional dos Bispos do Brasil (CNBB), em Aparecida, 75% das celebrações dominicais são feitas sem sacerdote.

Obrigar os sacerdotes, muitas vezes já de idade avançada, a uma sobrecarga de celebrações, contentar-se com celebrações da Palavra, fomentar a comunhão espiritual ou exortar os fiéis a rezar pelas vocações sacerdotais, a muitos não parece realmente a solução adequada.

Isso supõe que é preciso recolocar a questão dos ministérios ordenados. Deixando para mais adiante a questão do ministério da mulher, muitos se perguntam, com Rahner, se o direito divino para que a comunidade possa celebrar a Eucaristia não há de passar por cima das leis eclesiásticas, mesmo que sejam tão veneráveis como a do celibato sacerdotal obrigatório (PO, n. 16), ou a que impede a ordenação de homens casados, inclusive de homens casados de grande experiência eclesial (os chamados "viri probati"). Pode o direito eclesiástico prevalecer sobre o direito divino?

Sem entrar aqui em detalhe na ampla discussão sobre o celibato obrigatório e suas motivações, muitos se perguntam se a Igreja pode continuar fechando seus ouvidos ao clamor que, faz muitos anos, surge de toda a Igreja, pedindo que seja revisto o tema, que não é de ordem dogmática, mas canônica, que não era, além do mais, a Tradição da Igreja primitiva e que provoca graves tensões, problemas não resolvidos, vidas duplas, escândalos sexuais e abandono do ministério de muitos sacerdotes que têm vocação para o ministério pastoral, mas não possuem o carisma do celibato. Pode a Igreja institucional – questionam-se muitos – continuar vetando que se trate deste tema, como aconteceu no Concílio Vaticano II e em outros sínodos? Por que fazer deste tema um verdadeiro "tabu", sobre o qual não se pode falar publicamente, nem em escritos nem em homilias, nem a seminaristas nos seminários, nem nas aulas de teologia? Poderemos, em breve, admirar-nos de que muitas comunidades católicas sem ministros da Eucaristia durante muito tempo passem para grupos evangélicos ou abandonem a fé? Por que extinguir o Espírito que clama e que certamente pede uma reestruturação séria e radical dos ministérios ordenados da Igreja, em continuidade com a Tradição dos primeiros séculos da Igreja, na linha da Igreja Católica oriental, à semelhança do que outras Igreja cristãs determinaram? Não é isto apagar a voz do Espírito?

A proibição de receber a comunhão que pesa sobre os católicos divorciados e que voltaram a casar-se civilmente é uma das questões que atualmente suscita maior controvérsia pastoral[135] e maiores criticas à normativa eclesial. Isto não vai de encontro à atitude de Jesus de acolher os pecadores e comer com eles? Por que a Igreja é tão estrita nestes casos, ao passo que faz vista grossa diante de ditadores assassinos que comungam tranquilamente, ou perante exploradores renomados que participam livremente da Eucaristia? Acaso as afirmações evangélicas acerca da indissolubilidade do matrimônio não são mais propostas ideais do que normas legais? A indissolubilidade do matrimônio não é uma questão dogmática,[136] e Trento não quis condenar a prática da Igreja Oriental sobre o divórcio e o novo matrimônio sacramental dentro do que eles chamam a "disciplina da misericórdia". É unicamente a Igreja Católica que professa neste ponto a verdade evangélica, e não assim as Igrejas do Oriente e as da Reforma? Acaso os casais que fracassaram não têm o direito de refazer suas vidas diante do Senhor, como o têm os sacerdotes que deixam o ministério e os que são dispensados do celibato?

Todas essas questões que hoje em dia são debatidas provocam terríveis angústias nos fiéis e em seus pastores, que se encontram perplexos entre a obediência estrita às normas oficiais e o sentido pastoral e a misericórdia diante de seus fiéis. Como em outros casos, produz-se um divórcio real entre o Magistério e a práxis habitual de muitos. Não deve tudo isto ser escutado e discernido como clamor do Espírito que fala aos responsáveis da Igreja Católica e lhes pede sérias mudanças?

A ninguém escapa que o sacramento da reconciliação, penitência ou confissão está em profunda crise. A instituição eclesial outra coisa não faz senão

---

[135] Veja-se o número de *Sal Terrae* de dezembro de 2005 sobre este tema.
[136] DÍAZ MORENO, J. Interrogantes éticos del matrimonio. In: VIDAL, M. (ed.). *Conceptos fundamentales de ética teológica*. Madrid, 1992.

recomendá-la com frequência, mas a cada dia decresce mais o número de fiéis que acodem à Igreja para pedir este sacramento.

Não basta repetir que o mundo moderno perdeu o sentido do pecado, que os católicos desobedecem às leis da Igreja, que se vive um amoralismo e mesmo libertinagem moral, que a Igreja se deixou impactar pela Modernidade e pela Pós-Modernidade secular etc.

Estão implicados aqui muitos problemas de natureza diversa, que não podemos analisar agora. No contexto da Pneumatologia, é preciso recordar que o sacramento da Penitência é o que, no decurso da história, sofreu mais transformações: desde a penitência pública canônica, uma vez na vida, passando pela confissão individual repetível, propagada pelos monges irlandeses, até a normativa do Concílio Vaticano II, com três tipos de liturgia penitencial (pessoal, comunitária com absolvição pessoal e comunitária com absolvição comunitária).

Muitos opinam que a crise atual da reconciliação está pedindo que a Igreja busque novas formas de expressão e celebração deste sacramento, que tem seu fundamento evangélico, mas que há de buscar o caminho mais adequado para ser celebrado no mundo de hoje. Por que – perguntam-se muitos – não tentar repensar este sacramento e, em vez de fechar caminhos e exacerbar proibições, abrir portas para que se possam encontrar novas formas sacramentais mais conformes à psicologia, à sensibilidade religiosa, à mentalidade cultural, ao contexto histórico-social e à teologia do pecado de hoje? Acaso o não fazê-lo não é encerrar-se ao clamor do Espírito?

Moral sexual

Em estreita relação com a temática anterior está a questão da moral, que é um dos temas mais conflituosos e que mais dificuldades têm proporcionado aos teólogos.[137] Deixando para mais adiante a questão da moral social, restringimo-nos agora às críticas que surgem por toda parte na Igreja em torno da moral sexual. Muitos teólogos, moralistas e pastoralistas reconhecem que a moral sexual está em profunda crise, que existe uma grande distância entre o que o Magistério ensina e a práxis habitual do povo católico, inclusive do setor mais "praticante". A moral sexual deve ser profundamente repensada. Isto afeta as normas sobre o controle da natalidade dentro do matrimônio, as relações pré-matrimoniais, o uso de preservativos para evitar a Aids, a masturbação – considerada como pecado grave –, o julgamento da homossexualidade como perversão ou enfermidade, o ter sustentado, durante séculos, que nos pecados contra a castidade não existe matéria leve, a visão negativa do prazer sexual no matrimônio, caso não se oriente à procriação etc.[138]

A muitos causa estranheza que, diante da sobriedade do Evangelho a respeito do tema sexual, o ensinamento da Igreja tenha desenvolvido uma extensa casuística moral, mais ligada à filosofia platônica, aristotélica, estoica, maniqueia, gnóstica, encratista... do que ao Evangelho de Jesus. Em uma mudança de cultura como a que vivemos, compreende-se que todo este arranjo filosófico e teológico tenha entrado em crise e exija uma

---

[137] HÄRING, B. Mi experiencia con la Iglesia. Madrid, 1989.

[138] Interpelación a la Iglesia desde el cuerpo. Sexualidad, placer, narcisismo, ascética, felicidad. In: PÉREZ AGUIRRE, La Iglesia increíble..., p. 106-123. Veja-se também: JACOBELLI, María Caterina. Risus paschalis. El fundamento teológico del placer sexual. Barcelona, 1991.

profunda revisão. É indubitável que há mentalidades, normas e costumes herdados do passado que não se adaptam bem ao mundo de hoje, provocam perturbação nas consciências e precisam ser revistas. A moral sexual é uma delas. Ademais, o âmbito da sexualidade é o que provoca mais angústias de consciência nos fiéis e o que muitas vezes conduz a neuroses de pecado e de medo da condenação. Por isso é o terreno que provoca maior contestação na Igreja de hoje.

Os psicólogos e psicanalistas, que estudaram amplamente a relação entre a sexualidade, a imagem de Deus e a instituição eclesial, afirmam que a Igreja estabelece entre Deus e o prazer uma radical incompatibilidade, que contrasta com a visão do Evangelho, em que se fala muito pouco de sexualidade, mas, em contrapartida, fala-se muito do amor, do respeito às pessoas e do serviço. Essas mudanças de postura entre o Novo Testamento e a Igreja obedecem, de acordo com os psicanalistas, à sua relação com a onipotência infantil e com a representação edipiana do pai imaginário. O pai controla o prazer. Há uma íntima relação entre sexualidade e poder: a autoridade controla o prazer, todo autoritarismo reprime o prazer. A autoridade eclesial age como representante de Deus e controla o prazer sexual, pois sente que toda satisfação sexual nega a autoridade de Deus e a sua própria. A isto se acrescenta, como temos visto, o sentimento de culpa perante o sexual.[139] Desse modo, através da sexualidade, a Igreja controla as consciências, o que implica também que a crise da sexualidade corresponda à crise da confissão sacramental, que se torna muito humilhante para o mundo moderno.

---

[139] DOMÍNGUEZ MORANO, C. *Experiencia cristiana y psicoanálisis*. Santander: Sal Terrae, 2005. p. 131-148

Muitos creem que as luminosas afirmações de Bento XVI em *Deus é amor* sobre a relação entre "eros" e "ágape" poderiam ajudar nesta reconsideração da sexualidade[140] e da moral sexual, que é algo urgente e que não pode ser diferido por mais tempo. Em meio às dubiedades que podem permear todo protesto, e mais ainda em questões tão pessoais e íntimas como as da sexualidade, não se pressente a presença do Espírito que clama por um mundo diferente, mais humano e mais próximo do Evangelho?

A mulher na Igreja

Este tema, objeto de contestações muito fortes dentro da Igreja de hoje, coincide com as reivindicações que a mulher faz perante a sociedade. No caso da Igreja, as reivindicações não se limitam à questão do ministério ordenado das mulheres, mas abarcam um leque muito mais amplo. As mulheres pedem respeito, igualdade, participação e não discriminação na Igreja; exigem ser consultadas, sobretudo naquelas questões quem tocam muito de perto sua vida pessoal e familiar, tomar parte nas decisões eclesiais, não ser consideradas como apenas esposas e mães, apreciar sua contribuição ao longo da história da Igreja, não ser silenciadas sistematicamente, evitar uma leitura patriarcal da Escritura, corrigir antropologias, teologias, linguagens e símbolos de orientação claramente machista; pedem também que a Igreja e a teologia se abram a formulações e conteúdos teológicos mais femininos, como a Sabedoria, a *Ruah*, as entranhas maternais de Deus etc. As mulheres acusam a Igreja de ser uma instituição claramente patriarcal, *kyriakal*,

---

[140] BENTO XVI. *Deus é amor*, n. 3-4.

machista, que contrasta com a atitude que Jesus teve com as mulheres de seu tempo.

Mas dentro deste amplo quadro de contestações femininas na Igreja o tema da ordenação da mulher é simbólico da postura da instituição. Paulo VI, em sua carta *Inter Insigniores* (1977), descarta o ministério ordenado das mulheres. João Paulo II, como em tantas coisas, também aqui se torna paradoxal.[141] Em 1988, escreve uma carta sobre a dignidade da mulher, mas em 1994, na carta *Ordinatio Sacerdotalis*, resolve peremptoriamente a questão da ordenação das mulheres na Igreja, considerando-a como doutrina definitiva.[142] Mais tarde, em *Vita Consecrata* (1996), reconhece "o fundamento das reivindicações que se referem à posição da mulher nos diversos âmbitos sociais e eclesiais" (n. 57).

Sem entrar nas consequências ecumênicas negativas dessas posturas da Igreja, dentro da mesma Igreja Católica essas decisões oficiais do Magistério são vividas pelas mulheres católicas como claramente discriminatórias, injustas, teologicamente pouco fundadas, baseadas em uma leitura fundamentalista dos textos bíblicos, que está em oposição a todo um movimento mundial que defende os direitos das mulheres.

Como não ver nessas reclamações das mulheres a voz do Espírito que clama por um mundo diferente? Teremos razão de nos queixar, depois, do lento mas real distanciamento das mulheres em relação à Igreja? Adiantará lamentarmos a falta de ministros ordenados

---

[141] ARANA, Maria José. Juan Pablo II, un papa carismático y paradójico. *Sal Terrae* 93/6 (2005) 471-485.

[142] Apesar de se ter pretendido impedir toda crítica à supracitada carta, afirmando-se que o termo definitivo equivaleria a "infalível" e que, portanto, o conteúdo da carta fazia parte da fé da Igreja, na realidade teólogos e canonistas peritos afirmam que não é certo, e o Cardeal Carlo Maria Martini disse que o que um papa proíbe, outro pode permitir...

quando, por princípio, excluímos meia humanidade de tais ministérios? Isto é evangélico? Não é, por acaso, uma concepção estática da Igreja como fundada por Jesus de modo intocável? Não é puro cristomonismo? Não é esquecer a mão do Espírito que traz novidade e vida? Não se compreende, então, que é preciso discernir os espíritos, mas não apagar o Espírito?

A quem se deve essas posturas tão temerosas e conservadoras da instituição eclesial, que provocam rejeição total por parte das mulheres católicas e cristãs, mas também, cada vez mais, por parte de muitos varões da Igreja, que se envergonham do trato que a instituição dispensa às mulheres?

Por que não se escuta hoje o clamor do Espírito na Igreja?

Qual é a explicação para este fechamento perante tantos clamores do Espírito que surgem hoje, em toda a Igreja, em torno da estrutura eclesial, dos sacramentos, da moral sexual, das mulheres...?

Com certeza, os motivos são muitos: uma concepção religiosa juridicista, estática e imobilista da fundação da Igreja por Jesus, o que leva a ter medo de mudar o que Jesus estabeleceu; uma leitura fundamentalista da Escritura; uma visão pouco histórica da Igreja e das transformações que se deram nela, tanto na formulação de sua doutrina e moral quanto em suas estruturas; a persuasão de que a hierarquia da Igreja possui a verdade total e a exclusividade do Espírito, e não necessita mudar nada, pois tem a resposta para todas as questões; uma visão negativa da evolução da sociedade moderna, que se interpreta como contrária à Igreja.

A isso se acrescenta o medo de provocar desconcerto e divisões na Igreja e, evidentemente, a enorme dificuldade de fazer mudanças em uma instituição tão grande, tão pesada e com tão ampla história. Tudo isso pode explicar o medo perante as mudanças estruturais na Igreja.

Contudo, pode haver outras explicações.

Y. M. Congar, em uma carta de 10 de setembro de 1955 à sua mãe, em seu octogésimo aniversário, escrita no seu exílio em Cambrigde, faz uma confissão que, no final de mais de cinquenta anos, mantém toda a sua atualidade:

> Agora conheço a história. Passo muitos anos a estudá-la; deixou claros, a meus olhos, numerosos acontecimentos contemporâneos; ao mesmo tempo, a experiência vivida particularmente em Roma me esclarecia esta história. Para mim, é uma evidência que Roma só buscou sempre e busca agora uma única coisa: a afirmação de sua autoridade. O resto interessa-lhe unicamente como matéria para o exercício desta autoridade. Com poucas exceções, ligadas a homens de santidade e iniciativa, toda a história de Roma é uma reivindicação assumida de sua autoridade e da destruição de tudo o que não aceita outra coisa senão a submissão. Se Roma, com noventa anos de atraso em relação às iniciativas do movimento litúrgico, interessa-se, por exemplo, por este movimento, é para que ele não possa existir sem ela nem escapar a seu controle. E assim sucessivamente. Está claro que, nestas condições, o ecumenismo não pode ser bem-visto em Roma. Esta só o concebe de uma maneira: a submissão incondicional.[143]

---

[143] CONGAR, Y. M. *Diário de un teólogo (1946-1956)*. Madrid, 2004. p. 473.

Uma observação de P. Evdokimov pode ajudar-nos a compreender e completar o texto de Congar:

> A ausência da economia do Espírito Santo na teologia dos últimos séculos, como também seu cristomonismo determinam que a liberdade profética, a divinização da humanidade, a dignidade adulta e governo do laicato e o renascimento da nova criatura sejam substituídos pela instituição hierárquica da Igreja proposta em termos de obediência e de submissão.[144]

O dilema é confiar no poder da estrutura, da norma, da tradição imóvel, do prestígio religioso e humano do passado, da autoridade centralizadora... ou confiar no Vento e no Fogo impetuosos do Espírito que vai conduzindo o caminhar da Igreja através da história até o Reino de Deus, configurando-a à imagem de Jesus.

Não haverá, por trás do imobilismo da estrutura eclesiástica, um verdadeiro medo da novidade do Espírito?

No entanto, a tudo o que foi dito anteriormente é preciso acrescentar que, no fundo, muitas das reivindicações que os católicos de hoje pedem à instituição eclesial refletem o que o próprio Espírito está clamando na sociedade. Por isso temos de refletir sobre a ação do Espírito fora da Igreja, no mundo, na história, na sociedade.

Mas não gostaríamos de concluir este capítulo deixando uma sensação negativa acerca da Igreja. Por isso fazemos nossas estas palavras de H. de Lubac:

> Que realidade tão paradoxal é a Igreja, em todos os seus aspectos e contrastes...! Durante os vinte séculos de

---

[144] EVDOKIMOV, P. *La connaissance de Dieu selon la tradition orientale.* Lyon, 1967. p. 146.

sua existência, quantas mudanças se constataram em sua atitude...! Disseram-me que a Igreja é santa, mas eu a vejo cheia de pecadores. Sim, paradoxo da Igreja. Paradoxo de uma Igreja feita para uma humanidade paradoxal [...]. Esta Igreja é minha mãe. A Igreja é minha mãe porque me deu a vida: em uma palavra, é nossa mãe, porque nos dá o Cristo.[145]

---

[145] DE LUBAC, H. *Paradoja y misterio de la Iglesia*. 3. ed. Salamanca, 2002. p. 11.

Capítulo IV
"O ESPÍRITO DO SENHOR ENCHE O UNIVERSO" (Sb 1,7)

O Espírito ultrapassa os limites da Igreja

O Concílio Vaticano II recuperou a dimensão eclesial do Espírito que durante séculos ou tinha sido esquecida na Igreja ou fora reduzida à hierarquia e à experiência espiritual e mística de alguns poucos. Como vimos anteriormente, os hinos medievais sobre o Espírito, que a Igreja ainda hoje recita em sua liturgia, apesar de sua grande beleza e profundidade, concentram-se na dimensão pessoal do dom do Espírito: o Espírito é o doce hóspede da alma, descanso no trabalho, consolo no pranto, luz interior, saúde do coração enfermo, guia no caminho... O Concílio Vaticano II retornou à Pneumatologia bíblica da Igreja primitiva e do primeiro milênio. Os comentários do Concílio Vaticano II enfatizam muito positivamente esta maior abertura eclesial ao Espírito, que pode renovar por dentro toda a eclesiologia, e nos permite aprofundar o diálogo com a Igreja do Oriente e da própria Reforma.

Contudo, via de regra, os ensaios pneumatológicos surgidos depois do Concílio Vaticano II se limitam a enfatizar a dimensão eclesial do Espírito. A própria obra magistral de Y. M. Congar, tantas vezes citada, reduz-se a comentar a ação do Espírito em nossas vidas pessoais e na Igreja.[1]

Os próprios teólogos orientais, exceções à parte, tampouco desenvolveram muito esta dimensão do sopro do Espírito para além dos confins da Igreja.[2] A Igreja ortodoxa russa, quando se estava urdindo a revolução bolchevique de 1917, estava mais preocupada com questões litúrgicas secundárias do que com auscultar o Espírito que clamava em seu povo. Mais tarde, alguns teólogos orientais foram-se abrindo a esta presença do Espírito na história.[3]

Podemos nos perguntar se, à luz da Escritura, o Espírito pode se reduzir à sua ação pessoal e eclesial. Ainda mais: podemos nos perguntar se o Concílio Vaticano II circunscreve o Espírito à Igreja. Para pode responder a essas perguntas teremos de recolher alguns dados bíblicos, dentre os já expostos anteriormente, que nos abrem a dimensões históricas e cósmicas do Espírito. E deveremos levar em conta não apenas a eclesiologia da *Lumen Gentium* (que visa à Igreja *ad intra*), mas também a da *Gaudium et Spes*, em que se fala não da Igreja "e" o mundo, mas da Igreja "no" mundo (a Igreja *ad extra*). O Concílio Vaticano II não concebe a Igreja como uma realidade contrária ao mundo, mas como uma comuni-

---

[1] CONGAR, Y. M. *El Espíritu Santo*. Barcelona, 1983. [Ed. bras.: *Revelação e experiência do Espírito Santo*. 2. ed. São Paulo: Paulinas, 2009. (Coleção Creio no Espírito Santo, n. 1.) *Ele é o Senhor que dá a vida*. São Paulo: Paulinas, 2010. (Coleção Creio no Espírito Santo, n. 2.) *O rio da vida corre no Oriente e no Ocidente*. São Paulo: Paulinas, 2010. (Coleção Creio no Espírito Santo, n. 3.)]

[2] P. EVDOKIMOV, em sua maravilhosa síntese da teologia oriental *L'Orthodoxie* (Neuchâtel, 1965), limita-se às dimensões antropológicas, eclesiológicas e escatológicas do Espírito, com muito poucas alusões ao Espírito e ao mundo.

[3] Vejam-se, por exemplo, os livros de: CLÉMENT, O. *La revolte de l'Esprit*. Paris, 1979; *El hombre*. Madrid, 1983.

dade que peregrina na história e caminha em e com o mundo até a consumação escatológica.

Abrir-se a esta dimensão supraeclesial significa reconhecer que a Igreja não tem um fim em si mesma, mas que se abre ao horizonte do Reino de Deus; que o centro da pregação de Jesus não foi a Igreja, mas o Reino (Mc 1,15); que a Igreja é unicamente semente e gérmen do Reino (LG, n. 5); que a Igreja, portanto, deve orientar-se converter-se continuamente ao Reino (I. Ellacuría).

O projeto de Deus é configurar uma humanidade que viva em comunhão fraterna entre si, com a natureza e com Deus; é gerar uma *koinonía* inter-humana, cósmica e trinitária. A isso se orienta a eleição do povo de Israel e, posteriormente, da Igreja. A Igreja não pode perder jamais de vista este horizonte último, sob pena de encerrar-se e enclausurar-se em um eclesiocentrismo estéril, autossuficiente e antievangélico.

O Espírito do Senhor foi enviado e derramado pelo Pai "sobre toda carne" (At 2,17) para que se possa realizar este projeto. Fechar o Espírito dentro da Igreja é se esquecer do Reino e do projeto do Pai; é truncar seu dinamismo e mutilar sua missão. O teólogo W. Kasper, atualmente cardeal encarregado do ecumenismo, escreveu, já lá se vão trinta anos, que os representantes do ministério consagrado parece que se sentem no direito não só de discernir os espíritos, mas também de trancafiar a pomba do Espírito em uma gaiola.[4]

O Espírito se orienta ao Reino; por isso alguns Padres da Igreja, em vez da petição do Pai-Nosso "venha a nós o teu Reino", diziam "venha a nós o teu Espírito".

---

[4] KASPER, W. Die Kirche als Sakrament des Geistes. In: KASPER, W.; SAUTER, G. *Kirche als Ort des Geistes.* Freiburg i.Br., 1976. p. 14-55, 50.

A importância de recuperar esta dimensão supraeclesial do Espírito é muito grande, tanto para a teologia como para a pastoral. Como veremos ao longo deste capítulo, o não ter sabido captar a presença do Espírito nos acontecimentos da história do passado e do presente produziu grandes males à Igreja e distanciou-a dos cristãos do mundo real. A Igreja pagou muito caro sua cegueira, que a impediu de ver o Espírito nos diferentes momentos da história, e sua surdez, que não a deixou escutar o clamor do Espírito.

Durante o Concílio Vaticano II, em uma conferência em plena Universidade Gregoriana de Roma, o Cardeal Pellegrino, arcebispo de Turim, lamentou, como exemplo de falta de sintonia da Igreja com os novos tempos nos quais adeja o Espírito, a condenação, durante o pontificado de Pio IX, da obra de A. Rosmini, *As cinco chagas da Santa Igreja*. O título se inspirava no discurso inaugural de Inocêncio IV, no I Concílio de Lyon (1245). O que Rosmini detectava eram males reais da Igreja daquele tempo, os quais, um século depois, no Concílio Vaticano II, foram reconhecidos e levados em conta. O livro de Rosmini pôde ser publicado depois do Concílio Vaticano II, com censura eclesiástica e, atualmente, deu-se início à causa de beatificação do autor.

Contudo, é preciso acrescentar que, se a Igreja custa a detectar a voz do Espírito que fala através de seus filhos, muito mais lhe custa aceitar que o Espírito possa falar através da boca de cristãos de outras Igrejas, de crentes de outras religiões, de não crentes e de ateus. Pode o Espírito, por acaso, falar mediante esses "estrangeiros" e "forasteiros" em relação à Igreja?

A grande crise atual da Igreja, o inverno eclesial que atravessamos, tem muito a ver com esta incapacidade da Igreja, em seu conjunto, para ouvir o que o Espírito lhe vai dizendo através dos diferentes movimentos e anelos do mundo de hoje, onde, apesar da globalização, vive-se um forte pluralismo cultural e religioso, pelo que é sumamente urgente redescobrir a presença do Espírito na história.

As palavras de Paulo aos tessalonicenses – "Não apagueis o Espírito; não desprezeis os dons de profecia, mas examinai tudo e guardai o que for bom" (1Ts 5,19) – são de muita atualidade.[5]

Relendo a Escritura

Mesmo que na seção bíblica já tenhamos indicado a dimensão universal do Espírito, podemos agora recolher alguns desses dados escriturísticos.

O Gênesis começa falando do Espírito que, nas origens, pairava sobre as águas, como que a fecundá-las e dar-lhes vida (Gn 1,2). Os livros sapienciais descrevem a presença do Espírito do Senhor, cujo sopro enche o mundo (Sb 1,7), está em todas as coisas (Sb 12,1), estende-se a todo vivente e renova a face da terra (Sl 104,30; Jó 34,14-15; Ecl 12,7). É um sopro criador (Sl 37,6; 104,30), *ruah*, com conotações femininas, como a Sabedoria, com a qual muitas vezes se identifica: dá vida, gera, sustenta com ternura, anima, consola, alimenta, dá calor e energia. Esta dimensão do Espírito criador manteve-se na primeira invocação do hino medieval

---

[5] Pode-se consultar o comentário de K. RAHNER, "No apaguéis el Espíritu", in: *Escritos de Teología* VII, Madrid, 1967, p. 84-99, que, mesmo correspondendo a uma conferência dada no *Katholikentag* austríaco de 1962, ainda se mostra profético e atual.

Veni creator Spiritus, mesmo que depois o resto do hino tenha um caráter mais pessoal.

O Espírito, que nos profetas faz alusão à renovação do coração (Ez 36,26-27), não se limita a esta dimensão interior, mas se orienta à prática do direito e da justiça (*mispat sedaqah*). Precisamente os reis recebem a unção do Espírito para que pratiquem o direito e a justiça (2Sm 8,15; Sl 72,1; Jr 22,15s; Is 11,3-9). Como vimos, reduzir o Espírito aos sete dons interiores (sabedoria, inteligência, conselho...: Is 11,1-2) é esquecer que o Espírito impulsiona à prática da justiça para com os pobres (Is 11,3-5) e a reconciliação cósmica do universo (Is 11,6-9), é mutilar a mensagem bíblica sobre o Espírito.

No Novo Testamento, a mensagem programática de Jesus em Nazaré, na qual Lucas, seguindo Is 61, apresenta-nos o começo de sua missão, faz alusão à unção do Espírito para proclamar a liberdade aos cativos, dar vista aos cegos, anunciar a boa-nova aos pobres (Lc 4,14-21). E Jesus exulta no Espírito ao reconhecer que o Pai escondeu as coisas do Reino aos sábios e prudentes e as revelou aos ingênuos e pequenos (Lc 10,21; Mt 11,25). Nos Atos dos Apóstolos (10,38), Jesus é descrito como aquele que, ungido pelo Espírito, passou fazendo o bem e libertando da opressão do maligno.

Esta visão bíblica da universalidade do Espírito será recolhida pelos Padres da Igreja. Assim, Irineu, depois de falar das duas mãos do Pai – o Filho e o Espírito[6] –, acrescenta que este último foi enviado a toda a terra,[7] a todo o gênero humano,[8] pois, desde que desceu sobre

---

[6] *Adv. haer.*, IV 38,3; V, 1,3; 6,1;28,4.
[7] *Adv. haer.*, III, 11,8.
[8] *Adv. haer.*, III, 11,9.

Jesus, acostumou-se a habitar no gênero humano.[9] O Espírito guia secretamente a obra de Deus no mundo e por isso Irineu compara o Espírito a um diretor de teatro que dirige secretamente o drama da salvação sobre o cenário da história do mundo.[10] Atribui-se a Ambrósio a frase de que "toda verdade, venha de quem vier, procede do Espírito Santo".[11]

A mensagem bíblica, lida através da Tradição mais original da Igreja, abre-nos a uma dimensão nova do Espírito que ultrapassa o pessoal e a referência ao Povo de Deus ou à Igreja. É uma força dinâmica que, a partir de dentro, tudo move para que se realize o projeto de Deus de justiça e fraternidade, sobretudo com os pobres, e que busca antecipar a criação de um novo céu e de uma nova terra, onde haja harmonia e paz não somente interior, mas também cósmica. O Espírito dirige a história e a conduz à sua consumação escatológica. Diante dos pessimismos dos "profetas de calamidades", nós, cristãos, acreditamos que a humanidade está governada pelo Espírito do Senhor. Esta persuasão de João XXIII, expressa no discurso inaugural do Concílio Vaticano II,[12] nos leva a refletir sobre os sinais dos tempos.

Os sinais dos tempos[13]

Este tema tem profundas raízes bíblicas. Nos Evangelhos sinóticos, Jesus queixa-se de que seus con-

---

[9] *Adv. haer.*, III, 17,1h.

[10] *Adv. haer.*, IV, 33,7s.

[11] PL 17,245.

[12] JOÃO XXIII. *Discurso inaugural del Vaticano II* (11.10.1962), n. 10.

[13] Pode-se consultar um estudo mais completo sobre este tema em: GONZÁLEZ-CARVAJAL, L. *Los signos de los tiempos. El Reino de Dios está entre nosotros*. Santander: Sal Terrae, 1987.

temporâneos discernem se vai fazer bom tempo ou se vai chover com somente um olhar para o céu, mas, em contrapartida, não conseguem discernir os sinais dos tempos que se manifestam com a chegada do Messias (Mt 16,2-3; Lc 11,16.29; Mc 8,11-13). Não se trata de um problema meteorológico nem cronológico, mas teológico, cristológico e pneumático.

Muitas vezes isto não é fácil, pois é preciso observar detidamente a realidade e ter paciência. O servo de Elias, no tempo da grande seca, teve de olhar sete vezes para o céu, do cume do Carmelo, até descobrir finalmente uma nuvenzinha como a palma da mão que subia do mar e anunciava chuva (1Rs 18,42-46).

Mister se faz reconhecer a presença do Espírito do Senhor nos acontecimentos da história, pois se manifesta através não somente das palavras, mas também dos fatos. É o que Paulo denominará *kairós*, um tempo de graça, um tempo oportuno no qual se antecipam os últimos dias (Rm 13,11).

Seguramente se deve a João XXIII a retomada do tema dos sinais dos tempos em nossos dias. Já na bula *Humanae Salutis*, pela qual convocou o Concílio Vaticano II, durante o Natal de 1961, fala dos sinais dos tempos. E em sua encíclica *Pacem in Terris*, de 1963, dirigida pela primeira vez não apenas aos bispos, clero e fiéis, mas a todas as pessoas de boa vontade, retoma esta questão, indicando alguns dos sinais dos tempos que caracterizam nossa época. Dentre os mais significativos, aponta: que os homens de nosso tempo tenham tomado plena consciência de sua dignidade, o que os leva a intervir na política e a exigir dos Estados que garantam a inviolabilidade de seus direitos pessoais; o desejo de melhorar as condições das minorias étnicas; a promoção econômica e social das classes trabalhadoras; a convicção de que os eventuais conflitos entre os povos não devem ser resolvidos pela via das armas, mas por negociação; a Declaração dos Direitos Humanos, aprovada pela ONU, em 1948; a incorporação da mulher na vida pública; o acesso de todos os povos a uma vida autônoma; a ideia da igualdade de todos os homens; a distinção entre as falsas teorias filosóficas e os movimentos históricos que, à medida que estejam de acordo com os sãos princípios da razão e respondam às justas aspirações da humanidade, devem ser reconhecidos em seus elementos positivos...

O notável desta encíclica é que João XXIII, ao dirigir-se a toda a humanidade, não apela diretamente à doutrina da Igreja, mas aos grandes princípios humanos. Ou seja, os sinais dos tempos não são interpelações que nascem primariamente no seio da Igreja, mas das grandes aspirações da humanidade. Dito com outras palavras, os sinais dos tempos são sinais da presença do Espírito para além da Igreja, na história da humanidade; e nós, cristãos, os assumimos porque cremos que o Espírito do Senhor enche a terra (Sb 1,7).

O Concílio Vaticano II, na *Gaudium et Spes*, levanta de novo esta questão, estreitamente ligada à fé no Espírito:

> O Povo de Deus, movido pela fé com que acredita ser conduzido pelo Espírito do Senhor, o qual enche o universo, esforça-se por discernir nos acontecimentos, nas exigências e aspirações, em que participa juntamente com os homens de hoje, quais são os verdadeiros sinais da presença ou da vontade de Deus (GS, n. 11).

Isto supõe a convicção de que a história da humanidade não está à margem do projeto de salvação, nem está fora da mão de Deus, como se ele se preocupasse apenas com sua Igreja. Nada mais alheio à realidade.

Por tudo isso, o Concílio Vaticano II exorta sobretudo pastores e teólogos a discernir os sinais dos tempos.

> É dever de todo o Povo de Deus e sobretudo dos pastores e teólogos, com a ajuda do Espírito Santo, saber ouvir, discernir e interpretar as várias linguagens do nosso tempo, e julgá-las à luz da Palavra de Deus, de modo que a verdade revelada possa ser cada vez mais intimamente percebida, melhor compreendida e apresentada de um modo conveniente (GS, n. 44)

Esse texto, por um lado, oferece-nos os diferentes passos que é preciso dar perante os sinais dos tempos: auscultar, discernir e interpretar com a ajuda do Espírito.

Contudo, por outro lado, parece ter uma intenção orientada mais para a inculturação da Palavra e para a pastoral da Igreja, ao passo que o texto anterior (GS, n. 11) insinuava antes que a Igreja, acima de tudo, deve captar esta novidade que surge da presença viva do Espírito na história, que não é uma Palavra de Deus distinta da revelada em Jesus Cristo, mas que nos leva realmente a uma verdade mais completa.

O que fica claro é que é preciso auscultar as vozes de nosso tempo e discerni-las com a ajuda do Espírito. É mister distinguir, pois, cuidadosamente, como propõe D. M. Chenu, os sintomas de nosso tempo dos sinais dos tempos. Sintomas podem ser determinadas realidades negativas ou pecaminosas que acontecem em nosso mundo: materialismo, violência, discriminação, toxicomania, armamentismo, destruição da natureza... Os sinais, em contrapartida, são aspirações profundas da humanidade que, apesar de às vezes estarem contaminadas por impurezas e erros, refletem a presença do Espírito, como as que João XXIII indicava na *Pacem in Terris*.

Tudo isso nos leva a refletir sobre o novo método teológico que se propõe desde o Concílio Vaticano II ao aceitar a existência dos sinais dos tempos.

Uma nova hermenêutica

A *Gaudium et Spes* modifica o modo costumeiro de fazer teologia, que consistia em partir da Palavra, do Magistério e da Tradição, para daí deduzir, em seguida, as consequências pastorais. A própria constituição sobre a Igreja, *Lumen Gentium*, começa da Trindade (LG, n. I). Agora se pretende partir do mundo de hoje, de suas esperanças e temores, de seus desequilíbrios e aspirações profundas (GS, nn. 4-10). Isto supõe que se considera a história e o mundo como um verdadeiro lugar teológico onde Deus se nos comunica e revela. O motivo profundo é que acreditamos que o Espírito do Senhor dirige a história e a conduz até o Reino.

Y. M. Congar viu lucidamente as consequências disto:

> Se a Igreja quiser aproximar-se dos verdadeiros problemas do mundo atual e esforçar-se por esboçar uma resposta, tal como tentou fazê-lo na constituição *Gaudium et Spes* e na *Populorum Progressio*, deve abrir novo capítulo de epistemologia teológico-pastoral. Em vez de partir somente do dado da revelação e da tradição, como fez geralmente a teologia clássica, terá de partir de fatos e problemas recebidos do mundo e da história. O que é muito menos cômodo; no entanto, não podemos continuar repetindo o antigo, partindo de ideias e de problemas

do séc. XIII ou do séc. XIV. Temos de partir das ideias e problemas de hoje como de um "dado" novo que é preciso certamente esclarecer pelo "dado" evangélico de sempre, mas sem poder aproveitar-nos das elaborações já adquiridas na tranquilidade de uma tradição segura.[14]

Isto supõe que são levados a sério os fatos históricos em que o Espírito se nos manifesta. Em formulação da Tradição teológica, trata-se de considerar os sinais dos tempos como autêntico "lugar teológico", isto é, fonte a partir da qual se pode elaborar a teologia.

Pode ajudar-nos a compreender melhor o sentido desta afirmação lembrar que, ao menos desde o teólogo dominicano Melchor Cano (1509-1560), distinguem-se na teologia lugares teológicos "próprios" (como a Escritura, a Tradição e a fé da própria Igreja, interpretada pelos Concílios, pela liturgia, pelo Magistério e pelos teólogos) e teológicos "complementares" ou "externos" (alieni), como a razão natural, a filosofia e a história.

A partir desta perspectiva, considerar os sinais dos tempos – que são fatos históricos – como lugar teológico não é uma novidade, mas está em continuidade com a Tradição teológica eclesial. Os profetas não captaram a mensagem de Iahweh partindo da realidade de Israel? Jesus não se revelou com palavras e atos de sua vida?

Tudo isso implica que a Igreja não pode limitar-se a escutar a Palavra de Deus que lhe chega pela Escritura e pela Tradição eclesial, mas que precisa se abrir para escutar o que o Espírito lhe diz através dos acontecimentos. Isto, como dizia Congar, é muito menos cômodo,

---

[14] CONGAR, Y. M. *Situación y tareas de la teología de hoy.* Salamanca, 1970. p. 89-90.

produz impressão de insegurança e, talvez, para alguém, pareça infidelidade à Palavra.

Temos de recordar o que temos dito e repetido várias vezes: que a missão do Filho e a do Espírito não se contrapõem, mas se complementam, se entretecem, se compenetram. A mão do Espírito ajuda a compreender melhor a mão do Filho encarnado em Jesus de Nazaré e de sua missão, que continua na Igreja.

Por conseguinte, a Igreja tem de auscultar continuamente tais sinais dos tempos, através dos quais o Espírito fala. Isto supõe uma atitude de abertura, de não crer que a Igreja já possui toda a verdade e tem a resposta para todos os problemas, porque ela é a Mãe e Mestra. Nesse sentido, o Concílio Vaticano diz aos leigos que "não pensem que os seus pastores estão sempre de tal modo preparados que tenham uma solução pronta para qualquer questão, mesmo grave, que surja [...]" (GS, n. 43). A verdade abre caminho lentamente, e é preciso dialogar, discernir, buscar entre todos o que o Espírito está dizendo à Igreja.

A Igreja está, realmente, como coletividade, nesta atitude contínua de escutar, de auscultar as vozes de nosso tempo, de perceber quais são as alegrias, as esperanças, as tristezas e as angústias da humanidade, sobretudo dos pobres (GS, n. 1)?[15]

No entanto, à atitude de escuta, acrescenta-se a do discernimento dos sinais dos tempos.

---

[15] Para que se veja como se foi perdendo pouco a pouco a radicalidade da abertura do Concílio Vaticano II ao mundo contemporâneo, no sínodo de 1985, convocado para confirmar o Concílio, diz-se que as alegrias e as esperanças, as tristezas e as angústias que *os filhos da Igreja* padecem são também de seus pastores (Relatório final, I, 1). A dimensão universalista do Concílio Vaticano II fica, então, reduzida ao intraeclesial, como se a Igreja fosse uma ilha em meio ao mundo.

Discernir os sinais dos tempos

Ao falar dos sinais dos tempos, o Concílio Vaticano II insiste na necessidade de auscultá-los e discerni-los (GS, nn. 4; 11; 44).

O discernimento é um tema tradicional da espiritualidade cristã, mas que muitas vezes ficou circunscrito às moções internas do coração.

Os monges é que aprofundaram o tema do discernimento, oferecendo critérios para discernir os espíritos, os pensamentos (*logismoi*), as moções internas que atravessavam seu coração. Antônio, Orígenes, Cassiano, Diádoco, Evágrio... deixaram-nos uma rica herança espiritual, fruto de sua experiência espiritual e de sua perspicácia psicológica, que passará, em seguida, à Tradição espiritual posterior: Kempis, Gérson, Inácio de Loyola...

Esta Tradição monástica coincide em que o fruto do bom espírito (do Espírito Santo) é a paz interior, a alegria, o gozo, o aumento da fé, da esperança e da caridade, a consolação espiritual; ao passo que o mau espírito opera o contrário: tristeza, turbamento, amargura, depressão e tédio (apatia). Todavia, todos os autores advertem que às vezes não é fácil distinguir a verdadeira alegria de uma alegria falsa (a que o mundo produz), nem a tristeza verdadeira (a compunção de Pedro) da tristeza falsa (abatimento e desespero de Judas). Por isso recomendam recorrer a pessoas peritas em discernimento, que possuam tal carisma (*diakrisis*) e que possam ajudar a esclarecer as situações ambíguas.[16]

---

[16] Veja-se a obra clássica de: HAUSHERR, I. *Direction spirituelle en Orient autrefois*. Roma, 1955.

O tema do discernimento, porém, não foi uma inovação monástica, mas é profundamente bíblico e constitui, para Paulo, o centro da vida cristã. Agora, no lugar da lei, possuímos o Espírito, que nos move a agir como filhos do Pai (Gl 4,4-6), a ir descobrindo o que mais agrada a Deus (Rm 12,1-2; Ef 5,8-10; Fl 1,8-11; 1Cor 11,28-29; 2Cor 13,5-6; Gl 6,4-5). Ou seja, o cristão não se limita a cumprir leis externas; pelo contrário, o dinamismo do Espírito o conduz a buscar qual é seu caminho e sua vocação na Igreja.

Paulo insiste em que temos de distinguir este Espírito de outros espíritos. Para ele, o Espírito de Jesus deve nos conduzir a viver os valores evangélicos, a transformar nossa mentalidade (Rm 12,2), a aceitar a loucura da cruz (1Cor 20–21) e a mostrar predileção pelos pequenos e fracos (1Cor 1,27-29). Os frutos do Espírito são a alegria, a paz, a paciência, a amabilidade, a bondade, a lealdade, a mansidão, o domínio próprio (Gl 5,22-23; Ef 5,8-10; Fl 1,9-11), opostos aos da carne (Gl 5,19-21). Os frutos do Espírito não são apenas pessoais, mas também comunitários: a alegria de compartilhar (Cl 1,11-12), a generosidade (2Cor 8,2), a união fraterna na comunidade (Rm 14,19; Fl 4,7; At 9,31). Em última instância, o fruto autêntico e o carisma mais excelente do Espírito é o amor fraterno (1Cor 13).

A Primeira Carta de João também nos oferece alguns critérios para reconhecer o verdadeiro Espírito de Jesus: a fidelidade a Jesus encarnado (4,3), a comunhão com os apóstolos (4,6) e o amor fraterno (4,7-8).

Se quiséssemos agora resumir e sintetizar esta rica Tradição bíblica e espiritual, poderíamos concretizá-la nos seguintes pontos:

a) O Espírito não tem uma mensagem propriamente sua, não traz um Evangelho diferente ou superior ao de Jesus de Nazaré: sua missão propõe-se iluminar, aprofundar, atualizar, assumir, plenificar a mensagem de Jesus. Por conseguinte, para discernir um espírito, é preciso considerar se está em consonância com o Evangelho de Jesus, com sua vida, com sua opção pelos excluídos (Lc 4,14-21), com sua pregação profética (Mt 23), com sua morte e ressurreição. Se este espírito dissente ou se afasta em alguma coisa da mensagem de Jesus, não é o Espírito do Senhor, não é o Espírito Santo.

b) O Espírito de Jesus deve levar à paz e à alegria, não apenas interiores, mas de toda a comunidade, especialmente dos pobres e excluídos (Lc 2,8-14); deve conduzir ao amor fraterno, ao serviço, à entrega; são frutos, todos eles, muito diferentes do espírito deste mundo, que leva à idolatria, à libertinagem, às discórdias e à ambição (Gl 5,16-25).

c) Tanto os monges quanto a própria Tradição bíblica, inclusive os modernos "mestres da suspeita", advertem-nos de que não poderemos fazer um discernimento verdadeiro se não passarmos por um processo de purificação do coração, de exame pessoal, de liberdade e de sinceridade interiores, pois existe o perigo de que nos enganemos. Como nos alerta o sermão da montanha, a lâmpada de nosso corpo é o olho, e se o olho está doente, todo o corpo estará às escuras (cf. Mt 6,22-23), ou seja, se nosso olhar está deformado, não poderemos captar a realidade do Espírito, enganar-nos-emos. Discernir implica um mínimo de condições subjetivas, sem o que o discernimento estará viciado na raiz.[17]

---

[17] Na tradição inaciana, mais concretamente no livro dos *Exercícios*, não apenas se dão regras para o discernimento dos espíritos, mas se impõem controles para antes de

Contudo, esta rica Tradição espiritual, que esteve mais concentrada no discernimento das moções internas e comunitárias, deve abrir-se agora à história, a ideologias, movimentos, desejos e inquietudes de povos e de grupos sociais. E isto não é fácil não somente porque é preciso ampliar o discernimento para fatos alheios à esfera eclesial, mas porque, ordinariamente, tais acontecimentos são muito ambíguos e existe o perigo de cair na confusão.

Tentações

Por conseguinte, o processo do discernimento dos sinais dos tempos é difícil e está sujeito a tentações e enganos. Fundamentalmente, as tentações são duas: a de não reconhecer a presença do Espírito na história e a de enganar-se, acreditando que procede do Espírito algo que é tão somente fruto da maldade humana.

O pecado contra o Espírito

Jesus é a Palavra que se fez carne, que assumiu a natureza humana em tudo menos no pecado (Hb 4,15); é o sumo sacerdote santo, inocente, incontaminado (Hb 7,26) que transparece o Pai (Jo 14,9), com quem está em plena comunhão (Jo 14,10).

E, no entanto, nem todos o reconheceram como Messias, nem o aceitaram como Senhor. Os Evangelhos

---

discernir e assumir uma opção de vida: controle doutrinal, para saber se o que nos move é realmente o Evangelho de Jesus (meditação das duas Bandeiras), controle da vontade, para verificar se queremos deveras fazer o que o Senhor quer de nós (meditação dos três Binários), controle afetivo, para experimentar se estamos cordialmente afeiçoados a Jesus (três graus de humildade).

atestam, do princípio ao fim, que Jesus foi sinal de contradição (Lc 2,34), que dividiu Israel.

Já no prólogo de João se diz que veio para os seus, mas os seus não o receberam (Jo 1,11). Em Nazaré, onde se havia criado, seus conterrâneos tentam jogá-lo do despenhadeiro (Lc 4,29), seus próprios parentes vão buscá-lo porque acreditam que esteja fora de si (Mc 3,21). Chamam-no comilão e beberrão (Mt 11,19), falso profeta (Jo 7,12), impostor (Mt 27,62-65), subversivo (Lc 23,2.14), blasfemo (Jo 10,33). É rechaçado pelos fariseus por colocar-se acima da lei, do templo, do sábado e de Moisés (Mt 23; Mc 2-3). Opõe-se aos saduceus ao criticar os ricos (Lc 6,24; 16,19s). Não é aceito pelos que esperavam dele uma violência apocalíptica que destruísse seus inimigos (Lc 9,54). É criticado por comer com publicanos e pecadores (Lc 15,1-2), e até mesmo alguns de seus próprios discípulos desejam abandoná-lo (Jo 6,60-69).

Contudo, de todos estes conflitos que anunciam a futura Paixão e a cruz, talvez o mais grave e significativo para o tema do discernimento seja o fato de chamarem Jesus de "Belzebu" (Mt 10,25), "endemoninhado" e "possesso" (Mc 3,22; Jo 7,20; 8,48) e acusarem-no de expulsar demônios pela artimanha de Belzebu (Mt 12,24).

Chamar Jesus de "Belzebu" é considerar pertencente ao maligno o que provém do Espírito, o que constitui um pecado contra este. Tal pecado contra o Espírito, verdadeira blasfêmia, não poderá ser perdoado nem neste mundo nem no outro (Mt 12,31; Mc 3,28; Lc 12,10). Não se trata de que Deus não possa perdoar este pecado, mas que tal pecado consiste precisamente, como afirma Santo Tomás, em rejeitar a salvação que Deus oferece à humanidade por meio do Espírito Santo.[18]

---

[18] *Summa Theologica*, IIa IIae, q. 14, a 3. Veja-se o comentário que faz JOÃO PAULO II sobre o pecado contra o Espírito Santo em sua encíclica *Dominum et Vivificantem*, n. 46.

Ou seja, considerar obra do Maligno o que é obra de Deus significa fechar-se à graça do Espírito, cerrar a porta à salvação, apagar a luz.

A partir desse fato, precisamos dar mais um passo para nos referir aos sinais dos tempos. Se foi difícil para muitos discernir em Jesus de Nazaré o mistério do Filho de Deus encarnado, apesar de Jesus ser santo e pura transparência do Pai, muito mais difícil será discernir a presença do Espírito em pessoas, grupos, tendências, movimentos e ideologias em que a presença do Espírito está misturada com limitações, erros, condicionamentos culturais, pecados, ambiguidades, egoísmos, interesses pessoais ou de grupo, exageros, fanatismos, fundamentalismos etc.

Esta dificuldade pode explicar, não justificar, que se chegue a casos em que o Espírito é considerado como algo demoníaco, que deve ser rejeitado frontalmente. As exortações paulinas, para não extinguir o Espírito (1Ts 5,19) nem entristecê-lo (Ef 4,30), adquirem uma força especial à luz deste pecado contra tal Espírito, que nasce, no fundo, do fato de não querer mudar, de pretender conservar privilégios e posições do passado, de não aceitar sequer ainda se converter à vida nova que nasce por obra desse Espírito. É permanecer na mentira, na obscuridade e na morte. É pecar contra a luz.

Como vimos, e como veremos a seguir com maiores detalhes, se a Igreja paga muito caro por não ter sabido captar a presença do Espírito nos sinais dos tempos, muito mais grave e de consequências piores é ter considerado como obra do maligno o que, no fundo, era um dom do Espírito para a humanidade. É um pecado contra o Espírito. A história da salvação fica comprometida e obscurecida, o Reino de Deus se retrai e se distancia.

O rosto de Deus fica escurecido e deformado, o que afasta muitos não apenas da Igreja, mas da própria fé em Deus. Esta é uma das causas do ateísmo contemporâneo, segundo o Concílio Vaticano II (GS, n. 21).

O perigo dos falsos profetas

Há, porém, outra tentação, em sentido contrário, que consiste em acreditar que é do Espírito o que não é. Já no Antigo Testamento se advertia contra os falsos profetas e se davam critérios para discernir entre os profetas cortesãos, que profetizam o que agrada ao rei, e os verdadeiros profetas, que anunciam a Palavra de Deus.

Assim, enquanto o falso profeta Hananias anuncia bem-estar e libertação do jugo babilônico, o verdadeiro profeta Jeremias profetiza ruína e destruição (Jr 28,8-9). Há que examinar também se a doutrina do profeta está de acordo com a verdadeira tradição de Israel: um profeta que exorte à idolatria não poder ser verdadeiro profeta (Dt 13,2-4). Um profeta que unicamente busque popularidade e agradar ao povo não pode ser verdadeiro profeta (Mq 3,11; Jr 23,16-17). É preciso olhar a vida do profeta (Is 28,7), a experiência vocacional e espiritual que o levou a ser profeta (Ez 3; Is 6; Mq 3). Somente quando houver coerência entre a doutrina do profeta, a Tradição, sua vida e sua vocação profética (vocação comumente impopular), pode-se afirmar dele que é verdadeiro profeta.

Os livros sapienciais também exortam ao discernimento, mostrando que há dois caminhos: o da sabedoria e o da necedade, o do bem e o do mal. O caminho da sabedoria conduz à vida e o da necedade, à morte (Sb 2–3; Pr 3,7; 4,18-19; 9,16-18; cf. Dt 30,15-20).

Tanto o tema dos verdadeiros e falsos profetas como o dos dois caminhos aparecem nos Evangelhos. Há um caminho estreito que conduz à vida, e outro amplo que leva à morte (Mt 7,13-14; Lc 13,24). Para distinguir os verdadeiros profetas dos falsos, é necessário olhar seus frutos: se o fruto é bom, o profeta é verdadeiro; se o fruto é mau, o profeta é falso, pois a árvore boa só dá frutos bons, e a árvore má dá frutos maus (Mt 7,15-20; Lc 6,43-45).

Encontramos também, no resto do Novo Testamento, constantes exortações a não se deixar enganar por falsas teorias e falsos profetismos. Sirvam de exemplo as advertências de Paulo aos gálatas para não recair no Judaísmo (Gl 3), as das cartas pastorais para não aceitar os falsos doutores (1Tm 4), ou as das cartas joaninas para não se deixar seduzir pelos anticristos (1Jn 3–4).

A história da Igreja, outrossim, está repleta de falsos profetas, e a Igreja teve de ir fazendo discernimentos contínuos para distinguir o verdadeiro Espírito do falso e errôneo.

Muitas vezes, porém, esse discernimento não é fácil e requer certo tempo. Por isso, em Mateus figura uma expressiva parábola que nos admoesta a ter paciência e a não querer arrancar demasiado apressadamente a cizânia, para que não se corra o risco de também arrancar o trigo bom (Mt 13,36-43).

A história da Igreja pode iluminar-nos sobre os perigos e oportunidades de tal discernimento.

Lições da história

Comecemos por constatar que na Igreja sempre existiu grande preocupação por não cair nos enganos de falsos profetismos, por não se deixar tapear por pessoas ou grupos que, com falsas razões, se afastavam da Tradição da fé cristã. A Igreja foi muito zelosa em conservar o depósito da fé da Tradição que é fruto do Espírito (2Tm 1,14). A história dos concílios, sobretudo dos grandes concílios trinitários e cristológicos, é uma amostra clara deste desvelo pela verdade revelada. Os anátemas são uma defesa da fé perante as investidas das heresias.

Todavia, ao lado desta valorosa defesa da fé, encontramos também posturas da Igreja que, ainda que a seu tempo pareceram óbvias e normais, hoje, a vários séculos de distância, parecem-nos mui pouco evangélicas. Não se pode julgar o passado a partir da mentalidade atual, tampouco se pode fechar os olhos diante de fatos de tamanha ambiguidade, que hoje nos causam desconcerto, vergonha e mal-estar. Pelo menos para não repeti-los.

O zelo pela defesa da fé levou a Igreja a recorrer ao Estado para reprimir as heresias, que eram um atentado contra a unidade do próprio Estado confessional. Isto, que já havia começado no tempo de Agostinho contra os donatistas, prosseguiu depois e alcançou seu paroxismo com a Inquisição.

As cruzadas para defender os Santos Lugares da Terra Santa em luta contra os turcos, benzidas por papas e promovidas por santos como São Bernardo e São Luís de França, ao grito de "Deus o quer!" (*Deus ho volt*), hoje nos parecem evangelicamente inaceitáveis, não apenas pelos excessos que se cometeram, mas por sua própria justificação teológica.

As guerras de religião contra o Islamismo e, a seguir, contra a Reforma, parecem-nos, hoje, falta não apenas de civismo, mas de respeito à liberdade religiosa e ao diálogo. O mesmo vale em relação ao antissemitismo: os judeus não só eram considerados deicidas e pérfidos (inclusive na liturgia da Sexta-feira Santa), mas foram perseguidos, ameaçados e expulsos de países governados por reis católicos.

O apoio de setores da Igreja a ditaduras militares, na Europa e na América Latina, e seu silêncio diante das violações dos direitos humanos, é algo que hoje nos envergonha. É necessário apresentar exemplos, pois são fatos demasiado recentes para que possam ser assim esquecidos.

Não foi por acaso que João Paulo II, no Jubileu do Ano 2000, pediu perdão a Deus e à humanidade justamente por esses fatos, quase todos eles do segundo milênio, gesto que foi louvado por toda a humanidade e pela maioria da Igreja, mas que também para alguns católicos, inclusive curiais, foi algo incompreensível e inaceitável: acaso a Igreja pode pedir perdão por seus pecados?

Contudo, certamente muito mais grave do que essa atitude intolerante diante do erro que, no fundo, nascia de uma defesa intransigente da verdade, foi o fechamento da Igreja diante de uma série de grupos e movimentos que postulavam mudanças e que, por não serem muitas vezes apoiados por grupos da Igreja, eram, em princípio, suspeitos. Trata-se, pois, do problema de saber captar a presença do Espírito na história, de saber discernir os sinais dos tempos.

Não se trata propriamente de acolher carismas de dentro da Igreja, mas de discernir sinais que surgem à margem do âmbito eclesial. Sem querer fazer uma lista completa, enumeremos alguns que nos parecem significativos.

Ao famoso caso Galileu pode-se acrescentar as condenações de Giordano Bruno ou das teorias de Darwin, por julgá-las incompatíveis com a Bíblia, interpretadas de modo fundamentalista. Os três "mestres da suspeita", Marx, Freud e Nietzsche, foram considerados muito suspeitos pela Igreja. O *e pur si muove* ("e, apesar de tudo, [a terra] se move") de Galileu deveria fazer a Igreja pensar continuamente, pois tem dificuldades para dialogar com a ciência e, em especial, com a razão ilustrada.

A Revolução Francesa, apesar de seus horrores, não foi vista pelos amplos setores eclesiais mais do que em sua negatividade. Paulo VI, dois séculos depois, em pleno ambiente do Concílio Vaticano II, reconheceu que os ideais da Revolução Francesa – liberdade, fraternidade e igualdade – eram profundamente evangélicos.

A independência da América Latina foi condenada por Roma, pois a considerou obra do demônio. Pio VII, em sua encíclica *Etsi Longissimo*, escreve aos bispos da América hispânica para que não poupem esforços para desarraigar e destruir a funesta cizânia de alvoroços e sedições que o inimigo semeou naqueles países, e que exortem à fidelidade e à obediência ao rei católico Fernando VII, cujas virtudes exalta. Anos mais tarde, Leão XII, em sua encíclica *Etsi Iam Diu* (1824), compara as juntas nacionalistas a gafanhotos devastadores que se formam na obscuridade das trevas, nas quais se concretiza a mais blasfema e sacrílega das seitas heréticas. Libertadores e patriotas sofreram intimidações e até excomunhões. Somente em 1831 Gregório XVI, com suas carta *Sollicitudo Ecclesiarum*, reconhece as novas repúblicas e, finalmente, nomeia bispos residenciais para as novas nações.

É conhecida a postura de Pio IX no *Syllabus* (1864), condenando a liberdade religiosa e a separação entre a Igreja e o Estado, assim como sua oposição à reunificação política da Itália e ao desaparecimento dos Estados pontifícios. Aos católicos italianos foi proibido atuar na política de seu país. Um século depois, felizmente, o Concílio Vaticano II publicou o decreto *Dignitatis Humanae*, a favor da liberdade religiosa, e favoreceu a separação entre Igreja e Estado (GS, n. 76).

Em tempos mais próximos de nós, a Igreja viu a teologia da libertação como um marxismo camuflado e acreditou que os movimentos libertadores da América Latina, concretamente o sandinismo, eram um simples prolongamento do comunismo do Leste europeu. O presidente dos Estados Unidos Ronald Reagan felicitou o Papa João Paulo II por haver "condenado" a teologia da libertação.

É necessário tirar conclusões deste breve, mas doloroso acontecimento. Talvez alguns prefeririam silenciar tais fatos, mas não podemos ocultá-los nem negá-los. A Igreja, em seu conjunto, e acima de tudo em sua estrutura institucional, tem um louvável desejo de conservar a fé da Tradição eclesial; muitas vezes, porém, para defender esta fé, recorreu a métodos que hoje nos parecem antievangélicos e fez-se cega e surda para captar os sinais e as vozes do Espírito que clamavam com força na história e que pediam uma abertura à novidade do Reino de Deus. Com demasiada frequência não soube reconhecer o *kairós*, o tempo oportuno da graça.

A advertência de Paulo aos tessalonicenses acerca de não extinguir o Espírito (1Ts 5,19) é válida para a Igreja de todos os tempos. Não se trata de aceitar qualquer novidade pelo fato de sê-lo, mas de examiná-la por completo, testá-la inteiramente e ficar com o que for bom. Não se pode condenar sem antes dialogar.

Isto nos faz também valorizar ainda mais a importância do Concílio Vaticano II, que, acolhendo as vozes proféticas que surgiam dentro e fora da Igreja, abriu-se aos novos sinais dos tempos e passou "do anátema ao diálogo" (R. Garaudy). Tal tarefa, porém, ainda está inacabada.

Por isso temos de refletir sobre o significado teológico do clamor do Espírito e ver quais são os clamores escutados hoje fora da Igreja.

O clamor do Espírito

Ordinariamente, ao falar do Espírito, acentuamos sua dimensão silenciosa, suave, como o sussurro da suave brisa de Iahweh que Elias percebeu na caverna do Horeb (1Rs 19,12). Isto é real, mas não podemos esquecer que o Espírito, às vezes, atua de forma mais tempestuosa e estrondosa. O Espírito não é apenas sussurro, é também clamor, grito, gemido, pranto, lamento.

De modo geral, nem os dicionários bíblicos nem as grandes sínteses teológicas modernas costumam falar do clamor e menos ainda do clamor do Espírito. No entanto, tanto a Escritura como a Tradição da Igreja, e atualmente as Igrejas do Terceiro Mundo, são muito sensíveis a este clamor do Espírito.

Para compreendê-lo, temos de levar em conta que no Antigo Testamento, de acordo com os especialistas técnicos (Gunkel, Sarna, Miranda, Sivatte...), a palavra clamor (*saaq*) significa "queixa contra a injustiça infligida".

Isto significa que não falamos diretamente do gemido ou do clamor ligado à natureza humana, como o choro da criança ou o sofrimento do ancião enfermo. Referimo-nos, antes, ao clamor que brota de situações injustas, não queridas por Deus.

E cremos que, através deste clamor da injustiça sofrida, descobre-se a presença misteriosa mas real do Espírito que clama pedindo justiça, direito, reconciliação e paz.

João Paulo II, em sua encíclica sobre o Espírito Santo (*Dominum et Vivificantem*), várias vezes citada, dedica toda a segunda parte (nn. 27-48) a elucidar como o Espírito convence o mundo em relação ao pecado, comentando o texto de Jo 16,8-11.

O Espírito, segundo João, refará o julgamento de Caifás, Herodes e Pilatos sobre Jesus, em que triunfaram o pecado e a injustiça, e demonstrará que Jesus era justo e santo. Esta tarefa, porém, continua ao longo da história, e o Espírito clama sempre que se produz uma injustiça. O clamor do Espírito, manifestado através do clamor dos que sofrem injustamente, demonstra ao mundo que tal situação é pecaminosa, contrária ao plano de Deus e oposta ao Reino.

Sem pretensão alguma de ser exaustivos, vejamos como, nas Escrituras, escuta-se tal clamor do Espírito através do grito dos que sofrem injustamente:[19]

---

[19] Pode-se conferir: CODINA, V. Teología del clamor popular. In: *Parábolas de la mina y el lago*. Salamanca, 1990. p. 17-46.

- o sangue de Abel, morto injustamente por Caim, clama ao céu (Gn 4,10);

- o clamor dos israelitas, que sofrem opressão no Egito, sobe até Deus, que o escuta e envia Moisés para libertá-los do faraó (Ex 2,23-25; 3,7.10);

- no creio de Israel se condensa como Deus escutou o clamor do povo oprimido no Egito (Dt 26,7-8);

- Davi agradece a Iahweh por ter escutado seu clamor e por tê-lo libertado das mãos injustas de Saul (2Sm 22,7);

- ao regressar do exílio, Neemias resume a história do povo dizendo que Deus escutou os que clamavam por ele e os libertou (Ne 9,27-28);

- no cântico da vinha, diz-se que em Israel, em vez de justiça, escuta-se o clamor dos oprimidos (Is 5,7);

- no novo céu e na nova terra, ao contrário, já não se escutarão soluços de tristeza nem gritos de angústia (Is 65,19);

- nos salmos é constante o grito do clamor do povo pedindo justiça; o salmo 130, "Das profundezas" (*De profundis*), pode resumir todo este clamor (Sl 130,1-2);

- é o clamor de Jonas no ventre do cetáceo, do lugar dos mortos, clamor que antecipa o de Jesus na cruz (Jn 2,2).

No Novo Testamento, Jesus resume todo este clamor do povo oprimido dirigindo rogos e súplicas ao Pai, com lágrimas e grandes clamores (Hb 5,7). Esse clamor alcançará seu clímax no grito final na cruz, grito de dor, de abandono e de entrega confiante ao Pai (Mt 27,46; Lc 23,46; Mc 15,37).

Este Espírito é o que clama em nós ao Pai (Rm 8,15; Gl 4,6), como já vimos, e o Espírito que clama na criação, pedindo sua libertação da escravidão (Rm 8,22-23), como veremos a seguir mais amplamente.

A Bíblia inteira, do Gênesis ao Apocalipse, é um imenso clamor ao Pai, pedindo a libertação definitiva de toda injustiça e de toda morte. Este clamor é denúncia do pecado, é petição de justiça, é configuração com o clamor do Crucificado, é confiança em Deus, são dores de parto, é oração... A oração é, no fundo, o clamor confiante do povo crente ao Pai, como foi condensado na Liturgia das Horas: "Vinde, ó Deus, em nosso auxílio! Senhor, socorrei-nos e salvai-nos!".

Mas por trás deste clamor multiforme está o Espírito que clama por um mundo novo, pelo Reino de Deus, pela realização da missão de Jesus. A mão do Espírito ajuda e colabora com a mão do filho, com a missão de Jesus.

Por isso, como insinuávamos antes, seria oportuno que na Eucaristia, junto com a primeira epiclese (que pede ao Espírito a conversão do pão e do vinho no corpo e no sangue de Cristo) e a segunda (que pede ao Espírito que a comunidade reunida junto ao altar se converta no corpo eclesial de Cristo), se acrescentasse uma terceira epiclese, que acolhesse tal clamor do Espírito na história e pedisse que viesse o Reino de Deus ao nosso mundo.

Porque este clamor não é algo exclusivo dos tempos bíblicos nem algo do passado. Já vimos até que ponto a Igreja, no passado, conseguiu escutar ou não este clamor.

O Espírito, porém, continua clamando hoje a partir da história, dos sinais dos tempos, do clamor do povo. E isto interpela toda a Igreja, que não pode ficar surda ao dito clamor. Por isso, agora, diremos algo mais concreto a respeito dos diversos clamores do Espírito que se escutam em nosso tempo.

O clamor da "razão"

É difícil expressar de forma sintética e breve o que entendemos por "clamor da 'razão'".

Sob a palavra "razão" incluímos o mundo do Iluminismo moderno, concretamente a chamada "Primeira Ilustração" (que pode simbolizar-se em Kant), que pede que as pessoas se atrevam a pensar; é o mundo da técnica e do progresso científico, dos novos humanismos, da sociologia, da economia, da política, das novas correntes filosóficas e antropológicas, da psicologia, da cibernética etc. Poderíamos resumi-lo na expressão do Concílio Vaticano II que fala acerca das legítimas "autonomias das realidades terrenas" (GS, n. 36).

A Igreja primitiva fez um grande esforço para escutar a filosofia de seu tempo. O filósofo e teólogo mártir Justino dialoga com Platão e fala das sementes do Verbo presentes na humanidade. Os Padres da Igreja, tanto orientais quanto ocidentais, assumem e utilizam categorias platônicas e neoplatônicas de seu tempo, e o mesmo fez Tomás com o aristotelismo. Trento não recusa empregar expressões aristotélicas e escolásticas para falar da Eucaristia (por exemplo, a transubstanciação). No entanto, esse esforço por dialogar com a razão se vai enfraquecendo à medida que avança a razão ilustrada da Modernidade, até se fechar frontalmente a ela.

À Igreja custa muito aceitar a autonomia das coisas criadas, da razão, da política, da arte, da ciência, inclusive da moral. A Igreja sente-se Mãe e Mestra, Senhora e Imperatriz da verdade, e crê que se podem resolver todos os problemas a partir da fé.[20]

Acostumados, durante os séculos de Igreja de Cristandade, a considerar que a filosofia era escrava da teologia, que a Igreja era a única que dava sentido à realidade, a que possuía a verdade de todas as coisas e tinha resposta para todas as perguntas; que a política, a arte, a ciência e a economia não gozavam de autonomia própria; que os reis eram reis pela graça de Deus, consagrados, às vezes, pelo próprio papa; que a arte era sagrada; que a Igreja podia impor aos Estados confessionais suas leis eclesiásticas sobre moral, matrimônio ou política..., alguns cristãos tradicionais seguramente se sentem hoje pouco à vontade diante da mudança operada pelo Concílio Vaticano II e têm saudades da Igreja de Cristandade anterior ao Concílio, à qual gostariam de voltar novamente.

O Concílio Vaticano II exorta-nos a mudar de postural mental e a reconhecer que o Criador concedeu às coisas sua própria consistência (GS, n. 36), que as realidades "profanas" e as da fé têm um mesmo autor, que a Igreja recebe muita ajuda do mundo moderno (GS, n. 44), que os bispos não têm resposta imediata para todas as questões, mesmo graves, que podem surgir (GS, n. 43).

Razão e fé, longe de contrapor-se, são as duas asas do pensamento a completar-se e a enriquecer-se mutuamente, como afirmou João Paulo II em sua encíclica *Fides et Ratio* (1998).

---

[20] Na primeira Conferência Geral do Episcopado Latino-Americano, convocada por Pio XII, no Rio de Janeiro em 1955, afirmava-se: "A Santa Igreja é a depositária da verdade por disposição de Deus; a doutrina cristã funda-se nos princípios eternos e indestrutíveis da verdade divina e, portanto, tem a solução para todos os problemas".

Todo este processo de autonomia da razão, que provém da Modernidade, chega hoje a uma maturação da humanidade, que pede crescimento da liberdade, autonomia das ciências e da própria moral, laicidade da sociedade e do Estado, multiculturalidade, participação de todos na sociedade, eliminação das exclusões por motivo de raça, gênero, cultura ou religião. É um mundo adulto, que não admite nem tutelas nem que outros falem em seu nome ou pretendam ser seus porta-vozes; um mundo leigo que quer, a partir da laicidade, construir critérios morais, relações humanas, fazer progredir a ciência, trabalhar pela justiça e pela paz.

Nasce um humanismo leigo, que não necessariamente nega a Deus nem é laicizante, que está aberto à transcendência e à fé, mas que quer abordar a vida de outro modo, respeitando a autonomia das leis naturais, sentido-se livre, autônomo, crítico, criador e responsável por sua história, nem submisso nem infantil. A laicidade não significa relativismo epistemológico ou moral, nem libertinagem ou perversão do ser humano, mesmo que historicamente se tenha caído, às vezes, nessas deformações. A laicidade quer superar o *Ancien régime* da união entre o trono e o altar; quer deixar para trás o confessionalismo do Estado e também os concordatismos que continuam a crer que o ideal é o Estado confessional (tese) – pois somente a verdade tem direitos –, mas cedem por estratégia (hipótese).

Por sorte, o Concílio Vaticano II, tanto em seu decreto sobre a liberdade religiosa (*Dignitatis Humanae*) como na *Gaudium et Spes*, abre-se a uma visão respeitosa do pluralismo religioso e da autonomia da comunidade política (GS, n. 76). É preciso reconhecer que esta laicidade é difícil e que tem matrizes e características diversas, de acordo com os países.[21] Mas aqui existe um clamor do Espírito que não se pode deixar de escutar.

Ainda mais: este processo de tomada de consciência da adulteza do mundo moderno foi-se agudizando nos últimos anos.

Alguns põem como data mítica o ano de 1968, quando, no Primeiro Mundo, os estudantes do "maio francês" pedem que a imaginação suba ao poder; no Terceiro Mundo, os universitários da Praça das Três Culturas, no México, são crivados por pedir justiça e liberdade; e no Segundo Mundo, na "primavera de Praga", a população sai às ruas para desvencilhar-se do comunismo. Em todas as partes se pede liberdade, rejeição das hierarquias políticas, religiosas, familiares e universitárias. Há uma crise das instituições políticas, religiosas e culturais.

Outros falam da mudança trazida pela queda do muro de Berlim em 1989. Ruiu o comunismo dos países do Leste, o capitalismo neoliberal emerge como a única salvação, e se afirma que chegamos ao final de história (F. Fukuyama), porém, na realidade, aumenta a pobreza no mundo, surgem novos movimentos sociais, e o Clube de Roma mostra a insustentabilidade do modelo econômico atual, destruidor da ecologia.

Outros apontam para o atentado contra as Torres Gêmeas, em 2001, como a irrupção de uma nova época, do conflito de civilizações entre o Ocidente chamado "cristão" e o Islamismo.

Também a partir do ano 2000 surge, em Porto Alegre, o Fórum Social Mundial, que se foi celebrando em

---

[21] GONZÁLEZ FAUS, J. I. *La difícil laicidad*. Barcelona, 2005. Cuadernos Cristianisme i Justicia, 131.

seguida em diversos lugares da Ásia (Mumbay), África (Nairóbi) e América Latina (Caracas), e onde milhares de pessoas de toda raça, gênero, cultura, idade e religião clamam que "outro mundo é possível".

O certo é que estamos diante de um verdadeiro "tsunami" social, científico, econômico, político e cultural que deixa muita gente perplexa, e diante do qual a Igreja, como instituição, sente-se deslocada: suas estruturas de governo, sua moral sexual e social, sua atitude perante a sociedade, diante das outras Igrejas e religiões, diante das culturas, ante os jovens, em relação às mulheres, no confronto com os avanços científicos, perante a cibernética... já não respondem às exigências do mundo de hoje. O próprio Concílio Vaticano II, que ainda não foi assimilado em muitos setores, já se tornou insuficiente diante desses novos paradigmas.

São muitos os católicos de diversos países e ambientes sociais que opinam que a Igreja não pode continuar mantendo seu involucionismo eclesial nem voltar a um restauracionismo pré-conciliar, pois o processo é irreversível. Muitos acreditam que a Igreja não consegue aceitar um mundo leigo que lhe escapa da tutela nem se convence de que ela não é a única fonte de moralidade. Para diversas pessoas, no fundo, a Igreja oficial não levou a sério nem aceitou de coração o Concílio Vaticano II nem a constituição *Gaudium et Spes*; ao contrário, deseja restaurar, em pleno século XXI, a Cristandade medieval, configurar uma neocristandade. Pretende manter-se como uma fortaleza inexpugnável e disciplinada, com uma espiritualidade exigente no âmbito pessoal, mas muito distante do mundo que está nascendo hoje. Diante de teólogos e historiadores do Concílio Vaticano II (como G. Alberigo e E. Vilanova), que mostram a novidade e originalidade do Concílio, há setores da Igreja que se empenham em não ver o Concílio Vaticano II senão em continuidade com o passado medieval de Cristandade, sem novidade nem mudança.

Para muitos cristãos – não somente teólogos, mas também sacerdotes, religiosos e leigos –, a Igreja oferece à sociedade a imagem de uma instituição autoritária, piramidal e centralista, e isto precisamente diante de um mundo que busca participação democrática; a Igreja professa uma espiritualidade muito desencarnada em um mundo em profundo processo de transformação, aparece como uma instituição sumamente patriarcal em um mundo onde irrompe o feminismo, conserva um paternalismo social em um mundo que já tem voz para expressar suas exigências. No fundo, não se reconciliou com a Modernidade, por isso deseja desativar o Concílio Vaticano II. É uma Igreja na defensiva, temerosa, assustada, agressiva, que fecha as janelas que João XXIII havia aberto, que publica catecismo com perguntas e respostas claras e que dá receitas morais.[22]

Todas essas apreciações, mesmo aceitando que possam ser matizadas, suscitam a dúvida de se a Igreja crê realmente que o Espírito guia e dirige a história, ou se, ao contrário, não tem medo da novidade do Espírito e gostaria de apagá-lo e extingui-lo para poder permanecer tranquila e manter seu estilo e ritmo tradicionais de séculos passados.

Esta Igreja temerosa e autoritária tem uma palavra válida e crível para o mundo de hoje, quando mantém estruturas e atitudes que refletem a sociedade pré-moderna e anterior ao Concílio Vaticano II? Com que autoridade moral a Igreja pode dirigir-se a governos autoritários, aos jovens, às mulheres? Como pode falar do respeito

---

[22] BOTEY VALLÉS, J. Reconstruir la esperanza. *Vida Nueva* 2.577 (agosto 2007).

aos direitos humanos na sociedade quando ela, em seu foro interno, muitas vezes não os respeita? Já Congar se havia lamentado do tratamento pouco respeitoso que se dava aos teólogos em conflito, e agora é P. Hünermann, último editor do Denzinger, quem pediu que se reestruturasse o funcionamento da Congregação para a Doutrina da Fé, porque seu modo atual de proceder mantém a estrutura de censura dos sécs. XVII-XVIII, típica dos Estados europeus daqueles tempos, e não responde às exigências mínimas do mundo de hoje.[23]

Evidentemente, é preciso exigir sério discernimento e não acreditar que procede do Espírito tudo o que é novo pelo simples fato de ser novo. Como veremos a seguir, a Modernidade não somente oferece aspectos positivos; também tem suas limitações, erros e pecados, por isso deve ser discernida e confrontada com a vida, a morte e a ressurreição de Jesus de Nazaré e com a Tradição viva da Igreja.

Não podemos, porém, nos converter em "profetas de calamidades" e condenar em bloco tais mudanças de paradigmas, por trás dos quais é preciso escutar o clamor do Espírito que quer um mundo diferente e também uma Igreja diferente, mais próximos do projeto de Jesus do Reino de Deus.[24]

Precisamente, se o Espírito, no Evangelho de João, argui o mundo acerca do pecado e da injustiça (Jo 16,7-11), isto significa que o Espírito nos pede mudanças

---

[23] HÜNERMANN, P. Las publicaciones de Jon Sobrino. ¿Es éste el pontificado de Benedicto XVI? *Revista Latinoamericana de Teología* 70 (enero-abril 2007) 111-120.

[24] Diante de tantos medos e desejos de restauração de muitos setores da Igreja, reconforta o otimismo esperançoso do velho Cardeal de Viena Franz König, um dos protagonistas do Concílio Vaticano II, que afirmava que o Concílio evitou uma catástrofe para a Igreja e que é preciso continuar renovando a Igreja, pois o Concílio Vaticano II é um marco irrenunciável. Cf. KÖNIG, F. *Iglesia, ¿donde vas?* Santander: Sal Terrae, 1986.

profundas, e que não permaneçamos por mais tempo em uma situação que se torna hoje insustentável para uma humanidade adulta. Estamos em uma mudança de época, perante o surgimento de novos paradigmas; mas, a partir da fé, podemos descobrir que, no fundo de tudo isso, pulsa a presença do Espírito, que quer renovar a face da terra (Sl 104,30). Estamos em tempo de parto, em momentos de aperto, mas o Espírito pode converter a tristeza em alegria (Jo 16,21-22).

O clamor dos pobres

Ordinariamente, o Primeiro Mundo é muito sensível aos desafios da "razão" moderna, da chamada "primeira Ilustração", que reclama o respeito pela autonomia das realidades criadas e exige da Igreja uma postura diferente diante do mundo autônomo e leigo de hoje. Há teólogos europeus que dão a impressão de que o problema da Igreja se reduz a transformar suas estruturas internas, reformar seus ministérios, renovar a moral sexual, dialogar com a ciência e as religiões e respeitar os direitos humanos (sobretudo os dos teólogos!) na Igreja. Tudo isso, por mais legítimo e necessário que seja, é totalmente insuficiente. A partir do Terceiro Mundo, vê-se claramente que é preciso escutar outro clamor do Espírito, o clamor que provém dos pobres.

Como vimos anteriormente, o clamor do Espírito é predominantemente um clamor profético que pede justiça, é o clamor dos que sofrem injustamente. É o clamor de Abel, dos israelitas no Egito, dos desterrados na Babilônia, dos injustamente marginalizados e excluídos no tempo de Jesus: pecadores, leprosos, enfermos, mulheres, crianças, samaritanos, povo pobre... Jesus, como o Iahweh do Êxodo, escuta seu clamor, compadece-se deles, integra-os na sociedade, defende-os, come com eles, dá-lhes de comer, identifica-se com eles de tal modo que o juízo final versará sobre o modo pelo qual tenhamos agido em relação a eles (Mt 25,31-45).

Ainda mais: como já vimos, Jesus condensa e resume em sua própria existência este clamor: nos dias de sua vida mortal, clama com lágrimas ao céu (Hb 5,7), e na cruz morre clamando ao Pai (Mc 15,33-37; Mt 27,45-50; Lc 23,46). O Pai o escutará, não libertando-o da morte, mas ressuscitando-o.

Através desse clamor dos pobres, é o Espírito que clama pedindo justiça e libertação da opressão, é o clamor pelo Reino, pela nova terra e pelo novo céu. O Espírito de justiça, que ungiu reis e profetas e o próprio Jesus (Lc 4,16-21), é o que clama através dos pobres do mundo.

A Igreja, desde seu nascimento em Pentecostes, foi sensível a esse clamor, e os sumários dos Atos dos Apóstolos refletem esta inquietude da comunidade de Jerusalém por edificar um mundo fraterno e solidário com o pobres (At 2,42-47; 4,32-35).

Toda a história da Igreja é uma contínua escuta e resposta a esse clamor. Como desenvolveu Bento XVI em sua encíclica *Deus é Amor*, junto ao querigma e à liturgia a Igreja exerceu sempre a diaconia, o serviço aos pobres (n. 25). Essa diaconia foi adotando, no correr dos séculos, diversas formas de serviço: a pobres, encarcerados, órfãos, viúvas, estrangeiros, prisioneiros, enfermos... (nn. 20-25). Desde o século XIX, essa diaconia da Igreja não se limita à caridade, mas busca mudar as estruturas injustas da sociedade, em linha com a Doutrina Social da Igreja (nn. 26-29).

A vida religiosa, desde suas origens monásticas até as formas mais modernas, sentiu-se interpelada por esta tarefa de responder ao clamor dos pobres. A encíclica cita explicitamente Antão Abade, Francisco de Assis, Inácio de Loyola, Camilo de Léllis, Vicente de Paulo, Luísa de Marillac, José B. Cottolengo, João Bosco, Luís Orione, Teresa de Calcutá (n. 40). Mas a lista poderia aumentar muito mais, pois foram inumeráveis as pessoas, grupos e comunidades que se comprometeram com os pobres ao longo da história da Igreja.

De qualquer maneira, até nossos dias, a Igreja foi mais sensível e propensa à assistência do que à prática da justiça; sente-se mais identificada com Madre Teresa (já beatificada) do que com Monsenhor Romero (cuja beatificação encontra muitas dificuldades e oposições).

Indubitavelmente, o Concílio Vaticano II, ao abrir-se aos sinais dos tempos, inaugurará uma nova época com esta escuta do clamor dos pobres.

João XXIII, um mês antes da abertura do Concílio Vaticano II (11.09.1962), afirmou que "diante dos países subdesenvolvidos, a Igreja se apresenta como é e deseja ser: a Igreja de todos e, particularmente, a Igreja dos pobres". Já na primeira sessão do Concílio, o Cardeal Lercaro, em uma célebre intervenção (6.12.1962), afirmou que a pobreza não era uma questão puramente social, mas cristológica, que se devia introduzir na constituição sobre a Igreja (*Lumen Gentium*), visto que é um aspecto essencial do mistério de Cristo que marca a vida da Igreja: sempre que a Igreja quis ser fiel ao Evangelho do Senhor, aproximou-se dos pobres; e vice-versa: o distanciamento dos pobres afastou a Igreja do Evangelho de Jesus.

Apesar de tudo, o desejo de João XXIII, de que a Igreja conciliar fosse especialmente a Igreja dos pobres, não se cumpriu no Concílio Vaticano II, que tão somente fez umas breves alusões ao tema dos pobres em alguns poucos textos (LG, n. 8, e GS, n. 1). Seguramente, a procedência centro-europeia da maioria dos bispos e teólogos protagonistas no Concílio Vaticano II pode explicar tal falta de sensibilidade para o tema dos pobres. As poucas vozes do Terceiro Mundo e, concretamente, da América Latina (Helder Câmara, Larraín...), que pediam maior proximidade aos pobres e lançaram propostas para uma Igreja mais pobre, ficaram como simplesmente testemunhais.

Mas os desejos de João XXIII, de uma Igreja dos pobres, começaram a se tornar realidade quando Paulo VI quis que o Concílio Vaticano II fosse levado aos diferentes continentes, à África (Kampala, 1969), Ásia (Manila, 1970) e América Latina (Medellín, 1968). Foi singularmente em Medellín que o Concílio Vaticano II não somente se aplicou à América Latina, mas foi recebido de forma ativa, fazendo uma releitura a partir de um continente marcado por pobreza injusta.

A maioria dos bispos da América Latina, que no Concílio Vaticano II não haviam desempenhado um papel protagônico, porque não estavam a par das novas correntes teológicas europeias, tampouco estavam conscientes da grave situação de seus países, em Medellín escutaram o clamor de seu povo: "Um clamor surdo brota de milhões de homens pedindo a seus pastores uma libertação que não lhes chega de parte alguma" (Medellín, Conclusões, *A pobreza da Igreja*, n. 2).

Em Medellín, os bispos se convertem em profetas que denunciam a injustiça e proclamam a exigência de uma libertação para o povo. É um verdadeiro Pentecostes.

Essa mudança de postura não é casual, mas está intimamente unida a uma série de fatos sociais e políticos acontecidos na América Latina: os pobres haviam começado a irromper na história da sociedade e da Igreja. A revolução cubana de 1959 e outras mudanças sociais e políticas, a passagem da teoria socioeconômica desenvolvimentista para a teoria da independência, o surgimento de cristãos comprometidos com a justiça, o nascimento das comunidades de base, a reflexão teológica a partir dos pobres (a chamada Teologia da Libertação), uma geração de bispos bem próximos do povo, chamados imediatamente "os Santos Padres da América Latina" (Proaño, Méndez Arceo, Helder Câmara, Silva Henríquez, Landázuri, Arns, Lorscheider, Méndez de Almeida...) tornaram possível essa mudança de postura.

Se no Primeiro Mundo a Modernidade havia-se concentrado na "primeira Ilustração" (simbolizada em Kant), no horizonte do Terceiro Mundo aparece a chamada "segunda Ilustração", sensível à injustiça, à necessidade de libertação, à práxis, à transformação da realidade. Um nome que poderia simbolizá-la é Marx, o que não supõe que esta "segunda Ilustração" aceite a ideologia marxista, mas que é sensível a situações de injustiça econômica e busca transformar tal realidade. É a passagem da Modernidade à solidariedade.

A reflexão humana e teológica que surge agora se fixa na realidade de injustiça do povo e leva a sério o que o Concílio Vaticano II havia dito a respeito dos sinais dos tempos: não partem da Trindade (LG, cap. I), mas de um povo que passa fome, que morre antes do tempo, que é injustamente oprimido por estruturas injustas que constituem um autêntico pecado estrutural. Seu interlocutor não é o mundo moderno, desenvolvido, culto, rico, secularizado e um tanto agnóstico, mas um mundo pobre, excluído, condenado à morte antes do tempo: o mundo dos insignificantes, dos oprimidos, que clamam como os israelitas no Egito esperando a libertação. O contexto (*Sitz im Leben*) não é um contexto no qual a vida se dá por descontada, mas um contexto de morte (*Sitz im Tode*). O clamor dos pobres, verdadeiro sinal de nosso tempo, constitui um lugar teológico especial e privilegiado, não como fonte de revelação, mas como lugar adequado onde a Palavra se faz história e o Espírito a recria.[25]

A III Conferência do Episcopado Latino-Americano, reunida em Puebla (1979), durante o pontificado de João Paulo II, ainda que reflita a mudança eclesial produzida pela morte de Paulo VI, mantém as linhas de Medellín. Começa afirmando que o clamor que em Medellín pôde ser surdo agora é claro, crescente, impetuoso e, por vezes, ameaçador (*Puebla*, n. 89). Descobre os traços sofredores de Cristo nos rostos das crianças golpeadas pela pobreza já antes de nascerem, no rosto de jovens desorientados, de indígenas marginalizados, de camponeses em situação de exploração, de operários mal remunerados, de desempregados e subempregados, de marginalizados e amontoados urbanos, de anciãos encostados por não serem produtivos... (*Puebla*, nn. 31-39). A partir desta realidade, contrária ao projeto de Deus (*Puebla*, n. 28), a Igreja latino-americana faz a opção preferencial pelos pobres (*Puebla*, nn. 1.134-1.165).

---

[25] ELLACURÍA, I. *Conversión de la Iglesia al Reino de Dios*. Santander: Sal Terrae, 1984. p. 153-178.

Tal reflexão libertadora e tal postura da Igreja em relação aos pobres não são novas na América Latina, como Puebla mesma expressa em um texto a que já aludimos antes sobre os defensores dos índios e as grandes sínteses de evangelização e promoção humana das missões dos religiosos (*Puebla*, nn. 8-9).

Nos anos que se seguiram a Medellín e a Puebla, as ditaduras militares dão a essa perspectiva libertadora um matiz martirial: bispos como Romero (El Salvador), Angelelli (Argentina), Gerardi (Guatemala), catequistas, camponeses, sacerdotes, religiosas e religiosos, indígenas, operários, mulheres e crianças... morrerão mártires pelo Reino e sua justiça. Também teólogos como Ellacuría e seus companheiros, professores de universidade, darão testemunho de que a teologia e a reflexão universitária, quando se escuta o clamor dos pobres e se adota uma postura libertadora, são proféticas e perigosas em um mundo de injustiça.

Esta reflexão teológica libertadora, surgida na América Latina, não é uma teologia de "genitivo", ou seja, que trate somente do problema da libertação do povo explorado, mas é uma teologia que abarca todos os temas teológicos, porém a partir da perspectiva dos pobres.[26] É uma teologia que parte do pressuposto de que a salvação tem uma dimensão não apenas interior e escatológica, mas também histórica. A teologia não é neutra, tem de tomar o partido dos pobres. É uma teologia feita desde baixo, a partir do reverso da história,

---

[26] Cf., por exemplo, a síntese mais bem-sucedida da teologia da libertação em *Mysterium liberationis*, editado por I. ELLACURÍA e J. SOBRINO, Madrid, 1990, onde escrevem os principais teólogos da libertação sobre todos os grandes temas da teologia. A relação entre Espírito e libertação foi desenvolvida por J. COMBLIN, *El Espíritu Santo y la liberación*, Madrid, 1986. Uma visão panorâmica do desenvolvimento da teologia da libertação pode ser vista em: SUSIN, L. C. (ed.). *El mar se abrió. Treinta años de Teología en América Latina*. Santander: Sal Terrae, 2001.

posterior à práxis libertadora; uma teologia da misericórdia, que se comove como Jesus ante o sofrimento do povo. Seu horizonte não é simplesmente a Igreja, mas o Reino de Deus.

Sua metodologia reflete sua visão teológica. Parte da realidade do sofrimento do povo (mediação socioanalítica), que é iluminada pela Palavra (mediação hermenêutica) para concluir em uma práxis libertadora (mediação práxica). Seu ponto de partida implica, em primeiro lugar, uma experiência humana, pré-teológica, que se comove ante o sofrimento humano, indigna-se perante a injustiça e quer aliviar aquele e combater esta. Tal atitude humana primária de misericórdia se converte, a seguir, em uma experiência espiritual ao experimentar Cristo nos pobres, nos crucificados deste mundo, expressão do pecado do mundo e, ao mesmo tempo, revelação, em sua alteridade excluída, do rosto do Deus do Reino que quer vida para todos.

Esta teologia mostrou-se conflituosa não somente para os setores dominantes da sociedade e defensores do sistema, mas também para a Igreja. Duas instruções da Sagrada Congregação para a Doutrina da Fé, *Libertartis Nuntius* (1984) e *Libertatis Conscientia* (1986), conforme vimos anteriormente, questionaram fortemente a supracitada teologia. É dever do Magistério da Igreja esclarecer as doutrinas e discernir os sinais dos tempos, mas, para isso, no entanto, é preciso antes escutar e tentar compreender o que se diz, por que se diz e a partir de onde se diz. Os teólogos da libertação, em todo caso, não se sentiram bem interpretados por esses documentos; sentiram que eles caricaturavam suas posturas, vendo nelas ideologia, postulados e estratégias marxistas. Não por acaso, teólogos como Rahner e Congar saíram em defesa de teólogos da libertação como Gustavo Gutiérrez, seu principal protagonista.

Os frutos das opções da Igreja latino-americana, apoiados pela teologia da libertação, foram realmente evangélicos: novos carismas laicais que se converteram em agentes de pastoral e de promoção humana; novas figuras de bispos e de presbíteros vizinhos ao povo e defensores dos pobres; uma vida religiosa que começou a inserir-se em setores pobres e populares do continente; um novo ecumenismo entre as diferentes Igrejas que lutavam conjuntamente pela libertação do povo...; e tudo isso rubricado, muitas vezes, como já vimos, com o sangue do martírio. A escuta do Espírito, através do clamor dos pobres, deu frutos evangélicos.

Contudo, esta primavera eclesial latino-americana dos anos 1970-1980 parece ter entrado em crise a partir dos anos 1990. A queda do muro de Berlim foi vista por muitos como o ocaso de muitas utopias. O triunfo do neoliberalismo parece convidar à resignação. A Pós-Modernidade introduz elementos psicológicos e individualistas na consciência dos povos. Passou-se de Prometeu, o herói do progresso, para Narciso, aquele que se deleita em sua autocontemplação. Às ditaduras sucedeu-se em quase toda a América Latina uma época de democracias, e se estabeleceu a paz entre as guerrilhas e os governos.

No âmbito eclesial, vive-se uma situação de inverno: vão desaparecendo os bispos "Santos Padres" da América Latina; as comunidades de base entraram em declínio: a IV Conferência Episcopal Latino-Americana, reunida em Santo Domingo (1992), muda o método de reflexão e parece querer dar uma guinada na pastoral; alguns teólogos da libertação morreram, outros abandonaram o ministério e outros, finalmente, foram martirizados. Parece que se vive um tempo de silêncio, de perplexidade, de desesperança. Para alguns, a opção pelos pobres, Medellín e Puebla foram um pesadelo da juventude. A teologia da libertação morreu, pois, com a queda do muro de Berlim. Se nos anos 1970-1980, o paradigma do êxodo parecia dominar o ambiente eclesial, agora predomina o do exílio. Como Israel no exílio, agora parece que se vive tempos de perplexidade e confusão.

Perante quem afirma que a teologia da libertação morreu e que já não se escuta o clamor dos pobres, é preciso afirmar que os pobres aumentaram: agora são excluídos, massas sobrantes, insignificantes (G. Gutiérrez), "ninguéns" (E. Galeano), vítimas (J. Sobrino)... E enquanto houver pobres haverá necessidade de escutar seu clamor, que é o clamor do Espírito.

Todavia, não podemos afirmar que nada aconteceu, que tudo continua tal como antes. Houve mudanças na sociedade e na Igreja, na cultura e na política. Se é preciso partir da realidade, se é preciso escutar, esta nova realidade é que deve ser escutada.

É mister fazer uma nova análise da realidade e completar a apreciação social e econômica (mediação socioanalítica) com outras mediações antropológicas, culturais, de gênero, religiosas, ecológicas... Em breve voltaremos a este ponto.

É preciso fazer nova reflexão teológica que, sem negar tudo o que foi adquirido anteriormente, enriqueça-o com novas luzes. Mais concretamente, é preciso reforçar e completar a Cristologia libertadora de Jesus de Nazaré com uma adequada Pneumatologia. É o Espírito quem suscita profetas, quem unge Jesus e o envia a anunciar o Evangelho aos pobres (Lc 4,16s). Se isto não fica bem claro, existe o perigo de se inclinar rumo a um seguimento de Jesus excessivamente voluntarista, ético, um tanto milenarista. Sem a mão do Espírito, a missão do Filho pode ficar, com o tempo, deformada, convertida em Jesusologia, sem abrir-se ao mistério Trinitário. Quiçá algumas crises na Igreja da América Latina não se devam a este déficit de Pneumatologia teórica e prática. Tudo isso está intimamente unido à análise da realidade, que, como vimos, não pode ser unicamente socioeconômica. Provavelmente era isso o que se intuía em Roma e se queria evitar com as duas instruções, mas que não se soube expressar nem se conseguiu formular corretamente.

A essa nova iluminação deve suceder nova práxis, que seguramente, agora, se vislumbra mais modesta, mais realista, sabendo que as grandes transformações estruturais são difíceis, supõem mudanças pessoais e processos longos de conscientização e conversão.

Alguém já disse que é preciso passar de elefantes a formigas. Talvez a imagem da mulher que com um pouco de fermento faz levedar três medidas de farinha (Mt 13,33) possa servir de paradigma para o momento socioeclesial de hoje.

A V Conferência Episcopal Latino-Americana e do Caribe, reunida em Aparecida (2007), volta ao método "ver-julgar-agir", renova a opção pelos pobres (*Aparecida*, nn. 391-398) e insiste em que temos de nos tornar discípulos e missionários de Jesus Cristo, para que, nele, nossos povos tenham vida.

Esta nova situação nos abre ao capítulo seguinte, a escutar o clamor do Espírito nos diferentes.

Antes, porém, de entrar no tema seguinte, gostaria de fazer algumas observações e levantar algumas questões.

O fato de que o clamor dos pobres se tenha escutado na América Latina e se tenha considerado um lugar teológico privilegiado pela Teologia da Libertação não significa, de modo algum, que este clamor seja exclusivo da América Latina, e que somente a partir daí se tenha elaborado uma reflexão e uma práxis libertadora. A América Latina certamente reúne uma dupla condição que não se dá em outros continentes: a de ser um continente majoritariamente pobre e cristão. Contudo, desde o começo dos anos 1970 setores cristãos inquietos, tanto da África como da Ásia, e também da América do Norte e da Europa, sintonizaram-se com essa atitude e com este pensamento. A Associação Ecumênica de Teólogos dos Terceiro Mundo (Asett/Eatwot) agrupa muitos desses teólogos, que realizaram reuniões em diversos continentes. As ênfases, em cada lugar, são diversas, mas a preocupação é comum.

África, continente esquecido e perdido, verdadeira *shoa* de nosso tempo (Casaldáliga), pecado da Europa (L. de Sebastián), é um mundo de horror e de iniquidade que escuta o clamor dos pobres a partir de seu contexto de "apartheid", refugiados e diferenças culturais e tribais.[27] A Ásia, no contexto do diálogo entre as religiões, com a teologia de *minjung* e dos *dalit* e a teologia narrativa dos mitos originais, também escuta e reflete sobre este clamor.[28]

---

[27] LOIS, J. Teología de la liberación africana. In: COMBLIN, J.; GONZÁLEZ FAUS, J. I.; SOBRINO, J. *Cambio social y pensamiento cristiano en América Latina*. Madrid, 1993. p. 237-250.

[28] GISPERT-SAUCH, G. Teología de la liberación en Oriente. In: COMBLIN; GONZÁLEZ FAUS; SOBRINO, *Cambio social y pensamiento cristiano en América Latina*, p. 251-262.

Mas o Primeiro Mundo também não pode ficar surdo a este clamor dos pobres. Não se trata unicamente de manter a memória do holocausto judeu de Auschwitz,[29] mas de reconhecer que a Paixão do Senhor continua presente hoje na paixão do povo: o fluxo constante de milhões de emigrantes "sem documentos" que vão ao Primeiro Mundo em busca de melhores condições de vida: africanos que viajam e morrem em pequenas embarcações são repatriados de forma cruel, ou são discriminados por sua cor e religião; latino-americanos muitas vezes marginalizados e desprezados ("índios", "sudacas" [termo pejorativo na Espanha para sul-americanos]) e às vezes repatriados; asiáticos de diversos países do Oriente... A isso se acrescenta todo o chamado "Quarto Mundo", com seus grandes bolsões de pobreza: alcoólatras, aidéticos, anciãos, desempregados, jovens que vivem nas ruas, encarcerados...

Podemos nos perguntar agora o que implica para toda a Igreja escutar o Espírito que clama através dos pobres.

Em primeiro lugar, significa que a Igreja deverá ter uma atitude "excêntrica", ou seja, deverá estar voltada para fora, porque seu centro não é ela mesma, mas o Reino de Deus. Sua primeira preocupação não há de ser a de manter suas estruturas, seus privilégios, suas instituições, seu prestígio de Povo de Deus (*laós*), mas a de defender a vida e os direitos dos pobres, do povo marginalizado e crucificado ao qual Jesus atendia em primeiro lugar (*óchlos*). Há de ser advogada da justiça, denunciar profeticamente as injustiças de nosso mundo: o neoliberalismo, a dívida externa, o abuso das multinacionais nos países possuidores de matérias-primas,

---

[29] METZ, J. B. *Memoria passionis*. Santander: Sal Terrae, 2007.

o comércio injusto, o tráfico de mulheres, o armamentismo, o narcotráfico, a destruição do meio ambiente... Hoje nos surpreende e até nos escandaliza o fato de que a Igreja tenha sido tão pouco lúcida em condenar em tempo a escravidão. Talvez no futuro se escandalizarão de nossa apatia, miopia e surdez em não condenar o sistema neoliberal, fonte de novas escravidões em nosso tempo. Nesta tarefa profética, a Igreja há de atuar conjuntamente com outras Igrejas e religiões. Os pobres nos unem a todos. É preciso tirar da cruz os pobres, os crucificados deste mundo.[30]

Contudo, ademais, alguns se perguntam pelas repercussões que deveria ocorrer na própria vida interna da Igreja o escutar o clamor dos pobres. Não implicaria transformar muitas estruturas econômicas, administrativas e pastorais da Igreja? Temo-nos perguntando alguma vez o que pensam os pobres, membros de nossas distintas comunidades eclesiais, acerca dos palácios e cômodos vaticanos, acerca de nossas cúrias episcopais e nunciaturas, acerca do nível de vida dos ministros ordenados e da vida religiosa...? O que aconteceria se a Igreja, em vez de centrar-se – como fez durante muito tempo – na moral sexual, acentuasse com a mesma força os deveres sociais e de justiça dos cristãos? O que aconteceria se a exclusão da comunhão que se exige por "coerência eucarística" dos políticos defensores do aborto, dos divorciados que voltaram a casar-se... fosse exigida dos ditadores, dos latifundiários, dos empresários que exploram os trabalhadores, dos que negociam com armas, dos que mantêm estruturas econômicas injustas...? Como se deveria dividir o clero, se tivermos de

---

[30] VIGIL, J. M. (org.). *Bajar de la cruz a los pobres. Cristología de la liberación*. México, 2007. Comisión Teológica Internacional de la Asociación de Teólogos del Tercer Mundo.

privilegiar a evangelização dos pobres? Como deveriam ser nossas instituições educacionais? A quem deveriam favorecer? Com que mentalidade deveriam sair delas nossos alunos...?

À luz do clamor do povo pobre e cristão, muitos se perguntam como deveríamos valorizar a religiosidade popular, a fé do povo. Como deveriam ser nossas liturgias, nossas catequeses e homilias, se escutássemos de verdade o clamor dos pobres? Acaso os pobres entendem os documentos do Magistério da Igreja, do mesmo modo que os pobres do tempo de Jesus entendiam suas parábolas? Se é verdade que aos pequenos, pobres e simples foram revelados os mistérios do Reino, ocultados aos sábios e prudentes (Lc 10,21), não deveríamos escutá-los e deixar-nos evangelizar por eles? Estamos convencidos de que o único sacramento necessário para a salvação é o sacramento do pobre,[31] fora do qual não há salvação?[32]

Poderíamos resumir este excurso com a voz profética e poética de Pedro Casaldáliga:

> O Espírito
> decidiu
> administrar
> o oitavo sacramento:
> a voz do Povo![33]

---

[31] PIXLEY, J.; BOFF, C. *Opción por los pobres*. Madrid, 1986. p. 133.
[32] SOBRINO, J. *Fuera de los pobres no hay salvación*. Madrid, 2007.
[33] CASALDÁLIGA, P. *Cantares de la entera libertad*. Madrid, 1984. p. 73.

O clamor dos "diferentes"

Até agora vimos que o Espírito clama através dos pobres, que seu clamor pedindo justiça é o clamor do Espírito, "pai dos pobres", como cantam os hinos medievais sobre o Espírito.

Agora demos um passo a mais, um passo que não é fácil dar porque muitas vezes os "diferentes" são também pobres e, às vezes, é difícil desligar ambos os aspectos.

Entendemos por "diferentes" os "outros", os "distintos", expressão da "alteridade", da "dessemelhança", da "outreidade", da diversidade "qualitativa", não simplesmente quantitativa, o que supõe uma sensibilidade que ultrapassa a razão instrumental ilustrada e nos abre à razão simbólica.

Reconhecer a existência de seres "diferentes", que não são simplesmente "como nós", não e fácil, pois implica sair do narcisismo personalista que tende a ver os demais como reflexo de nossa imagem e semelhança. Quando alguém, finalmente, não tem outra saída senão reconhecê-los como "diferentes", tende a um destes dois extremos: ou a querer integrá-los e assimilá-los a si mesmo, fazendo com que os diferentes percam sua identidade, ou a afastá-los e excluí-los precisamente por serem diferentes, outros, diversos, estranhos, estrangeiros.

Esses "diferentes" passam, pois, muitas vezes, de fato, a ser realmente excluídos por nós e pela sociedade, mas sua diferença não se reduz a uma exclusão econômica ou social. Há um núcleo irredutível que não se deixa manipular.

Essas diferenças podem ser de tipo bem diferente: diferenças sexuais, culturais, raciais, religiosas, etárias etc. Uma mulher, ainda que seja muito oprimida e marginalizada, não é somente uma pessoa marginalizada, é uma pessoa diferente, "outra", diferente do varão. A cultura indígena, mesmo que tenha sido durante séculos empobrecida e marginalizada, não pode ser reduzida a um empobrecido. O mesmo vale para outras diferenças, cuja identidade muitos grupos reclamam com todo o direito.

O que queremos dizer neste parágrafo é que, através do apelo dos "outros", do clamor desses "diferentes", está clamando o Espírito, que é um Espírito que respeita as diferenças e as particularidades, não propicia o monopólio centralizador e absorvente de um setor sobre os demais.

Certamente, a narração que os Atos dos Apóstolos fazem de Pentecostes é o melhor símbolo e a melhor expressão do que queremos dizer.

O relato lucano descreve-nos, com grande riqueza plástica, que, enquanto estavam reunidos os discípulos com Maria e algumas mulheres (At 1,13-14), não somente a casa foi sacudida por uma impetuosa rajada de vento (At 2,1-2), mas sobre cada um dos que estavam reunidos pousou uma língua de fogo, e todos se encheram do Espírito e começaram a falar em diversas línguas (At 2,3-4).

Ao narrar esse acontecimento, sem dúvida Lucas tem presente como pano de fundo o relato de Babel (Gn 11,1-9), em que aparece o episódio da confusão das línguas. Em Babel, o pluralismo rompe a unidade e se dispersa; em Pentecostes, o pluralismo de línguas gera unidade e comunhão, abre um futuro universal, a missão apostólica a todos os povos, raças e culturas, respeitando a unidade em um mesmo Espírito. Este fato, que Pedro considera algo anunciado já pelo profeta Joel

(Jl 3,1-5), será na Igreja primitiva um sinal da abertura aos gentios (At 10,46; 11,15; 19,6; 1Cor 12,24).

O fruto deste dom multiforme do Espírito será que a multidão congregada em Jerusalém naqueles dias se admirará com grande estupor de que cada um ouça os apóstolos falar em sua própria língua nativa, apesar de os apóstolos falarem o dialeto galileu (At 2,5-6). E para atestá-lo enumeram-se os diferentes povos e línguas ali reunidos: partos, medos, elamitas, gente da Mesopotâmia, Judeia, Capadócia, Ponto, Ásia, Frígia, Panfília, Egito, Líbia, romanos, cretenses e árabes. Esta descrição lucana abarca toda a terra de então, conhecida e habitada, a "ecumene" daqueles tempos.

Sabemos o que custou aos apóstolos e a Paulo abrir o Evangelho a outras culturas e religiões sem obrigá-las a seguir ritos e costumes judeus. Tanto os Atos (At 15) quanto as cartas paulinas (Gl 2) nos descrevem essas vicissitudes. À primeira comunidade custou muito aceitar que o Espírito pudesse derramar-se sobre "outros", "diferentes" do povo eleito de Israel.

Na realidade, os anos do exílio de Israel na Assíria e na Babilônia foram uma lenta preparação para abrir-se a essas "diferenças". O exílio não foi somente um tempo de dor, nostalgia e purificação do povo ao se ver desterrado de sua pátria, sem templo, sem reis nem sacerdotes, mas constituiu um momento de grande aprofundamento humano e espiritual. Fazem memória do passado, releem sua história de salvação, reconhecem que Iahweh, o Deus que salvou o povo de Israel do Egito e que eles experimentam como Pai, Mãe, *Goel* (protetor), é o mesmo Deus criador do universo, de todos os povos e nações. No exílio e no pós-exílio, lentamente redescobrem o valor da vida cotidiana (Coélet/Eclesiastes), da dor não como castigo de Deus (Jó), do corpo e da sexualidade (Cântico dos Cânticos); integram a mulher, tão excluída (Rute, Ester, Judite); abrem-se a uma visão universal da salvação (Jonas), à sabedoria das culturas estrangeiras (Sirácida/Eclesiástico, Sabedoria, Provérbios); aprendem a rezar com toda a criação (Salmos)... No fundo, Israel descobre que o Espírito do Senhor enche o universo (Sb 1,7), não somente o povo eleito e seus dirigentes.

Seria demasiado prolixo traçar o percurso desta tomada de consciência progressiva dos "diferentes" ao longo da história. Mais adiante, tentaremos fazer referências pontuais em cada caso. Queremos realmente ressaltar que vivemos um momento em que a irrupção dos "outros" se tornou algo impossível de desconhecer, algo impactante, universal, globalizado, mundial.

Anteriormente, mencionamos a passagem da "primeira Ilustração" (moderna, europeia, do Primeiro Mundo) para a "segunda Ilustração" (solidária, do Terceiro Mundo, preocupada com a injustiça). Vimos também que na própria teologia latino-americana da libertação a análise socioanalítica, muito centrada no econômico e político, desde os anos 1990 vem-se abrindo a outras categorias mais antropológicas, culturais, religiosas, de gênero, etárias etc. Não se vive somente de pão; é preciso flores, música, festa, abraços, bênçãos...

Agora já podemos acrescentar que alguns autores qualificam este novo momento como a abertura à "terceira Ilustração".[34] Se a "primeira Ilustração" podia ser simbolizada por Kant e a "segunda Ilustração" por Marx, esta "terceira Ilustração" inspira-se sobretudo em Lévi-

---

[34] BRIGHENTI, A. *A Igreja do futuro e o futuro da Igreja. Perspectivas para a evangelização na aurora do Terceiro milênio*. 3. ed. São Paulo: Paulus, 2004. Fazer teologia desde a América Latina: novos desafios e implicações semânticas e sintéticas. *Perspectiva Teológica* 105 (maio-ago. 2006) 211-229.

nas e Habermas, à medida que esses autores falam da alteridade e da comunicacionalidade dos diferentes. Não há "um" sujeito histórico; há "muitos" sujeitos diferentes.

Não queremos entrar na discussão se o nome "Ilustração" é o mais adequado para esta terceira e nova situação, já que precisamente suas notas vão mais na linha do simbólico e qualitativo do que na do lógico, científico e ilustrado. Seja lá como for quanto ao nome, o certo é que se constata que estamos não somente ante uma nova cosmovisão, mas ante uma nova sensibilidade que nos abre a horizontes até agora um tanto desconhecidos.

Retomando a imagem do êxodo que dominou a teologia da libertação nos anos 1970-1980, e a situação de exílio político, social, inclusive eclesial, que vivemos desde os anos 1990 e nesta primeira década do século XXI,[35] podemos insinuar que, como o povo de Israel no exílio, também a partir de nosso exílio estamo-nos abrindo a essas dimensões "diferentes" e até agora um tanto desconhecidas por nós.

O clamor das mulheres

No âmbito das diferenças, a primeira que encontramos é a diferença sexual e, bem concretamente, a diferença do ser mulher.

Não vamos tratar de novo do que já dissemos acerca do que as mulheres cristãs reclamam da Igreja institucional. Agora queremos nos abrir a um horizonte mais amplo e escutar o clamor das mulheres que surge em toda a humanidade, em todas as raças, culturas,

---

[35] CODINA, V. *Del éxodo al exilio. La teología de la liberación en la encrucijada*. Oruro, 2000.

sociedades e religiões, verdadeiro sinal de nosso tempo, como já indicou João XXIII em *Pacem in Terris* (1963) e como o repetiu João Paulo II em *Mulieris Dignitatem* e *Christifideles Laici*. A reunião da ONU em Pequim, em 1995, sobre a mulher, marca uma etapa importante na história da humanidade. Trata-se de um fato universal.

Este tema requereria um estudo histórico sobre as origens dos movimentos feministas na história moderna, sobre as diversas correntes feministas existentes hoje e suas diversas demandas, sobre suas implicações em todas as ordens (familiares, sociais, econômicas, políticas, culturais, religiosas, linguísticas...). Antes de mais nada, nós, varões, deveríamos escutar as próprias mulheres, pois ninguém melhor do que elas pode expressar o que sentem, o que sofrem, o que desejam, o que pensam, o que pedem à sociedade. Nós, varões, jamais poderemos chegar a compreender o que representa a vida desta metade da humanidade que foi perpetuamente postergada, excluída, oprimida, abusada, silenciada, sob categorias patriarcais e machistas que nos parecem "óbvias".[36]

O domínio do varão sobre as mulheres e a marginalização destas é algo que foi como que incrustado nos costumes, nas estruturas sociais, nas relações humanas e na própria linguagem, que usa comumente "homens" para designar varões e mulheres. A mulher se tornou invisível, desaparece na sociedade, permanece em silêncio.

Milhões de mulheres, em países do Terceiro Mundo, vivem situações desesperadas: são as mais pobres,

---

[36] A bibliografia já é imensa, citemos apenas alguns títulos: ALEIXANDRE, Dolores. *Mujeres en la hora undécima*. Madrid/Santander, 1990. Cuadernos Fe y Secularidad, n. 10. SCHÜSSLER-FIORENZA, Elisabeth. *En memoria de ella*. Bilbao, 1989. *Los caminos de la Sabiduría*. Santander, 2004. AQUINO, Maria Pilar. Feminismo. In: *Conceptos fundamentales del cristianismo*. Madrid, 1993. p. 509-524.

as mais ignorantes, as que arcam com as cargas mais pesadas e as que chegam ao final do dia esgotadas, as que produzem a metade dos alimentos do planeta e, no entanto, não possuem terras; constituem um terço da mão de obra mundial, mas recebem salários mais baixos e estão mais expostas ao desemprego. Em alguns lugares, a violência contra a mulher inclui ainda hoje a excisão do clitóris, a morte por causa do dote e o assassinato de meninas rejeitadas. Mas, até mesmo nos países ditos "desenvolvidos", as mulheres são as que se encarregam solitariamente de todo o trabalho do lar: criança e educação dos filhos, compra, cozinha, limpeza, atenção ao marido... A sociedade reservou-lhes um papel diferente do designado aos varões, função que elas devem cumprir fielmente: o silêncio, a passividade, a emoção acrítica, a devoção.[37] A própria figura de Maria, mulher profética de Nazaré, que entoou o *Magnificat*, foi muitas vezes manipulada e colocada a serviço de uma imagem de mulher submissa, calada e obediente.

Em contrapartida, exalta-se de forma mítica a maternidade, como se esta fosse a única e principal missão da mulher. Converte-se a mulher em objeto sexual, em objeto de propaganda para produtos de consumo de luxo: perfumes, carros, bebidas, passarelas da moda...

É lógico que, diante de tal situação intolerável, tenham surgido movimentos de mulheres, de estilos diversos, mas com uma mesma intenção: defender acima de tudo a integridade humana das mulheres, superar sua situação de desvantagem, buscar justiça para elas. Nesses movimentos, as mulheres são as primeiras e as principais responsáveis: são movimentos de mulheres,

---

[37] Em alemão se expressa bem graficamente esta função designada para as mulheres com os três K: *Küche* (cozinha), *Kinder* (filhos), *Kirche* (igreja).

e são elas os sujeitos que buscam sua própria emancipação e libertação. Há uma clara denúncia contra uma sociedade patriarcal que não se pode encobrir, pois é desumanizadora para as mulheres e para os próprios varões que a corroboram.

Mesmo que tenha havido exagero e abusos nesses movimentos, que nós, varões, costumamos aumentar (considerar as mulheres autossuficientes e prescindir dos varões; desejar igualar-se ao homem de forma competitiva e agressiva; repetir "meu corpo é meu", "experimenta de tudo"...; cair em um messianismo que considera as mulheres superiores aos homens, ou crer que um mundo governado por mulheres seria necessariamente melhor e mais pacífico do que o governado pelos varões...), na realidade o que se busca é uma sociedade alternativa à atual, na qual as diferenças de sexo não engendrem desigualdades, assimetrias, imposições, explorações, abusos, marginalização.

Contudo, queremos enfatizar algo que já insinuamos antes: que esta "alteridade excluída" é algo mais do que um simples grupo especial de pobres, mesmo que seja seguramente o mais numeroso, e a pobreza tenha rosto feminino. Existe certamente uma feminização da pobreza: as mulheres são duplamente exploradas, como pobres e como mulheres, e, além do mais, por sua raça ou cor da pele. As mulheres são as que mais sofrem em situações de guerra, de migração, de campos de refugiados... Mas as mulheres não são simplesmente "objeto" de exploração, são "sujeitos" humanos, históricos, vitais, com sua riqueza humana e espiritual, seu temperamento e gênio próprio, suas potencialidades e suas capacidades diversas e, comumente, complementares das dos varões. Não obstante tantos séculos de marginalização, a mulher ainda tem uma força e uma criatividade imensas para emergir e trazer sua grande riqueza à humanidade.

Por trás desse clamor das mulheres esconde-se a presença do Espírito (a *ruah* feminina semita), que tem grande conaturalidade com a mulher como fonte de vida, de ternura, de sabedoria. O Espírito, através da voz e do clamor das mulheres, clama profeticamente, impulsiona e chama a humanidade para que vá amadurecendo cada vez mais, para que se vá humanizando, para que assuma atitudes cada vez mais próximas ao Reino e para que as diferenças sexuais não sejam excludentes; para que todos e todas colaboremos na criação de uma humanidade nova, justa, reconciliada, comunitária, igualitária, em meio às diferenças, onde não haja distinção entre judeu e grego, escravo e livre, varão e mulher (Gl 3,28).

Este projeto é o que se esboça simbolicamente nos relatos da criação de Gn 1–2, posto que muitas vezes tenham sido mal interpretados, com uma hermenêutica patriarcal e sexista, que faz depender a mulher do varão ou que considera a mulher – Eva – como personificação da sedução e da tentação ao pecado. É preciso reconhecer que, apesar disso e apesar da figura feminina bíblica da Sabedoria, no Antigo Testamento se encontram muitos vestígios da mentalidade cultual da época: a família se entristece ante a má notícia do nascimento de uma mulher (Lv 12,1-5), a mulher passa ao poder do marido junto com seus escravos e rebanhos (Ex 20,17), na literatura sapiencial há sentenças sumamente discriminatórias em relação à mulher (Pr 21,9; 27,15; Eclo 17,18...).

É preciso esperar o Novo Testamento para conhecer a postura profética de Jesus perante as mulheres: ergue e cura a mulher encurvada, como símbolo de uma reabilitação da dignidade da mulher (Lc 13,10-17); cura a hemorroíssa impura pelo fluxo de sangue (Mc 5,25-34); dialoga com a samaritana (Jo 4,1-42); defende a adúltera que ia ser apedrejada (Jo 8,1-11) e a mulher pecadora criticada pelo fariseu (Lc 7,36-50); chama mulheres para seu seguimento (Lc 8,1-3); louva a profissão de fé de Marta, que é semelhante à de Pedro (Jo 11,25-27)... De seu lado, as mulheres são fiéis até a cruz (Jo 19,25), são as primeiras que vão ao sepulcro (Lc 24,9-12) e recebem o encargo de anunciar aos discípulos a ressurreição (Jo 20,17).[38]

Esperar-se-ia que a Igreja, à luz do comportamento de Jesus com as mulheres, tivesse mostrado maior sensibilidade para com a mulher, que se manifestasse em defesa explícita da igualdade essencial entre varão e mulher, no apoio aos movimentos de libertação da mulher que se opõem à sua exploração, no prestar atenção especialmente à violência contra a mulher, no uso da linguagem inclusiva... A história da Igreja, porém, no decurso dos anos e à medida que se distanciava de suas origens, não foi tão evangélica quanto deveria. Nós, varões cristãos, sobretudo os clérigos, temos colaborado com nosso silêncio para manter as estruturas androcêntricas da sociedade, e ainda agora resistimos em mudar de postura; e enquanto nos escandalizamos com algumas formas de sexismo presentes em algumas culturas e religiões da humanidade e damos, mesmo, conselhos à sociedade civil, com a participação de todos,

---

[38] O *Documento* aprovado pelos bispos na V Conferência Geral do Episcopado Latino-Americano e do Caribe, reunida em Aparecida em maio de 2007, ao falar das mulheres, observa que Jesus falou com elas, curou-as, reivindicou-lhes a dignidade, elegeu-as como primeiras testemunhas de sua ressurreição e as incorporou a seu grupo (n. 470). No texto definitivo oficial (n. 451), censurado e aprovado por Roma, acrescentou-se ao anterior: "[...] teve singular misericórdia com as pecadoras (cf. Lc 7,36-50; Jo 8,11)". Isto é casual ou reflete antes a mentalidade tipicamente clerical e patriarcal de amplos setores da Igreja institucional?

temos feito da Igreja Católica uma das estruturas mais patriarcais da história atual.

Como não escutar a voz do Espírito que clama e geme através do clamor das mulheres? Porque este clamor transborda da Igreja e supõe, antes de mais nada, uma solidariedade com as mulheres de todo o mundo. Escutá-lo implica mudar nossa atitude perante o outro sexo e, de rebote, propor a questão do gênero que afeta varões e mulheres.

Não se trata somente de algo negativo – de deixar de explorar e marginalizar as mulheres, o que é necessário e prévio –, mas de algo mais positivo: de adotar uma postura de abertura, diálogo e aceitação de toda a riqueza humana, religiosa e cristã que as mulheres trazem para a humanidade com seu carisma feminino próprio. A humanidade empobreceu muitíssimo ao não levar em conta as contribuições das mulheres, suas intuições e visões intelectuais, sua perspectiva, sua sensibilidade, sua imaginação e criatividade, seu sentido utópico, seu profetismo em torno da vida, seu calor humano e sua ternura ante o sofrimento alheio, sua capacidade de resistência e de celebração, sua abertura existencial ao Mistério último. Nós, varões, temos construído uma humanidade sumamente lógica, racional, fria, violenta, materialista, agressiva..., em uma palavra, inumana. Através do Espírito somos todos e todas convocados a construir um mundo melhor.

Mais ainda: o âmbito do gênero e da sexualidade nos leva também a respeitar outras formas de sexualidade – concretamente, a homossexualidade, que faz parte do capítulo dos "diferentes". Sem querer tratar a fundo este difícil tema, nem investigar suas complexas causas, temos de mudar de atitude diante dessa "diferença" e superar a homofobia. Não podemos continuar considerando os que vivem tal forma de sexualidade nem como enfermos psicológicos nem como pervertidos morais. Tampouco podemos nos escandalizar pelo fato de que os Estados regulem as relações desses casais de conviventes, não importa o nome que se lhes dê, porque há questões de tipo jurídico, econômico, social e humano que afetam e interessam ao conjunto da sociedade e não podem ficar sem clarificação jurídica. A atitude serena e profética de Jesus ante temas relacionados à sexualidade e seu profundo respeito pelas pessoas devem nos impulsionar a ver também aqui uma interpelação do Espírito.

O clamor das culturas "diferentes"

Antes de falar das diferentes culturas, temos de tentar esclarecer o que entendemos por "cultura". Podemos definir a cultura como modo particular em que as pessoas e os povos se relacionam concretamente com a natureza (dimensão econômica), com uma comunidade humana histórica (dimensão social) e com o mundo de valores e símbolos que dão sentido a sua vida (sua cosmovisão, sua crença religiosa). Reduzir a cultura ao progresso técnico moderno, ao nível de vida e de consumo, à formação universitária ou a um folclore e a um artesanato desenhado para o turismo... é uma degradação e depauperação do conceito de cultura.

Por outro lado, também aparece aqui a riqueza e a complexidade do conceito de cultura, que só poderá ser devidamente abordado se for desmembrado em seus elementos principais. Deixaremos para outro tópico o aspecto religioso da cultura, que, por ser seu coração, merece um tratamento especial.

Atualmente, o processo de globalização e mundialização não apenas pretende impor a todo o mundo o sistema capitalista neoliberal como se fosse o único sistema econômico possível, fora do qual não haveria salvação, mas que, de fato, impõe também uma cultura globalizada e uniforme como a melhor e única: uma cultura planetária, pensada para a "aldeia global", não somente para o Primeiro Mundo, mas também para o Terceiro. Algumas de suas características seriam a imposição do *american way of life* ["modo de vida americano"]: a cultura da Coca-Cola, da internet, do inglês, do "fast-food", da indústria do ócio de Hollywood, de seu modelo de liberdade e de democracia, de família e de música, de exploração da natureza... e sua visão maniqueísta, que divide a humanidade entre o eixo do mal e os que se consideram representantes da "civilização cristã ocidental"...

Indubitavelmente, este modelo cultural uniforme, que se quer impor universalmente, encontra muitas resistências e provoca o surgimento de multiplicidade de reações em "outras" culturas, de culturas "diferentes", que não querem adotar o modelo cultural que o Império neoliberal de mercado pretende impor a todo o mundo. Não somente na Ásia, na América Latina as culturas originárias rechaçam esta imposição globalizadora, mas na própria Europa revivem com força os sentimentos culturais e nacionalistas: irlandeses, galeses, escoceses, flamengos, corsos, bretões, bascos, catalães, galegos, croatas, servo-bósnios, tchetchenos...

Por outro lado, pode-se dizer que desde a queda do muro de Berlim e do socialismo do Leste, em 1989, os conflitos mundiais revestem formas de conflitos de civilizações ou de culturas, ainda que se entreteçam muitas questões econômicas. Os atentados de 11 de setembro contra o World Trade Center de Nova Iorque e contra o Pentágono simbolizam este choque de civilizações que provocou uma espécie de histeria coletiva de medo a possíveis atentados e levou ao extremo as medidas de segurança nos aeroportos. O atentado de 11 de setembro era dirigido a símbolos significativos da cultural ocidental: o mercado e as armas. Contudo, temos de acrescentar a este choque civilizatório os conflitos no Oriente Médio entre palestinos e israelitas, a guerra dos Bálcãs, as lutas pelas antigas repúblicas soviéticas russas por sua independência...

Estamos diante de um fato inegável: o florescimento do tema cultural e do pluralismo de culturas. Nem a "primeira Ilustração" moderna que se desenvolveu no Ocidente nem a "segunda Ilustração" socialista levaram em conta o fato cultural, sua riqueza e polivalência. O povos não vivem apenas de pão e de progresso material, mas têm, além disso, outros valores. João Paulo II afirmou claramente que o erro central do comunismo foi antropológico e cultural, pois os povos não podem ser compreendidos somente a partir da economia, mas de sua língua, sua cultura, sua religião, suas atitudes perante a vida e a morte.[39]

Agora assistimos a um crescente clamor do Espírito, que pede respeito pelo pluralismo cultural e um diálogo intercultural, contra a imposição de uma cultura única e global para todos.

Já vimos como no relato de Pentecostes aparecia claramente esta relação entre Espírito e pluralismo de línguas e culturas (At 2). A Igreja primitiva, graças sobretudo a Paulo, abriu-se ao mundo mediterrâneo, à cultura greco-latina. Os Padres da Igreja e os concílios

---

[39] JOÃO PAULO II. *Centesimus annus*, n. 34.

ecumênicos tentaram inculturar o Evangelho nos moldes culturais helênicos, dos quais fazem parte noções como pessoa (*prósopon*), substância (*ousía*), consubstancialidade (*homo-ousios*) etc. Costumes e tradições romanas foram assumidos pela Igreja, como a data do Natal, que coincide com o nascimento do Sol invicto, ou o título imperial de "Sumo Pontífice", que passou ao papa. Também a Igreja se acultura no mundo germânico após as invasões dos bárbaros do Norte. Respeitaram-se as autonomias das Igrejas locais do norte da África, da Gália, da Hispânia, da Britânia, da Ásia Menor..., que produziram costumes, teologias, liturgias e estruturas diferentes. No segundo milênio perde-se esta capacidade de inculturação da fé em distintas culturas e, a partir da reforma gregoriana, no século XI, impõe-se a cultura ocidental latina. O conflito e posterior separação da Igreja do Oriente (1054) têm muito a ver com diferenças culturais entre Ocidente e Oriente, entre Roma e Constantinopla, entre gregos e latinos. Também a ruptura da reforma protestante se deve não apenas a problemas teológicos, mas também a diferenças culturais e a formas diversas de experimentar e viver a fé entre o mundo germânico e o latino. Tampouco a evangelização de novos territórios "descobertos" na Ásia, África e América Latina soube dialogar e compreende as culturas originárias desses lugares, e impôs a cultura ocidental como a identificada com a fé cristã. Certamente, houve exceções (De Nobili na Índia; Ricci na China; Valignano no Japão, a inculturação dos ritos malabares na Ásia, Antônio de Montesinos, Bartolomeu de Las Casas, os bispos defensores dos índios e as reduções jesuíticas na América Latina). No geral, porém, as culturas originárias (e suas religiões) foram atropeladas e muitas vezes extirpadas como bárbaras e idolátricas.

Por sorte, o Concílio Vaticano II, como em tantos outros temas, também aqui abriu uma janela ao pluralismo cultural, ao reconhecer não somente a importância da cultura (GS, nn. 53-62), mas também a legítima autonomia das Igrejas locais, nas quais e pelas quais existe a Igreja universal (LG, n. 23; AG, nn. 6.8.20.22). Karl Rahner afirma que com o Concílio Vaticano II a Igreja, pela primeira vez em sua história, faz-se realmente universal e católica, ao abrir-se a todas as culturas, uma vez superadas as duas etapas anteriores: a judeo-cristã e a mediterrânea (greco-latina). Documentos da Igreja pós-conciliar reafirmam a importância do tema cultural, e Paulo VI observa que o drama de nosso tempo é a ruptura entre Evangelho e culturas (*Evangelii Nuntiandi*, n. 20). Na teologia e na pastoral da Igreja, introduz-se o termo "inculturação". João Paulo II, como bom polonês, foi muito sensível a este tema.[40]

No entanto, na Igreja, estamos muito longe de ter tirado as consequências deste pluralismo cultural. Há muita resistência a revisar este tema.

Do mundo inteiro surgem vozes que pedem que o Cristianismo não se identifique mais com a cultura ocidental e se abra a culturas não ocidentais. Teólogos da Ásia são os que fizeram ouvir sua voz mais fortemente (A. Pieris, M. Amaladoss, J. Masiá...); na África, deseja-se edificar uma Igreja africana (A. Nolan, A. Boesaak, J. M. Ela, E. M. Metogo, E. Mveng...). Da Europa, percebe-se o grave prejuízo que se seguiu à identificação com a cultural ocidental (J. I. González Faus, J. B. Metz, J.

---

[40] Id. *Catechesi tradendae*, n. 5; Sínodo de los laicos de 1987, proposición 34; "Discurso a los aborígenes de Australia", noviembre 1988; "Discurso a las minorías étnicas de Bolivia", en Trinidad, noviembre 1988; "Discurso al Pontificio Consejo de Cultura", 1990; *Ecclesia in Asia*, n. 20; *Santo Domingo*, n. 248...

Estrada...[41]). Na América Latina também há vozes que pedem para desocidentalizar a Igreja e abrir um diálogo com as culturas originárias (C. Palácio, A. Brighenti, E. López...).

Sem negar tudo o que de positivo a cultura greco-romana trouxe para o Cristianismo, a ocidentalização implicou graves deficiências e prejuízos para a fé cristã. Sem pretensão de ser exaustivos, podemos indicar algumas dessas limitações:

- Acentuou-se a dimensão intelectual da fé, caindo-se em certo intelectualismo em que o *Logos* bíblico (*dabar*) ficou condicionado, muitas vezes, ao *Logos* helênico (razão lógica). A revelação foi concebida como uma comunicação de verdades, a Igreja se apresenta ao mundo como a depositária de verdades e de dogmas (o depósito da fé) mais do que como portadora da boa notícia de Jesus de Nazaré. O Cristianismo ocidental se converteu mais em notícia do que em mística, mais em ideologia do que em práxis do seguimento de Jesus. A teologia é mais inteligência da fé do que reflexão sobre o amor e a misericórdia de Deus. Não admira que, ao longo da história da Igreja ocidental, tenham surgido vozes que pediam uma superação do intelectualismo: correntes místicas, renano-flamengas, inglesas, espanholas... A conhecida frase de Rahner de que o cristão do século XXI ou será místico ou não será cristão[42] responde à mesma preocupação por superar um Cristianismo excessivamente lógico e intelectual. Também Bento XVI, em sua encíclica *Deus é Amor* (n. 1), afirma a necessidade de um encontro pessoal

---

[41] GONZÁLEZ FAUS, J. I. Crítica de la razón occidental. *Sal Terrae* 79/3 (marzo 1991) 251-259. Deshelenizar el cristianismo. In: *Calidad cristiana*. Santander: Sal Terrae, 2006. p. 185-225. ESTRADA, J. *La imposible teodicea*. Madrid, 1977. p. 393.

[42] RAHNER, K. *Escritos de teología*, VII. Madrid, 1967. p. 25.

com o Senhor, pois não bastam nem a doutrina nem a mera ética.

- Dualismo. O Cristianismo ocidental está bastante marcado por uma visão muito negativa da matéria, do corpo, da sexualidade, da procriação. A influência de correntes maniqueias, neoplatônicas, gnósticas e do próprio agostinismo foi decisiva e marcou muito negativamente a espiritualidade (a fuga do mundo), a valorização do laicado, acentuando uma interiorização do Evangelho que se inibe perante os compromissos temporais. Estamos muito longe de uma visão bíblico-semita, com uma antropologia unitária, que afirma a importância da criação, do corpo, da Eucaristia, da ressurreição da carne.

- Predomínio do Deus todo-poderoso sobre o Deus misericórdia. Esta imagem levou a conceber a Deus mais como poder do que como amor, mais como juiz de vivos e mortos do que como Pai misericordioso que perdoa. A pintura terrível do juízo final de Michelangelo na Capela Sistina plasma graficamente esta mentalidade. Os traumas que esta imagem, mais helênica do que bíblica, produziram nos fiéis são enormes e perduram até hoje. A religiosidade popular recorre a Maria como mãe da misericórdia e intercessora da salvação diante de um Deus terrível e justiceiro. Jesus nos revela outra imagem do Pai: ele mesmo viveu uma vida de esvaziamento (*kénosis*) e de pobreza.

- Imperturbabilidade divina perante o sofrimento humano. O Deus sempiterno e todo-poderoso ocidental (assim sempre invocado na liturgia latina) é mais parecido com os deuses do Olimpo do que com o Deus bíblico, Pai de Nosso Senhor Jesus Cristo, cujas entranhas, como as do pai da parábola lucana, se comovem diante do sofrimento de suas criaturas. O Ocidente cristão oferece-nos uma imagem de um Deus mais preocupado com a moral, com o pecado e com a ofensa recebida do que com o sofrimento do povo, como observaram teólogos modernos (J. M. Castillo, J. B. Metz, J. I. González Faus, J. A. Pagola...).

- Individualismo religioso, ligado a uma imagem monoteísta de Deus, desprovida da comunhão trinitária, que acentua a dimensão da pessoa, sem conectá-la, porém, com a comunidade, o que conduz a uma visão intimista da salvação com pouca inserção eclesial e escassa sensibilidade social, que se traduz em uma concepção econômica muito individualista, que desembocará no capitalismo liberal e depredador da natureza. Estamos bem distantes da visão bíblica da comunhão (*koinonía*) trinitária, eclesial-eucarística, social e cósmica, muito afastados do profetismo em favor do direito e da justiça. Não admira que movimentos sociais adotem posturas contrárias a esta imagem de Deus.

- Esquecimento do Espírito, caindo em um cristomonismo que deixa de lado as dimensões mais profundas da experiência espiritual, ressaltando, em troca, as mais externas e estruturais, o que descamba para um eclesiocentrismo no qual a hierarquia parece ter a exclusividade do Espírito.

Seria inexato pensar que o Cristianismo ocidental foi a única forma de Cristianismo existente na história da Igreja.

A Igreja oriental oferece-nos um exemplo de Cristianismo menos conceitual e normativo do que o ocidental, mais contemplativo e místico, muito aberto ao Mistério inefável da Trindade, perante o qual guarda silêncio (apofatismo), com grande sensibilidade para o mistério da transfiguração de Cristo no Tabor, o que lhe confere uma visão positiva da matéria, do cósmico, da beleza, do corpo, da sexualidade, da mulher e do matrimônio, que deixa os fiéis leigos assumir suas últimas decisões perante Deus; menos moralista do que o do Ocidente, mais pluralista em suas liturgias e estruturas de governo; que busca mais a divinização e a vida em Cristo (N. Cabásilas) do que a imitação de Cristo (T. de Kempis); muito mais sensível do que a Igreja ocidental à dimensão do Espírito na Igreja (carismas, vida monástica, na invocação ao Espírito ou epiclese nos sacramentos...), que vive profundamente o mistério da Ressurreição e se mantém em uma grande tensão escatológica rumo à Parusia, o que questiona a absolutização de todo poder temporal...

Também a Igreja latino-americana surgida depois de Medellín (1968) oferece traços diferentes dos da Cristandade ocidental: sua preocupação pela vida, sobretudo a dos pobres, cujo clamor escuta e com cuja libertação se compromete; sua proximidade ao Jesus pobre e humilde de Nazaré; sua abertura ao Reino, que engloba todos os aspectos da vida (pessoal, histórico e escatológico); seu apreço pelas dimensões simbólicas, festivas e populares da religiosidade; suas entranhas de misericórdia perante todo sofrimento humano; sua convicção de que o Espírito atua no povo a partir de dentro, em busca de uma libertação integral; o surgimento de um novo modo de ser Igreja (a eclesiogênese das comunidades de base), o profetismo e o martírio...

Mais recentemente, está-se refletindo na América Latina sobre uma teologia índia e afro, que leva em conta suas respectivas mundivisões, seus símbolos, seus mitos e ritos, seu sentido cosmocêntrico, as sementes do Verbo, com expressões e formulações que, mesmo não equivalentes às greco-latinas, nem às escolástico-medievais, nem às da razão ilustrada, não deixam de ser verdadeira teologia, posto que muitos teólogos oficiais ainda duvidem em outorgar-lhes a categoria de "teologia"...

Como afirma o sacerdote mexicano zapoteca Eleazar López, um dos representantes da teologia índia, os indígenas, ainda que sejam os mais pobres entre os pobres, são herdeiros de uma sabedoria milenar que oferece alternativas de futuro para a cultura ocidental em sua relação ecológica com a terra; em seus conhecimentos de medicina natural e da psicologia humana; em seu sentido comunitário solidário, bem distante do individualismo ocidental; na reciprocidade varão-mulher, sempre presente na comunidade; em uma economia comunitária mui diferente da lógica do mercado capitalista e de consumo; em uma profunda religiosidade e confiança em Deus Pai e Mãe, que contrasta com a fria secularização ocidental moderna; num sentido festivo de celebração da vida que se compromete a defender toda vida... Esta sabedoria-teologia índia é muito anterior à moderna teologia da libertação.

Também na África e na Ásia estão surgindo novas teologias em contato com as respectivas culturas.

Se a Igreja se fechar a essas diferentes culturas e absolutizar a cultura ocidental (inclusive a liturgia em latim) como algo intocável, identificado essencialmente com o Evangelho e critério absoluto para julgar as outras culturas, encerrar-se-á em uma missão intercultural, empobrecerá sua universalidade católica, enfraquecer-se-á e perderá muitos fiéis que não estão dispostos a que Atenas triunfe sobre Jerusalém. O Espírito está movendo a Igreja a abrir-se a essas diferentes culturas. Não se pode extingui-lo.

O critério definitivo para discernir a presença do Espírito nessas culturas diferentes, com seus valores e contravalores, será sempre a figura de Jesus de Nazaré, sua pregação, sua vida, suas opções, seu mistério pascal de morte e ressurreição. Ele é quem nos promete e envia seu Espírito para que permaneça em meio a nós e assim possamos, juntos, levar adiante seu projeto do Reino.

As "outras" religiões

O tema das outras religiões está estreitamente ligado ao das diferentes culturas, pois a religião constitui a alma e o coração de todas as culturas, o que dá sentido último à vida e à morte.

Acostumados, durante séculos, a ler as diatribes dos profetas bíblicos contra a idolatria de Israel e a escutar, desde o catecismo, que "fora da Igreja não há salvação", hoje ficamos desconcertados e perplexos diante dos problemas que suscita a presença das outras religiões que irrompem em nossa vida cotidiana, não somente através dos meios de comunicação social, mas como consequência dos grandes fluxos migratórios atuais. Existe salvação para as "outras" religiões?

Ainda nem terminamos de dialogar com as outras Igrejas cristãs e já explodem em nosso meio as religiões não cristãs, não somente as grandes religiões tradicionais de origem asiática (Judaísmo, Budismo, Hinduísmo, Islamismo, Confucionismo...), mas também as mais desconhecidas e reduzidas de povos indígenas, originários, aborígenes da América, África e Oceania. Esses fatos nos interrogam e questionam profundamente. Também é possível salvar-se nas outras religiões? E se é assim, que sentido continua tendo Jesus Cristo, e como se situa a Igreja diante disso tudo?

Estamos habituados a identificar a história da salvação com a eleição de Abraão (Gn 12), consumada com a aliança com Moisés no Sinai (Ex 19–23). Na realidade, é preciso ter uma perspectiva mais ampla.

Antes da aliança com Abraão e Moisés, estão a aliança com Adão (Gn 1–5) e a com Noé (Gn 6–9), que são alianças universais com toda a humanidade. O Antigo Testamento elogia uma série de personagens que responderam positivamente a esta aliança: Abel, Henoc, Noé, Jó, Melquisedec... Santo Agostinho fala da Igreja de Abel, que se estende até o último justo.

Ao Êxodo é preciso acrescentar este texto de Am 9,7: "Por acaso, filhos de Israel, sois diferentes dos etíopes para mim? Eu não tirei Israel da terra do Egito? Mas não tirei também os filisteus de Caftor? Não fiz os arameus saírem de Quir?

Todo o Antigo Testamento está pleno da presença da Palavra, da Sabedoria e do Espírito que atua em membros e representantes de povos estrangeiros, que são louvados no Novo Testamento: a rainha de Sabá (1Rs 1–3; cf. Lc 11,31), a viúva de Sarepta (1Rs 17,8-24; cf. Lc 4,25-26), o sírio Naamã (2Rs 5,1-27; cf. Lc 4,26-27), a prostituta Raab (Js 2,1-21; cf. Hb 11,31), Rute (cf. Mt 1,5), os ninivitas que se converteram ante a pregação de Jonas (Lc 11,32)...

Já no Novo Testamento, a Carta aos Hebreus nos revela as diversas formas de manifestação de Deus: "Muitas vezes e de muitos modos, Deus falou outrora aos nossos pais, pelos profetas. Nestes dias, que são os últimos, falou-nos por meio do Filho, [...]" (Hb 1,1-2).

Teríamos de percorrer todo o Novo Testamento para descobrir esta abertura aos estrangeiros e pagãos, indicando como Jesus admira e louva a fé deles e os convida ao banquete do Reino: a siro-fenícia (Mc 7,24-30), o centurião romano (Lc 7,9), a samaritana (Jo 4). A salvação não se limita aos judeus.

Em Paulo há certa ambivalência entre a postura mais aberta, refletida no discurso aos atenienses (At 17), e a mais fechada, presente na Carta aos Romanos.

João oferece-nos uma visão mais ampla em seu prólogo e, articulando com a teologia da Palavra e da Sabedoria do Antigo Testamento, afirma que o Logos está presente na história da salvação já desde a criação (Jo 1,1-18).

Não podemos repassar toda a história da Igreja. Entre os Padres da Igreja, há alguns mais fechados; outros, porém, como Justino, representam uma postura mais aberta e falam das sementes do Verbo presentes em todos os povos; Irineu admite a manifestação do Verbo antes da encarnação; e Clemente Alexandrino crê que os filósofos e as religiões hinduísta e budista nos orientam para Cristo.

O axioma "fora da Igreja não há salvação", que inicialmente se aplicava aos hereges e cismáticos que deixavam a barca da Igreja (Orígenes, Cipriano), em breve se universalizou e se aplicou aos pagãos (Agostinho, Fulgêncio de Ruspe, Concílio de Florença [1442]). A Igreja, porém, no correr dos séculos, viu-se obrigada a repensar esta questão, principalmente por causa de fatos antes desconhecidos: descobrimento de novos territórios na América, missões em países estrangeiros, encontros com as religiões mundiais...

O Concílio Vaticano II assinala uma curva teológica e se abre a uma visão de salvação universal:

- os desígnios de salvação de Deus se estendem a todo o gênero humano (Sb 8,1; At 14,17; Rm 2,6-7; 1Tm 2,4) (*Nostra Aetate*, n. 1; *Ad Gentes*, n. 7);

- a Divina Providência não nega os auxílios necessários para a salvação àqueles que, sem culpa de sua parte, não chegaram a um conhecimento explícito de Deus e se esforçam por viver uma vida reta (*Lumen Gentium*, n. 16);

- "[...] devemos manter que o Espírito Santo a todos dá a possibilidade de se associarem a este mistério pascal por um modo só de Deus conhecido" (*Gaudium et Spes*, n. 22,5);

- há elementos de verdade e de graça presentes nas religiões (*Ad Gentes*, n. 9);

- a Igreja aprecia todo o bem que existe nelas como preparação evangélica (Eusébio de Cesareia) (*Lumen Gentium*, n. 16);

- o propósito de salvação universal de Deus não se realiza somente de um modo secreto na alma dos homens ou pelas intenções religiosas dos que buscam a Deus, as quais podem ser consideradas como pedagogia para o Deus verdadeiro ou preparação para o Evangelho; com efeito, Deus quis estabelecer uma comunhão com os homens e entrar na história humana (*Ad Gentes*, n. 3);

- "Em todos os tempos e em todas as nações foi agradável a Deus aquele que o teme e obra justamente (cf. At 10,35). Contudo, aprouve a Deus salvar e santificar os homens, não individualmente, excluída qualquer ligação entre eles, mas constituindo-os em povo que o conhecesse na verdade e o servisse santamente. Escolheu, por isso, a nação israelita para seu povo. [...] como preparação e figura da nova e perfeita Aliança que em Cristo havia de ser estabelecida [...]" (*Lumen Gentium*, n. 9).

Através dessas afirmações de diversos documentos do Concílio Vaticano II, podemos tirar as seguintes conclusões:

a) Existe uma vontade salvífica universal de Deus
b) que abraça pessoas e povos,
c) que, por meio do Espírito, atua através das religiões como preparação evangélica;
d) no entanto, Deus elege o povo de Israel,
e) figura e símbolo da Igreja de Cristo.

Através de tudo isso, pode-se compreender a presença misteriosa e salvífica do Espírito ao longo de toda a história, o qual sempre chega antes dos missionários... Estes sempre chegam tarde e, no geral, não percebem tal presença do Espírito nas religiões, as quais, às vezes, consideram como algo demoníaco. Também Jesus, em seu tempo, foi tachado de Belzebu...

A teologia e o Magistério pós-conciliar foram aprofundando esses temas, que hoje constituem o ponto mais elevado da teologia atual. Já não se discute sobre a possibilidade da salvação dos membros de outras religiões. A discussão versa sobre o significado dessas religiões no desígnio salvífico de Deus e sobre o lugar que têm Cristo e a Igreja em tal processo salvífico.

João Paulo II, em sua primeira encíclica (*Redemptor Hominis* [1979]), fala da presença operativa do Espírito nas religiões não cristãs, o que deve levar a um diálogo profundo entre todas elas (nn. 10; 17-18; 28). Na *Dominum et Vivificantem* [1986] acentua a ação do Espírito antes da encarnação e também atualmente fora da Igreja. Os diálogos celebrados em Assis (1986, 2002) reforçam esta noção. Em outra de suas encíclicas (*Redemptoris*

Missio [1990]) volta à ideia da presença do Espírito não somente nos indivíduos, mas também nas religiões (Jo 3,8; Sb 1,7), e aceita a possibilidade de mediações participadas de ordem diversa na única mediação de Cristo. O Espírito Santo é o protagonista da missão: "A presença e ação do Espírito não atingem apenas os indivíduos, mas também a sociedade e a história, os povos, as culturas e as religiões" (n. 28).

O documento *Diálogo e Anúncio* (1991), do Pontífico Conselho para o Diálogo Inter-religioso e a Congregação para a Evangelização, é o mais audaz, e afirma que a salvação e a graça de Deus em Jesus Cristo alcançam os não cristãos no interior e por intermédio da prática de suas tradições religiosas.

A declaração *Dominus Iesus* (2000), da Congregação para a Doutrina da Fé, insiste na unicidade e universalidade salvífica de Jesus Cristo e da Igreja, rejeitando as tendências que relativizam a fé na significação única de Cristo para a salvação de todos os homens; tais tendências consideram que praticamente todas as religiões são teologicamente iguais e questionam o fato de a Igreja ser sacramento de salvação (LG, n. 48), bem como a necessidade de evangelizar os povos. Esta declaração, por causa de sua visão negativa das outras Igrejas e das próprias religiões, foi muito criticada tanto em ambientes ecumênicos quanto católicos. Em todo caso, deve ser interpretada à luz do Concílio Vaticano II, cuja doutrina deseja reafirmar, sem querer dirimir outras questões teológicas disputadas.

O debate atual sobre a teologia das religiões concentra-se fundamentalmente em três paradigmas:

- o eclesiocêntrico ou exclusivista, que afirma que fora da Igreja não há salvação;

- o cristocêntrico ou inclusivista, que afirma que fora de Cristo não há salvação e reconhece, portanto, a presença de Cristo nas religiões (os chamados "cristãos anônimos" de Rahner);

- o teocêntrico, reinocêntrico ou pluralista, que quer superar o cristocêntrico tradicional, e afirma que todas as religiões são caminhos iguais que levam ao Reino de Deus, mesmo que cada autor se expresse com matizes diferentes (Hick, Knitter, Torres Queiruga, Vigil, Barros, teólogos asiáticos...).

O paradigma eclesiocêntrico é hoje insustentável. Mas o último paradigma, o pluralista, que em nome de uma ideia universal de Deus, aceitável por todas as religiões, coloca entre parênteses o mistério de Cristo, sua encarnação na história e seu mistério pascal, não nos parece admissível teologicamente.[43]

Podemos retomar os três termos – exclusivista, inclusivista e pluralista –, conferindo-lhes, porém, um sentido diverso do que se lhes costuma dar. Podemos afirmar que o Cristianismo deve ser simultaneamente exclusivista, inclusivista e pluralista, mas no sentido seguinte:

- exclusivista a partir da Cristologia, que para os cristãos tem como centro o mistério pascal de Cristo morto e ressuscitado. Isto implica que não podemos renunciar a afirmar que Deus entrou em nossa história, identificando-se não somente com a humanidade, mas com uma humanidade pecadora, com os crucificados deste mundo, assumindo a *kénosis* como forma de vida, e que, a partir da cruz e da ressurreição, salvou-a

---

[43] Cf. a tese ainda inédita de M. HURTADO, *La doctrine de l'Incarnation en théologie chrétienne des religions. Ses enjeux pour le débat contemporain*. Paris: Centre Sèvres, 2006.

e fê-la passar da morte à vida (1Cor 1,17; Cl 1,20). Há esperança em Cristo para o mundo. Desta salvação em Cristo a Igreja é sacramento. Do antigo axioma "fora da Igreja não há salvação" se passou à formulação do Concílio Vaticano II: "A Igreja é sacramento de salvação" (LG, nn. 1; 9; 48);

- inclusivista a partir da Pneumatologia, reconhecendo que o Espírito, que desde a criação adeja na história, que preparou a encarnação de Jesus e que, depois da ressurreição, foi derramado sobre toda carne, faz com que todas as religiões participem do Espírito de Cristo e sejam, portanto, caminho de salvação e fonte de vida pelo Espírito de Jesus, e se associem misteriosamente ao mistério pascal, ainda que isto aconteça de modo desconhecido para nós (GS, n. 22). As religiões são algo positivo, e o entrar em diálogo com elas enriquece o Cristianismo. O Espírito é quem inspira profetas e escritos sagrados nestas religiões, mesmo que muitas vezes sua ação se mescle com limitações e erros humanos;

- pluralista a partir da fé em Deus Pai, que falou de formas diversas através dos tempos (Hb 1,1) e que, portanto, tem diversos e plurais caminhos para aceder e revelar-se aos povos e levá-los à plenitude da vida. É preciso respeitar o pluralismo das religiões, das diversas experiências de Deus, sempre misteriosas para nós. E este pluralismo religioso não é somente um fato histórico, mas cremos que faz parte do projeto e da pedagogia de Deus, e que é preciso contemplá-lo no silêncio, mesmo que não o compreendamos com nossas limitadas categorias humanas.

Desse modo, o Cristianismo não pode renunciar a seu esquema trinitário no diálogo religioso, pois isto é o que fundamenta sua tolerância, sua compreensão positiva das religiões e, ao mesmo tempo, seu sentido missionário, pois o cristão experimenta como uma riqueza o mistério pascal de Cristo, que deseja propor, não impor, como boa-nova a todos. A Igreja é o sacramento visível deste desígnio salvífico de Deus universal, centrado no mistério pascal de Jesus, o lugar onde transparece que Deus quer salvar todo o mundo a partir de um povo, o Povo de Deus, que é sinal de seu projeto universal de salvação (LG, n. 9).

Nós não sabemos como conjugar a centralidade de Cristo e a salvação universal, mas o Espírito de Jesus, presente nas religiões, interpela-nos a aceitar a verdade presente em todas as religiões, a dialogar com elas e a não excluir o anúncio da boa-nova de Jesus.

Sem aceitar a presença do Espírito em Cristo, na Igreja e em todas as religiões, não é possível compreender o sentido do pluralismo religioso nem o diálogo inter-religioso, nem a necessidade de anunciar o Evangelho a todos os povos.

A presença das duas mãos do Pai, o Filho e o Espírito, na formulação de Irineu, impede-nos de nos inclinarmos para um cristomonismo exclusivista, que exclui da salvação todos os que não confessam Jesus como Senhor, e também não nos deixa cair em um pneumatomonismo que, para facilitar o diálogo com todas as religiões, coloque entre parênteses o mistério de Jesus de Nazaré, morto e ressuscitado, constituído por Deus como Senhor e Cristo (At 2,36).

Contudo, a tais considerações teológicas é preciso acrescentar outras de caráter ético. Hoje em dia preocupa mais a questão da convivência das religiões do que a questão da salvação transcendente após a morte. Grande parte dos conflitos mundiais tem hoje um componente religioso.

O Espírito, que é caminho de salvação através de todas as religiões, é o mesmo que impulsiona a um diálogo religioso para que no mundo reinem a paz e a justiça. Todas as religiões devem se ocupar, antes de mais nada, com lutar pela justiça, pois os pobres são o fato mais universal de nosso mundo.[44]

Junto a isso, porém, o diálogo religioso deve conduzir à paz. Sem paz religiosa nunca haverá paz mundial (H. Küng). De fato, as guerras têm tido muitas vezes motivações religiosas tanto em Israel (extermínio de povos pagãos) quanto no Islamismo (a *jihad*) e no Cristianismo (guerras de religião, cruzadas, antissemitismo). Todas as religiões precisam ser defensoras da vida, não promotoras da morte, pois o Espírito que as anima é o Espírito da vida. Este seria o sentido e a importância dos encontros religiosos de Assis.

As religiões, movidas pelo Espírito, devem ser também salvaguardas da criação. Isto nos introduz no tema seguinte.

O clamor da terra

Quando comparamos os belos poemas do poeta nicaraguense Ernesto Cardenal em seu Cântico cósmico, sobre o surgimento das galáxias, dos oceanos azuis, dos peixes e das selvas... com a realidade atual de nosso planeta, assustamo-nos com a capacidade destruidora dos seres humanos. Este belo planeta azul que os astro-

---

[44] CRISTIANISME I JUSTÍCIA. *Universalidad de Cristo. Universalidad del pobre*. Santander: Sal Terrae, 1995.

nautas vislumbraram lá do espaço está, hoje, enfermo. A Terra está morrendo.

Hoje já é do conhecimento de todos que a natureza está em perigo e que a própria humanidade corre o risco de perecer, caso não se freie em tempo a louca corrida depredadora do mundo moderno ocidental. O meio ambiente está sendo destruído: os rios e oceanos estão contaminados; o ar, poluído; destroem-se os bosques; o solo fértil sofre erosão; avança a desertificação; faltam recursos hídricos e água doce; o "efeito estufa", por causa da combustão de carburantes fósseis, provoca um aquecimento global da terra (com dano para os ecossistemas, degelo dos polos, elevação do nível do mar, inundações, secas, escassez de alimentos, insalubridade e enfermidades...), com consequências catastróficas para a sobrevivência humana; extinguem-se espécies; esgota-se a pesca; diminui a biodiversidade; rompe-se o equilíbrio ecológico; há o perigo de destruição nuclear; a engenharia genética pode provocar efeitos talvez irreversíveis...

Como reação diante dessa situação, surgiram os movimentos ecológicos, que foram criando uma consciência mundial do perigo que ameaça nossa casa comum, a Terra. As reuniões sobre ecologia no Rio, em 1992, em Quioto, em 1997,[45] e, mais recentemente, nas Nações Unidas, são um sinal de que se está tomando consciência da gravidade desta situação mundial. Ao grito dos pobres se une hoje o grito da Terra.[46]

---

[45] CARRERA, J.; GONZÁLEZ FAUS, J. I. *Horizonte Kyoto. El problema ecológico*. Barcelona, 2005. Cuadernos Cristianisme i Justícia, n. 133. Como se sabe, os Estados Unidos não quiseram assinar o Protocolo de Quioto.

[46] BOFF, L. *El grito de la tierra, grito de los pobres;* hacia una ecología planetaria. México, 1996.

Indubitavelmente, nestes movimentos ecológicos se misturam interesses e atitudes bem diversas: os protestos do *Greenpeace*; as campanhas de famosos e famosas para defender os direitos dos animais; os que se manifestam e se desnudam em público para protestar contra os casacos de peles; os que lutam contra a extinção das espécies ameaçadas, mesmo que às vezes pareçam mais preocupados com o desaparecimento do urso panda e das focas do que com as crianças africanas que morrem de fome; a hipocrisia das grandes potências, principais responsáveis pela contaminação do meio ambiente, que não estão dispostas a reduzir seu nível de vida nem a renunciar à exploração de recursos não renováveis e, em contrapartida, pedem aos países pobres que não contaminem a natureza, enquanto, por vezes, utilizam-nos como lixão nuclear; os que consideram a natureza como um ser vivo (Gaya) ou mesmo como uma divindade viva e sagrada, que merece adoração e com a qual desejam entrar em comunhão mística e cósmica...

Nós, cristãos, temos de ser capazes de discernir nestes movimentos ecológicos, onde se mesclam impurezas e limitações humanas, um *kairós*, um sinal dos tempos (Lc 12,56), um sinal do Espírito que move a humanidade a respeitar a criação, a escutar o grito da terra que geme de dor.

Este grito atual da terra se ilumina com o texto de Romanos:

> [...] pois a criação foi sujeita ao que é vão e ilusório, não por seu querer, mas por dependência daquele que a sujeitou. Também a própria criação espera ser libertada da escravidão da corrupção, em vista da liberdade que é a glória dos filhos de Deus. Com efeito, sabemos que toda a criação, até o presente, está gemendo como que

em dores de parto, e não somente ela, mas também nós, que temos as primícias do Espírito, [...] (Rm 8,20-23).

O problema ecológico não é um problema meramente tecnológico, nem basta uma terapia técnica. É um problema ético, teológico, espiritual. A humanidade não foi fiel ao projeto criador de Deus, não obedeceu ao Espírito criador das origens e submeteu a terra a seus interesses egoístas e pecaminosos. Por isso a terra geme pedindo para ser libertada, e o Espírito clama a partir do coração da terra, para que se respeite o plano do Criador.

Os primeiros capítulos do Gênesis nos mostram como do caos inicial o Espírito (a *ruah*) faz surgir a vida (Gn 1,2). A Bíblia não nos dá uma explicação científica do mundo, mas uma interpretação religiosa e teológica: fala-nos que é obra do Deus Criador, que o mundo leva o selo de Deus, é sua imagem, seu rastro, é diafania e transparência do Criador, é "made by God" ["feito por Deus"]. A natureza é criada, não é divina. A ciência moderna falará de Big Bang, de galáxias, da Via Láctea, do sistema solar, do planeta terra, da vida que surge e evolui e chega à autotranscendência pessoal no ser humano, em um processo de milhões de anos...

A fé nos diz que por trás de tudo isso está o Espírito de Iahweh, o "Creator Spiritus", "Senhor que dá vida", como se confessa no Creio. Toda a Escritura nos revela que o Espírito é dador de vida, desde o Gênesis até o Apocalipse (Ap 22,17), passando pelos profetas (Ez 37,1-14), os salmos (Sl 104,29-30) e os Evangelhos (Jo 6,63). O contrário do Espírito não é a matéria, mas a morte.

Santo Ambrósio escreve:

[A Escritura] não ensinou somente que sem o espírito nenhuma criatura pode durar, mas também que o Espírito é o criador de toda criatura. E quem poderá negar que é obra do Espírito Santo o fato de que a terra tenha sido criada? E quem poderia negar que seja obra do Espírito Santo a criação da terra, se sua renovação é obra do Espírito?... Talvez creiamos que sem a ação do Espírito Santo possa subsistir a substância da terra, ao passo que sem sua obra não subsistem sequer as abóbodas celestes?[47]

A liturgia bizantina canta: "É próprio do Espírito Santo governar, santificar e animar a criação, porque ele é Deus consubstancial ao Pai e ao Filho... Ele tem poder sobre a vida porque, sendo Deus, custodia a criação do Pai por meio do Filho".[48]

Gn 1,28 relata o encargo dado por Deus ao primeiro casal humano. O verbo hebraico *kabash*, cujo sentido primigênio é simplesmente "habitar", "cuidar" da terra, foi traduzido, às vezes, por "submeter", "dominar" a terra. O mundo ocidental e o individualismo moderno encontraram aqui um apoio para uma visão abusiva e destruidora da criação, que não corresponde à mentalidade bíblica.

Para Israel, "do SENHOR é a terra com o que ela contém" (Sl 24,1), "os céus narram a glória de Deus" (Sl 19,1). Iahweh, após o dilúvio, faz aliança com a humanidade, com os seres vivos e com toda a natureza (Gn 9,9-11). A instituição do ano sabático e do jubileu visa a que a terra descanse e não se esgote (Lv 25). O ideal

---

[47] *El Espíritu Santo*, II, 34-35.

[48] Matinas dos domingos.

bíblico é converter a terra em um vergel (Is 35,1-10), integrar o ser humano em uma natureza sadia e rica, na qual a terra, a água, as plantas e os animais vivam harmoniosamente e desfrutem do equilíbrio e da formosura inocente e límpida que Deus colocou em todas as coisas (Is 11,2-6).

A Tradição cristã oriental, mais fiel à mentalidade bíblica do que a Tradição latina ocidental, manteve até nossos dias uma atitude de respeito para com a terra. Para o Cristianismo oriental, a terra é obra do Criador, objeto de contemplação, sacramento e ícone do Reino, não objeto de conquista e de depredação; seu destino não é o consumo, mas a comunhão, cujo ápice é a Eucaristia. O ser humano não é o dono absoluto da natureza, mas deve respeitar sua orientação escatológica, seu mistério apofático. O pecado escravizou a natureza (Rm 8), a história da salvação tem consequências cósmicas: encarnação, cura de enfermidades, transfiguração, ressurreição do corpo glorioso de Jesus, primícias da nova terra... Este processo de transfiguração, porém, passa pela cruz e pela coroa de espinhos. Os sacramentos da Igreja são o começo desta transfiguração cósmica, a matéria se faz transparente ao Espírito, é teofania. Há uma verdadeira cosmologia sacramental. Na Eucaristia, o pão se converte em Pão da vida, e o vinho, em Vinho de salvação. A Igreja exerce um Pentecostes cósmico (através dos sacramentos, dos ícones, da vida cristã...) que prepara a transformação final. Trata-se de passar do exorcismo à transfiguração, da morte à vida; fazer o Reino de Deus acessível às moléculas (Fédorov), fazer do mundo uma "sarça ardente" (Charalambadis), eucaristizar todas as coisas e antecipar a festa final, em que haverá vinho novo e abundante para todos (Clemente).

Diz Máximo, o Confessor: "O fogo inefável e prodigioso escondido na essência das coisas como no arbusto [a sarça ardente] é o fogo do amor divino e o resplendor fulgurante da Beleza de Deus dentro das coisas".[49]

Esta é também a postura das tradições indígenas de todo o mundo, que sentem uma profunda comunhão com a Mãe Terra, uma relação de não oposição, de reciprocidade, complementação, correspondência. Na ecosofia andina, por exemplo, a Pachamama é venerada, respeitada, e a ela se agradece ritualmente seus frutos.

Diante dessas visões ecológicas existe uma concepção antropológica do mundo, tipicamente ocidental, prometeica, androcêntrica, da razão lógico-instrumental, que converte o homem em verdadeiro Satã devorador da terra, que é totalmente rejeitável, que é pecado, retorno ao caos e à morte. É o desejo de assenhorear-se da terra de forma abusiva, de considerar-se dono e rei da criação. Tal concepção antropológica é típica do individualismo ocidental, autodidata, autossuficiente, ecologicamente destrutivo, com um paradigma civilizatório que buscou enriquecer-se à custa da natureza.

Hoje se requer uma terapia radical, uma ecologia humana, social e espiritual que veja o universo como uma totalidade complexa, complementar, conectada e religada, com uma mentalidade holística, na qual o ser humano se sinta responsável pelo universo, que pense nas gerações futuras, com uma conaturalidade com a vida e com o feminino (ecofeminismo), com uma ética de compaixão e corresponsabilidade.[50] A terra merece

---

[49] Ambigua.

[50] NOLAN, A. *Jesús hoy*. Santander: Sal Terrae, 2007. MÜLLER-FAHRENHOLZ, Geiko. *El Espíritu de Dios. Transformar un mundo en crisis*. Santander: Sal Terrae, 1996. BRADLEY, J. *Dios es verde*. Santander: Sal Terrae, 1993. RUIZ DE LA PEÑA, J. *Teología de la creación*. Santander: Sal Terrae, 1999.

ser respeitada, protegida, harmonicamente transformada, não desfigurada. É preciso repensar a criação (A. Torres Queiruga).

Esta nova atitude ecológica se fundamenta ultimamente no projeto do Pai, que cria no Filho pelo Espírito; que é um projeto de comunhão humana, cósmica e divina, que brota da comunhão trinitária; que vê em Cristo o primogênito de toda a criação (Cl 1,15), em quem tudo se recapitula (Ef 1,10); que é tudo em todos (Cl 3,11). Nesta concepção, a criação alcança sua plenitude em Cristo, Cristo cósmico; o antropocentrismo converte-se em cristocentrismo; a matéria se eucaristiza; a humanidade agradece o dom recebido e louva o Criador; o Hino ao universo (Teilhard de Chardin) e o Cântico das criaturas (Francisco de Assis) culminam na nova terra da escatologia (Ap 21,1).

O Espírito criador, a *ruah* que enche o universo (Sb 1,7), que geme através da criação submetida ao pecado, que denuncia profeticamente o pecado prometeico humano, que leva a destroçar a criação contra o projeto de comunhão de Deus, é o mesmo Espírito que suscita hoje em dia este movimento mundial rumo à ecologia, que chama à conversão ética e religiosa das gerações presentes, a fim de evitar um desastre ecológico de magnitudes incalculáveis, que pede compaixão e respeito às vítimas desta agressão ecológica, que são os mais pobres. Já se disse que o Cântico das criaturas de Francisco de Assis nasce depois de ele ter abraçado os leprosos...

O Espírito é quem fecunda e faz maturar toda a criação até sua plenitude escatológica. É o Espírito vivificador que nos livra da morte e nos dá Vida plena.

Nós, cristãos, não podemos ser surdos a este clamor da terra, nem podemos nos fechar em nossos pequenos problemas intraeclesiais enquanto toda a criação está em perigo. A Igreja terá de escutar o Espírito que geme através da criação, submetida à escravidão pelo orgulho humano. Em nome do progresso e do desenvolvimento destrói-se a terra e se expulsa de seus territórios grupos indígenas que viviam em harmonia em seu hábitat ancestral. Com certeza o esquecimento do Espírito por parte da teologia ocidental latina está estreitamente ligado a esta mentalidade ocidental moderna, mercantilista, instrumentalista, consumista e destruidora da terra. Teremos algum dia uma encíclica profética do Magistério eclesial sobre a ecologia?

Seja como for, todas as Igrejas cristãs e todas as religiões temos de nos unir nesta salvaguarda da criação.

As palavras do Concílio Vaticano II têm hoje grande atualidade:

> O Senhor é o fim da história humana, o ponto para onde tendem os desejos da história e da civilização, [...] Vivificados e reunidos no seu Espírito, caminhamos em direção à consumação da história humana, a qual corresponde plenamente ao seu desígnio de amor: "recapitular todas as coisas em Cristo, tanto as do céu como as da terra" (Ef 1,10) (GS, n. 45).

O clamor escatológico

Para Leibniz, nosso mundo é o melhor dos mundos possíveis. Também a cultura moderna ilustrada participa deste otimismo: a ciência, a técnica e o progresso transformaram a vida humana: os eletrodomésticos facilitaram enormemente a vida familiar; as comunicações encurtaram as distâncias; a internet e o mundo da informática abrem cada dia novas possibilidades de conhecimento; a medicina avança irrefreável; a engenharia genética surpreende com novos descobrimentos; investigam-se novas energias; as viagens espaciais chegam aonde jamais se havia pensado; acompanhamos ao vivo tudo o que sucede em qualquer parte da terra etc.

Neste clima de otimismo, os meios de comunicação nos oferecem imagens de belas mulheres jovens, que fazem propaganda de produtos de beleza, de bebidas ou de automóveis. Os programas esportivos apresentam jovens atletas cheios de força e de vigor, que lutam constantemente para superar recordes anteriores. Nas telas, aparecem famílias alegres, reunidas em volta da mesa, com crianças coradas e bonitas, em um ambiente de abundância e felicidade. Podemos contemplar belas paisagens do mundo inteiro, lagos suíços, ladeados de faustosas mansões, belas cidades norte-americanas, com seus arranha-céus, exóticas selvas tropicais do Brasil, cataratas do Niágara ou de Iguaçu, arquipélagos remotos, cheios de corais e de peixes coloridos, savanas africanas com animais selvagens... A morte é um tabu que se deve exorcizar. Quando a televisão nos oferece algumas imagens tristes ou violentas, não nos pretende assustar, inquietar ou interpelar, mas simplesmente satisfazer a ânsia mórbida de sensacionalismo que todos temos e confirmar-nos uma vez mais que vivemos em um mundo excelente, do qual tais imagens tristes são puramente exceções que serão superadas com o tempo.

No entanto, essa imagem paradisíaca de "normalidade" esconde ordinariamente a crua realidade: hospitais; manicômios; cárceres; terremotos; tsunamis; furacões; acidentes aéreos e de trânsito; atentados terroristas; sequestros; guerras; torturas; violência familiar; crianças famélicas e mortas pela fome; pandemias como a Aids; a pobreza do Terceiro Mundo; a emigração; a solidão dos anciãos; o abandono do continente africano, que ficou à margem do progresso; o racismo; o tráfico de mulheres e de crianças; o tráfico de órgãos; o armamentismo; o narcotráfico e o consumo de drogas; o turismo sexual; a pornografia; o machismo; a destruição da natureza...; enfim, os imensos cemitérios do mundo inteiro, verdadeiras cidades de mortos.

Quando se contempla com serenidade a história do passado e do presente, tem-se a impressão de que a humanidade é uma imensa caravana que caminha para a morte. Desaparecem as gerações humanas, submergem no passado civilizações gloriosas, a própria natureza sofre um contínuo processo de entropia e de degeneração energética, à margem das agressões humanas contra o meio ambiente.

Não é estranho que, diante dessa crua realidade, tenham surgido posturas trágicas de filósofos e pensadores antigos e modernos: céticos, niilistas, fatalistas..., que ressaltam o sentimento trágico da vida (Unamuno), o ser-para-a-morte (Heidegger), a vida como náusea e absurdo (Sartre, Camus), fruto do azar e da necessidade (Monod), algo sem sentido, ante o qual a única solução razoável é o suicídio e a eutanásia, para quando a vida deixa de ter algum estímulo.

Para os cristãos, não se pode ignorar esta crua realidade de morte e pecado. Cada ano, ao chegar a Quarta-feira de Cinzas, a liturgia da Igreja nos recorda que somos pó e que em pó haveremos de nos converter.

Contudo, essa afirmação do pó e da cinza que somos não é a expressão definitiva de nossa fé. Para a fé cristã, a morte não é a última palavra, mas a fé na ressurreição de Jesus dá sentido à nossa vida e à nossa morte. A mensagem evangélica às mulheres que, ao amanhecer do sábado, foram ao sepulcro com perfumes e aromas para ungir o cadáver do Mestre crucificado, ressoa ao longo de toda a história: "Não está aqui. Ressuscitou!" (Lc 24,6).

Paulo oferece-nos uma reflexão profunda e esperançosa sobre a ressurreição de Jesus: "E, se o Espírito daquele que ressuscitou Cristo dentre os mortos habita em vós, aquele que ressuscitou Cristo dentre os mortos vivificará também vossos corpos mortais, pelo seu Espírito que habita em vós" (Rm 8,11).

Ou seja, o Pai, que por seu Espírito ressuscitou Jesus, ressuscitar-nos-á também se vivermos segundo seu Espírito.

Precisamos retomar aqui o que durante toda a nossa exposição temos visto sobre o Espírito de vida, "Senhor que dá vida", sobre seus símbolos de vento (a *ruah* feminina) e de água, que manifestam o poder da vida sobre o caos, a esterilidade e a morte. Diante desta experiência de morte que nos rodeia, morte física e espiritual, morte pessoal e coletiva, morte cultural e de civilizações, degradação humana e cósmica, situações de noite escura e inverno eclesial..., nossa fé no Espírito de vida se converte em rocha e âncora firme de esperança. A vida, o amor, a misericórdia, o perdão, a santidade, a bondade... são mais fortes do que a morte.

Sabemos que o povo de Israel passou por um longo processo de obscuridade e de dúvida antes de crer no triunfo da vida sobre a morte. Durante muitos anos os israelitas acreditaram que a vida desembocava no xeol, reino dos mortos, lugar de silêncio, obscuridade, solidão e abandono (Sl 31,8; 94,17; 115,17), longe de Iahweh e de seu templo, lugar sem retorno, distante dos viventes (Sl 88).

Somente mais tarde, no tempo dos Macabeus, em um contexto de perseguição e de martírio, afirma-se pela primeira vez a fé na ressurreição: "[...] o rei do universo nos fará ressurgir para uma vida eterna, a nós que morremos por suas leis!" (2Mc 7,9). "Por isso, o Criador do mundo, que formou o ser humano no seu nascimento e dá origem a todas as coisas, ele, na sua misericórdia, vos restituirá o espírito e a vida. [...]" (2Mc 7,23; cf. 2Mc 12,43-46).

Esta conexão entre o Criador e a ressurreição dos mortos nos remete a Gn 1,2, ao Espírito que desde o começo pairava sobre as águas primordiais em meio ao caos.

Este Espírito de Iahweh é aquele que, segundo Ezequiel em sua visão dos ossos ressequidos, vivifica os mortos e os faz sair das tumbas, imagem da reconstrução do povo de Israel (Ez 37). O mesmo Ezequiel havia profetizado que Iahweh orvalharia seu povo com água pura e infundiria seu Espírito, o qual transformaria os corações de pedra em corações de carne, novos (Ez 36,26). O Espírito é o que sempre gera vida, vida cósmica, vida interior, vida eterna.

Jesus Ressuscitado é o novo Adão, cheio do Espírito, que nos comunica vida (1Cor 15,45), o qual transfigurará nosso pobre corpo à imagem de seu corpo glorioso (Fl 3,21). A fé cristã não consiste em afirmar que a alma é espiritual e sobrevive ao corpo. Essa visão helênica difere da fé em que o Espírito que ressuscitou Jesus dentre os mortos também ressuscitará nossos corpos mortais e nos fará viver uma vida nova, gloriosa e eterna com o Senhor.

Podemos afirmar que o Espírito, Criador, Senhor e dador de vida, é o que leva adiante o projeto de Deus, desde as origens primordiais do cosmo até sua consumação escatológica. Este projeto de Deus, projeto de comunhão (*koinonía*), de vida plena, de gozo e de felicidade, é frequentemente simbolizado nos profetas e nos Evangelhos com a imagem do banquete do Reino. Este Reino, centro da pregação de Jesus (Mc 1,15), é fruto da ação do Espírito, que vai além de todo o nosso esforço humano para construí-lo. Por isso, no "Pai-Nosso" pedimos que este Reino venha a nós. Há íntima conexão entre o Reino e o Espírito, motivo por que, como já vimos, alguns Padres da Igreja oriental, em vez da petição "venha a nós o vosso Reino", diziam: "venha a nós teu Espírito".

Como se afirma no Prefácio VI do Tempo Comum: "[...] possuímos, já agora, a garantia da vida futura. Possuindo as primícias do Espírito, por quem ressuscitastes Jesus dentre os mortos, esperamos gozar, um dia, a plenitude da Páscoa eterna".

E Basílio afirma:

> Aqueles que foram marcados com o selo do Espírito Santo para o dia do resgate e conservaram intactas e não reduzidas as primícias do Espírito que receberam, estes são aqueles que ouviram como se lhes disse: "Muito bem, servo bom e fiel! Sobre o pouco foste fiel, sobre o muito te colocarei" (Mt 25,21).[51]

Em que consistirá este Reino para cada um de nós é algo que não chegamos a compreender. As expressões "vida eterna", "banquete", "mais além"... são insuficientes para expressar nossa expectativa do que vem; não conseguimos vislumbrar o que é o encontro com o Senhor, com o "Outro".

---

[51] *El Espíritu Santo*, XVI, 40.

A este respeito, Karl Rahner, em uma conferência em Friburgo, por ocasião de seus 80 anos, poucos meses antes de sua morte, tentou plasmar assim seus sentimentos perante o encontro definitivo com o Senhor:

> Quando os anjos da morte tiverem eliminado dos espaços de nosso espírito todo o lixo vão a que chamamos nossa história (posto que permaneça, obviamente, a verdadeira essência da liberdade realizada); quando deixarem de brilhar e se apagarem todas as estrelas de nossos ideais, com as quais nós mesmos, por nossa própria arrogância, fomos adornando o céu de nossa existência; quando a morte criar um vazio enormemente silencioso, e nós, acreditando e esperando, tivermos aceitado tacitamente este vazio como nossa verdadeira essência; quando nossa vida vivida até aquele momento, por mais longa que seja, apareça simplesmente como uma única explosão breve de nossa liberdade, que nos parecia extensa, como que vista em câmara lenta, uma explosão na qual a pergunta se converta em resposta, a possibilidade em realidade, o tempo em eternidade, o oferecido em liberdade realizada; quando, então, em um enorme estremecimento de um júbilo indizível, se mostre que esse enorme vazio silencioso, que sentimos como morte, está preenchido verdadeiramente pelo próprio originário a que chamamos Deus, por sua luz pura e por seu amor que tudo abraça e tudo dispõe; e quando, a partir deste mistério sem forma, se nos manifeste ademais o rosto de Jesus, o Bendito, e nos olhe, e essa concretude seja a superação divina de toda a nossa verdadeira aceitação da inefabilidade de Deus, que não tem forma, então não quereria descrever propriamente de maneira tão imprecisa o que vem, mas o que realmente desejaria é indicar, balbuciando, como alguém pode esperar o que vem, experimentando o pôr do sol da morte como o próprio amanhecer daquele que vem.[52]

---

[52] RAHNER, K. *Sobre la infalibilidad de Dios*. Barcelona, 2005. p. 50-52.

A partir dessa perspectiva escatológica, podemos agora reler tudo quanto vimos até então sobre o clamor do Espírito, interpretando-o como o clamor escatológico do Espírito que geme para que venha o Reino. É um clamor profético, que denuncia os erros e pecados, e anuncia a plenitude escatológica do Reino de Deus, que ao mesmo tempo já quer antecipar.

Nesse sentido, o texto de Is 11,1-9 readquire um sentido mais pleno. O Espírito de Iahweh que repousará sobre o tronco de Jessé:

- Espírito de inteligência e sabedoria, conselho, fortaleza, ciência e temor de Iahweh, que nos mostra a conexão entre o Espírito e os dons da ciência e da sabedoria humana, isto é, como o Espírito clama para que se respeite a criação em suas dimensões mais humanas, racionais e sapienciais. Tudo quanto dissemos antes sobre o clamor da "razão" encontra aqui seu contexto pleno. O Espírito quer que a criação chegue à sua consumação escatológica, respeitando a autonomia da própria criação.

- Espírito de justiça para os fracos e pobres, ou seja, o Espírito que clama pelos pobres e pelos diferentes excluídos é o Espírito que quer que se realize o Reino de Deus, um Reino de justiça, igualdade, fraternidade, solidariedade, sem discriminações nem exclusões.

- Espírito que anuncia um mundo onde o lobo e o cordeiro pastarão juntos, o que significa que é um Espírito que clama por um mundo reconciliado, por uma nova terra, sem violências nem ódios.

O Espírito fecunda e amadurece a história e a própria natureza para que germine o Reino de Deus, que é Reino de vida.

Todos os movimentos que, através da história, surgiram em favor da justiça para os pobres, da fraternidade, do respeito às diferenças de sexo, cultura ou religião, de defesa da ecologia... não são mais do que momentos deste clamor escatológico do Espírito que clama pelo Reino. Tudo quanto há de verdadeiro e bom na história é fruto do Espírito, que quer realizar e antecipar já o Reino de Deus.

O Espírito que habita em nós e nos faz exclamar: Abba, Pai! (Rm 8,14-16), o Espírito que clama dentro de nós com gemidos inefáveis (Rm 8,26), é o Espírito que recebemos no Batismo (Jo 3,5), cujas primícias já possuímos (Rm 8,23), mas que quer orientar toda a nossa vida para o Reino de Deus, para a plenitude escatológica.

O Espírito que clama através do gemido da criação (Rm 8,20.22) é o que luta pela libertação de toda escravidão e toda caducidade, para que alcancemos a liberdade gloriosa dos filhos e filhas de Deus e, através das dores de parto de toda a criação, cheguemos à plenitude escatológica da nova terra e dos novos céus.

Também a Igreja está repleta deste clamor escatológico do Espírito. Todos nós temos consciência da fragilidade da Igreja, de suas sombras, "reflexo semiescuro de Jesus Cristo" (Boaventura); de suas fases de luminosidade e de obscuridade, como a lua (Tomás de Aquino); de seu pecado que faz com que os Padres a chamem "casta meretriz"; de suas temporadas de inverno eclesial, da necessidade contínua de reforma atestada pelo Concílio Vaticano II (UR, n. 6). Esta experiência é tão forte que faz muitos afastarem-se da Igreja e afirmar: "Cristo sim, Igreja não", constituindo-se em "cristãos sem Igreja", em crentes sem pertença eclesial, "believing without belonging" ["crença sem pertença"] (G. Davies).

Se a Igreja, apesar de tantas fragilidades e pecados, permaneceu até nossos dias e deu frutos de santidade, foi graças ao Espírito que, desde suas origens até a escatologia, a anima, vivifica e santifica (LG, n. 4).

A escatologia, que começou com a ressurreição de Jesus, é impulsionada pelo Espírito na Igreja (LG, n. 48). Este Espírito, penhor de nossa herança futura (Ef 1,14), é o que reparte dons e carismas (1Cor 12,4-11), o que suscita profetas e santos para antecipar já o Reino de Deus, o que atua através dos sacramentos (SC, n. 104).

Na Igreja, existe uma ânsia de chegar à plenitude, de alcançar o tempo da restauração de todas as coisas (At 3,21), o oitavo dia, o novo céu e a nova terra (Ap 21,1), o banquete de bodas do Cordeiro, quando Deus enxugará para sempre toda lágrima, e desaparecerá para sempre a morte (Ap 21,2-4); quando Cristo será realmente o alfa e o ômega (Ap 21,6; 22,13), e o Senhor virá de novo, de forma gloriosa e definitiva.

Por isso o Apocalipse termina com um grito escatológico do Espírito e da Igreja: "O Espírito e a Esposa dizem: 'Vem!'" (Ap 22,17).

E o Senhor responde: "'Sim, eu venho em breve!'". Amém! Vem, Senhor Jesus!" (Ap 22,20).

A Igreja, a humanidade, o mundo, a criação inteira... convertem-se em um grito suscitado pelo Espírito que clama pela vinda do Senhor, pela escatologia, pelo Reino definitivo de Deus. Este grito condensa toda a história da salvação, desde a criação pela *ruah* de vida até a Parusia de Cristo glorioso. Todos os desejos e aspirações mais profundas da história se resumem neste grito do Espírito: "Vem, Senhor Jesus!".

Uma vez mais, constatamos que as duas mãos do Pai, o Filho e o Espírito, segundo a expressão de Irineu, que vimos repetindo, estão profundamente irmanadas, em comunhão, e que, portanto, a única coisa que o Espírito pretende é potenciar e facilitar a obra de Jesus, o ungido pelo Espírito.

Isso nos leva a nos perguntar pela origem fontal e misteriosa desta comunhão, a comunhão trinitária.

Capítulo V

"A GRAÇA DO SENHOR JESUS CRISTO, O AMOR DE DEUS [PAI] E A COMUNHÃO DO ESPÍRITO SANTO ESTEJAM COM TODOS VÓS!"
(2Cor 13,13)

Da "economia" à "teologia"

Para evitar possíveis confusões, digamos desde já que não vamos tratar de "economia" no sentido moderno do termo, tampouco fazer uma "teologia econômica" sobre temas de dinheiro, finanças ou desenvolvimento.

Entendemos a palavra "economia" no sentido que a usavam os Padres da Igreja, sobretudo orientais, que a distinguiam de "teologia".

Por "economia" entendiam a ação de Deus em nossa história para realizar seu projeto de salvação, a história de salvação, a ação de Deus para fora, a ação da Trindade que se volta para o mundo, para a história (*ad extra*). Por isso também se fala de "Trindade econômica" para designar esta ação salvífica de Deus em nosso mundo.

Por "teologia" entendiam a contemplação do mistério trinitário de Deus em sua vida divina íntima, para dentro (*ad intra*), o que também se chama de "Trindade imanente".

A economia ou ação de Deus em nossa história de salvação se realiza pela dupla missão do Filho e do Espírito, o que Irineu chamava "as duas mãos do Pai".

Essas duas missões, essas duas mãos, são e atuam de modo diferente, como temos visto e como podemos agora compreender melhor, no final de nosso percurso.

A missão do Filho se realiza na encarnação em Jesus de Nazaré. É uma missão visível, histórica, situada na geografia (Palestina) e no tempo (entre os imperadores romanos Otávio César e Tibério). No próprio Creio introduziu-se o nome da personagem histórica Pôncio Pilatos, para, assim, concretizar e datar a vida e a morte de Jesus na história universal. Esta missão se prolonga na Igreja, comunidade histórica e visível no mundo, com suas estruturas e instituições.

A missão do Espírito é bem diferente: é invisível, atua a partir de dentro das pessoas e dos movimentos ou grupos, não se encarna em ninguém, é dinamismo, vida, alento, força, amor. Expressa-se, como já vimos, através de símbolos impessoais e fluidos como o vento, a água, o fogo, o perfume...

Já sabemos que essas duas missões do Filho e do Espírito não são autônomas nem independentes, nem meramente se justapõem, mas se implicam e se relacionam mutuamente: toda Cristologia é pneumatológica e toda Pneumatologia é cristológica.

Essas duas missões, essa economia salvífica, são a manifestação para fora da Trindade, a Trindade econômica (*ad extra*).

Agora, porém, toca-nos avançar um pouco mais e tentar passar da ação para fora da Trindade, na economia salvífica através das missões de Cristo e do Espírito, ao mistério mais profundo trinitário, à Trindade em si mesma, à "teologia", à Trindade imanente (*ad intra*). Das missões para fora passamos às relações internas dentro da Trindade, à filiação do filho e à processão do Espírito Santo.

É uma reflexão a que estamos convocados, pois Deus se manifestou e se nos revelou em Cristo e no Espírito; ao mesmo tempo, porém, uma tarefa que nos ultrapassa, pois nos confrontamos com o Mistério absoluto e inefável de Deus em sua vida mais íntima, ante a qual a postura mais adequada é o silêncio e a contemplação. Tudo quanto possamos dizer será sempre pobre, imperfeito e inadequado. Como já afirmou o IV Concílio de Latrão, a dessemelhança entre o Criador e a criatura é maior do que sua semelhança (DH 806).

Contudo, a Igreja sempre acreditou que, pela Trindade econômica, podemos chegar a vislumbrar algo da Trindade imanente, porque a Trindade econômica é a Trindade imanente; ou seja, Deus, ao atuar para fora, revela-nos seu mistério profundo.[1]

A pergunta é, pois: o que nos revelam do profundo mistério trinitário de Deus as missões de Cristo e do Espírito? Qual é a relação trinitária existente entre Cristo e o Espírito, e entre estes e o Pai?

---

[1] Não queremos entrar aqui na discussão de se a Trindade econômica se identifica com a Trindade imanente (Rahner) ou se a Trindade econômica não esgota o mistério da Trindade imanente (Congar e a Tradição oriental).

Tentaremos apresentar esta temática evitando tecnicismo, deixando para as notas de rodapé maiores esclarecimentos e bibliografia para um possível maior aprofundamento.[2]

Uma discussão histórica

Antes de entrar na matéria, convém conhecer a problemática histórica que se gerou em torno do tema do Espírito entre Oriente e Ocidente, e que teve graves consequências ecumênicas.

O símbolo ou Creio de Constantinopla (381) afirmava simplesmente que o Espírito "procede do Pai". Era uma forma de expressar a divindade do Espírito Santo, que alguns hereges questionavam.

Mais tarde, porém, os católicos espanhóis que lutavam contra os visigodos arianos, para dar maior relevância ao Filho e para que ficasse mais clara sua divindade comum com o Pai, acrescentaram nos Concílios III (589) e IV de Toledo (633) que o Espírito Santo procede do Pai "e do Filho" (em latim: *Filioque*), usando a expressão de Jo 15,25. Também mais tarde, os francos e Carlos Magno introduzem o *Filioque* em seu creio. Esta introdução desagradou aos católicos gregos, pois

---

[2] Pode-se conferir: RAHNER, K. Advertencias para el tratado "De Trinitate". In: *Escritos de Teología*, IV. Madrid, 1961. p. 105-136. El Dios trino como principio y fundamento de la historia de salvación. In: *Mysterium Salutis* II/1. Madrid, 1969. p. 360-440. CONGAR, Y. M. *El Espíritu Santo*. Barcelona, 1983. p. 447-643. [Ed. bras.: *Revelação e experiência do Espírito Santo*. 2. ed. São Paulo: Paulinas, 2009. (Coleção Creio no Espírito Santo, n. 1.) *Ele é o Senhor que dá a vida*. São Paulo: Paulinas, 2010. (Coleção Creio no Espírito Santo, n. 2.) *O rio da vida corre no Oriente e no Ocidente*. São Paulo: Paulinas, 2010. (Coleção Creio no Espírito Santo, n. 3.)] COMBLIN, J. *El Espíritu Santo y la liberación*. Madrid, 1986. BOFF, L. *La Trinidad, la sociedad y la liberación*. Madrid, 1987. DURRWELL, F. X. *El Espíritu del Padre y del Hijo*. Madrid, 1990. CODINA, V. *Los caminos del Oriente cristiano. Iniciación a la teología oriental*. Santander: Sal Terrae, 1998. p. 87-100.

acreditavam que, com tal formulação, o Espírito ficava indevidamente subordinado ao Filho. Diante disso os orientais defendiam que o Espírito procede "somente do Pai".

Mais tarde, o imperador germânico Henrique II pressionou o papa para que se introduzisse o Filioque no Creio da Igreja universal, e se acusou os gregos de tê-lo suprimido do Creio. Em 1014, o Papa Bento VIII o introduz no Creio na missa de coroação de Henrique II. Esta será a origem de um conflito que culminará no tempo do Papa Leão IX, que em 1054 excomungou a Igreja de Constantinopla por ter suprimido o *Filioque* do Creio. Constantinopla, por sua vez, excomungou Roma no domingo seguinte.

Mesmo que tenham sido muitas as causas – não somente teológicas, mas também políticas e culturais – da separação das duas Igrejas, é indubitável que o tema do *Filioque* desempenhou um papel determinante. As tentativas de união dos Concílios II de Lyon (1274) e de Florença (1439-1447) não prosperaram.

No dia 7 de dezembro de 1965, dia da conclusão do Concílio Vaticano II, Roma e Constantinopla suspendem suas mútuas excomunhões e se consideram Igrejas irmãs. Desde essa época, houveram muitos encontros e aproximações ecumênicas, liturgias da Palavra comuns entre o papa e o patriarca de Constantinopla, nas quais, como gesto de boa vontade, recitou-se o Creio de Constantinopla, omitindo-se o *Filioque*. No entanto, este ponto de conflito ainda não foi resolvido.

Lamentavelmente, o Espírito Santo, que é vinculo de amor e de comunhão, foi ocasião para uma divisão entre as Igrejas.

A visão teológica da Igreja latina

O Ocidente seguiu bem de perto a visão do Evangelho de João, segundo o qual Jesus promete a seus discípulos o dom do Espírito (Jo 14,16), um Espírito que os profetas haviam anunciado que brotaria do seio do Messias (Is 55,1-3; cf. Jo 7,37-38) e que somente depois da glorificação de Jesus poderia ser recebido (Jo 7,39). João descreve a morte de Jesus como uma entrega do "espírito"' (*pneuma*: Jo 19,30), dando a este termo um sentido que vai além de seu espírito humano e que anuncia o dom pascal do Espírito. Também João vê na água que sai do lado de Jesus traspassado pela lança (Jo 19,34) uma alusão ao Espírito, o que explica por que o evangelista concede a este fato, aparentemente vulgar, uma grande importância teológica e espiritual para a fé dos crentes (Jo 19,35). Jesus Ressuscitado, convertido em Adão espiritual e vivificador, espírito vivificante (1Cor 15,45) e em quem reside a plenitude da divindade (Cl 2,9), em termos paulinos, é aquele que, ao amanhecer do dia de Páscoa, derrama o Espírito sobre seus discípulos com um sopro (Jo 20,22) que recorda o sopro Criador do Deus do Gênesis (Gn 2,7). Graças a este Espírito, existe paz autêntica (Jo 20,21) e perdão dos pecados (Jo 20,23). O Espírito é, sem dúvida, Espírito do Pai, em quem tudo tem sua fonte e origem, mas é também Espírito do Filho (Gl 4,6), Espírito de Cristo (Rm 8,9), Espírito de Jesus Cristo (Fl 1,19), Espírito do Senhor (2Cor 3,17). O Espírito, pois, procede do Pai e do Filho, é o Espírito do Pai e do Filho.

Este pensamento bíblico sobre o Espírito como procedente do Pai e do Filho foi refletido teologicamente pela Tradição latina e muito influenciado por Agostinho, para quem o Pai gera o Filho pelo conhecimento, como sua própria imagem, e o Espírito procede do Pai e do Filho, pelo amor entre ambos. O Espírito é o laço de amor e de comunhão que une o Pai e o Filho. O Pai é o amante, o Filho é o amado e o Espírito é o amor.[3] Agostinho aplicará à Trindade as três dimensões do ser humano: o Pai é a memória; o Filho, a inteligência e o Espírito, o amor.

Essa concepção vai-se aprofundando e precisando ao longo da história da teologia ocidental (Anselmo, Tomás...),[4] de tal modo que se converteu na visão ordinária, preponderante e quase exclusiva na Igreja latina até nossos dias. Os documentos do Magistério eclesial sempre falam do Espírito como do laço de amor e de comunhão que une o Pai com o Filho.

A bela poesia de João da Cruz sobre a Trindade reflete esta mentalidade filoquista:

Que bem sei a fonte que mana e corre,
ainda que seja de noite.

Aquela eterna fonte está escondida.
Que bem sei onde sempre ela é nascida,
ainda que seja de noite.

Sua origem não a sei, pois não a tem,
mas sei que toda a origem dela vem,
ainda que seja de noite.

---

[3] AGOSTINHO. *De Trinitate* 8, 14.

[4] Dir-se-á que o Espírito procede do Pai e do Filho como de um só princípio; que as pessoas são relações subsistentes; que as diferenças entre as pessoas divinas são apenas relações de origem: não engendrado (Pai), engendrado (Filho), espirado; (Espírito); que tudo é comum na Trindade, menos as relações de origem; que a ação da Trindade *ad extra* é comum às três pessoas da Trindade; que o fundamental da experiência cristã é a experiência da divindade, da essência divina, e a glória é a visão beatífica da dita essência...

[...]

A corrente que nasce desta fonte,
bem sei que é tão capaz e onipotente,
ainda que seja de noite.

A corrente que destas duas procede,
sei que nenhuma delas lhe precede,
ainda que seja de noite.

Bem sei que três em uma só água viva
residem, e uma de outra se deriva,
ainda que seja de noite.

Esta fonte eterna está escondida
neste vivo pão para dar-nos vida,
ainda que seja de noite.

Contudo, esta visão trinitária e do Espírito, sendo autêntica e legítima, não é a única existente na Igreja. O Oriente tem outra concepção do Espírito que difere da ocidental latina.

A visão teológica do Oriente cristão

O Oriente foi muito crítico diante da introdução do *Filioque* no creio, não somente porque esta intromissão modifica o texto de um Concílio da Igreja universal, mas porque não está de acordo com seu conteúdo segundo o qual o Espírito Santo procede do Pai "e do Filho". Para alguns teólogos orientais, isto é uma autêntica heresia, e falam que o Espírito procede "somente do Pai". Para outros, o *Filioque* é uma expressão que delimita a essência do Espírito, fazendo-a depender indevidamente do Filho.

O Oriente vê na afirmação de que o Espírito procede do Pai "e do Filho" (*Filioque*) certa nivelação entre ambos que atenta contra o princípio básico de que somente o Pai é a origem ou princípio comum; se o Espírito procede do Pai "e do Filho", o Filho participa juntamente com o Pai nesta função de ser origem fontal, que corresponde em exclusividade ao Pai, ao passo que o Espírito fica postergado.

Para alguns teólogos ortodoxos modernos (V. Lossky, O. Clément...), o *Filioque* não somente é a raiz última da divisão das Igrejas do Oriente e do Ocidente, mas também tem sérias consequências eclesiológicas e pastorais. A subordinação do Espírito ao Filho significa dar prioridade ao institucional, jurídico e hierárquico, acima do pneumático e carismático (liberdade, carismas, divinização do cristão por obra do Espírito...). Neste caso, a Igreja, concretamente: a hierarquia, considera-se depositária em exclusividade do Espírito. Para os orientais, esta é a raiz do cristomonismo típico da Igreja ocidental, cujas consequências negativas (racionalismo, juridicismo, moralismo, ritualismo...) criticam continuamente.

De fato, a defesa do *Filioque* unir-se-á à defesa do papado como Vigário de Cristo para toda a Igreja. Tomás de Aquino, que considera como adquirida para seu tempo a doutrina do *Filioque*, afirma que o erro dos que negam que o Vigário de Cristo, Pontífice da Igreja romana, tenha o primado da Igreja universal é semelhante ao erro dos que afirmam que o Espírito Santo não procede do Filho.[5] Por trás desta afirmação está a convicção de que

---

[5] Contra errores graecorum. In: *Opera omnia*. Ed. Parma, t. XV, p. 256. Citado por: POU I RIUS, R. La controversia sobre el *Filioque* i el poder jeràrquic de l'església. *Qüestions de Vida Cristiana* 81 (Montserrat, 1976) 78-87.

o Vigário de Cristo é a causa instrumental da doação do Espírito na Igreja. Na controvérsia trinitária sobre o *Filioque* se debatia também a questão eclesiológica da primazia de Roma sobre o Oriente.

O teólogo Ratzinger reconhece que a Igreja ocidental, pela sua peculiar visão mais metafísica da natureza da Trindade, preocupou-se pouco com a intervenção desta na história e, como consequência, não desenvolveu uma eclesiologia pneumática e carismática, mas uma eclesiologia exclusivamente a partir da perspectiva da encarnação, de forma demasiado terrena, muito centrada no poder.[6] Esta teologia pouco pneumatológica se desenvolverá em seguida em uma eclesiologia que vê na Igreja um prolongamento da encarnação de Cristo e para a qual a Igreja nasce em Belém, não em Jerusalém...

Os orientais, ao afirmar que o Espírito procede somente do Pai, querem evitar que o Espírito se reduza a um mero laço de união entre o Pai e o Filho, pois isso circunscreveria o Espírito a um lugar meramente terminal na Trindade. Para eles, o Espírito procede somente do Pai, e o textos joaninos nos quais aparece que Jesus comunica o Espírito são interpretados por eles como algo que corresponde à história da salvação (à "economia", à Trindade *ad extra*, ou "Trindade econômica"), mas não à vida trinitária íntima (à "teologia", à Trindade *ad intra*, Trindade imanente). Cristo e o Espírito são as duas mãos de que fala Irineu.

Contudo, segundo Congar, os orientais, ao afirmarem que o Espírito procede "somente do Pai", correm o perigo de configurar uma eclesiologia carismática mas pouco hierárquica.[7]

---

[6] RATZINGER, J. *Introducción al cristianismo*. Salamanca, 1969. p. 293.

[7] CONGAR, Y. M. *La conciencia eclesiológica en Oriente y en Occidente del signo VI al XI*. Barcelona, 1962. p. 64.

Evidentemente, a fé trinitária é comum ao Ocidente e ao Oriente: fé em três pessoas divinas – Pai, Filho e Espírito –, segundo a qual tanto o Filho quanto o Espírito são consubstanciais com o Pai, há uma só natureza divina (*ousía*) e três pessoas (*hipóstasis*). É a fé de Niceia e de Constantinopla, que se expressa na liturgia. Mas as teologias do Ocidente e do Oriente diferem.[8] A própria formulação doxológica é diferente: o Ocidente proclama "glória ao Pai, ao Filho e ao Espírito Santo", ao passo que o Oriente canta "glória ao Pai pelo Filho no Espírito Santo".

A questão é se essas duas teologias são irreconciliáveis ou se podem ser complementares e enriquecer-se mutuamente, tentando aproximar-se de forma diversa do mistério insondável e inefável do Deus trinitário.

Em busca de uma complementação ecumênica

Da parte católica, existe uma disposição em não insistir em introduzir o *Filioque* no Creio, com o fito de não ferir suscetibilidades históricas; mas, ao mesmo tempo, pede-se ao Oriente que não considere heresia a afirmação de que o Espírito procede do Pai "e do Filho", pois é algo que tem evidente respaldo bíblico e patrístico,

---

[8] Sem entrar aqui em maiores detalhes e explicações, enumeremos alguns destes traços diferenciais: enquanto o Ocidente fala ordinariamente da fé em um só Deus, o Oriente professa a fé em um só Pai, que é o princípio último e fontal da unidade trinitária. Para o Ocidente, parte-se da natureza divina para se chegar às pessoas; para o Oriente, parte-se das pessoas para se chegar à natureza; as pessoas divinas não somente são relações de origem, mas também de diversidade, reciprocidade e comunhão. Enquanto para o Ocidente a glória consiste na visão beatífica da essência divina, para o Oriente (sobretudo desde o teólogo Pálamas) a glória é a participação da vida trinitária pelas energias divinas incriadas, pois a essência divina é incomunicável. O Ocidente acusa o Oriente de triteísmo, e o Oriente acusa o Ocidente de deísmo...

e ajuda a fundamentar e valorizar as dimensões visíveis e históricas, institucionais e hierárquicas da Igreja.

Da parte oriental, o teólogo P. Evdokimov lançou a proposta de que o *Filioque* se complemente com o *Spirituque*, ou seja, que, se se afirma que o Espírito procede do Pai e do Filho (*Filioque*), também se reconheça que o Filho é gerado pelo Pai e pelo Espírito (*Spirituque*).[9]

Também da parte católica (F. X. Durrwell) se aceita que Deus é Pai e gera o Filho pelo Espírito.[10]

Esta visão mais ecumênica se baseia em outros textos da Escritura, acima de tudo da Tradição lucana, em que se afirma que Jesus nasce por obra do Espírito (Lc 1,35), é ungido pelo Espírito no Batismo (Lc 3,21-22; cf. Lc 4,18-21; At 10,38) e é ressuscitado pelo Espírito (Rm 8,11). Essas ações do Espírito na história da salvação revelam e manifestam que, no mistério trinitário, a filiação do Filho está estreitamente ligada ao Espírito.

Nesta visão teológica, o Espírito não é somente o termo último da relação de amor entre o Pai e o Filho, mas é também origem; é como o seio do Pai de onde nasce o Filho eterno. O Espírito está, assim, tanto na origem da filiação do Filho como no término do amor que une o Pai com o Filho. É a ação poderosa e amorosa (não somente intelectual) que une intimamente o Pai com o Filho. Filho e Espírito procedem do Pai; um é engendrado e o outro é o engendramento. O Espírito é a fecundidade de Deus, está no começo e no fim, já que nele o Pai engendra amando o Filho, e nele o Filho expressa seu amor e obediência total ao Pai. Por isso,

---

[9] EVDOKIMOV, P. *L'Esprit Saint dans la tradition orthodoxe*. Paris, 1969. p. 78.

[10] DURRWELL, F. X. *Nuestro Padre. Dios en su misterio*. Salamanca, 1990. *El Espíritu del Padre y del Hijo*. Madrid, 1990.

junto ao esquema Pai-Filho-Espírito, na Tradição também se encontra o esquema Pai-Espírito-Filho.

Tal visão recolhe o que há de mais positivo na Tradição oriental e enriquece e equilibra a concepção ocidental. O Pai é a fonte absoluta da divindade, o princípio sem fim, o inacessível, o Absoluto.

Como foi amplamente estudado, quando o Novo Testamento fala de Deus refere-se ao Pai.

O mistério absoluto do Pai é-nos dado a conhecer pelo Filho e pelo Espírito Santo. É o amor fontal, do qual brota toda a vida imanente (*ad intra*) e para fora (*ad extra*). Através das duas missões divinas, reflexo das processões intratrinitárias, o Pai nos comunica o mistério de seu amor. Essas duas missões divinas constituem "as duas mãos do Pai" que se orientam para a mesma obra, a configurar o ser humano à imagem do Pai, a comunicar-lhe sua vida, a fazer-nos filhos e filhas do Pai, a introduzir-nos em sua comunhão divina.

Isto nos leva a uma visão profundamente comunitária da Trindade, em que as pessoas divinas se relacionam e se unem amorosamente, compenetram-se reciprocamente, formam algo como uma comunidade íntima, que a Tradição oriental chama *perichóresis*, que significa algo assim como uma dança circular de gozo e amor entre as divinas pessoas.

Esta comunhão de amor é o modelo da antropologia humana, já que somos seres em relação, à imagem da Trindade. Toda a filosofia e teologia da intersubjetividade e do diálogo pessoal eu-tu encontra na Trindade seu fundamento último. Mais do que projetar na Trindade, como fez Agostinho, nossa psicologia humana, encontramos na Trindade e em suas relações amorosas o fundamento da pessoa humana e sua capacidade de relação.

A comunidade trinitária é o modelo da Igreja, do "ser eclesial" (J. Zizioulas), que é, antes de mais nada, comunidade de irmãos e irmãs, filhos e filhas do Pai em Cristo pelo Espírito, uma comunhão, *koinonía*, cujo centro sacramental é a Eucaristia. Como escreveu Cipriano e como recuperou o Concílio Vaticano II, a Igreja é "um povo unido pela unidade do Pai e do Filho e do Espírito Santo" (LG, n. 4).

A Trindade é também o modelo da sociedade (Fédorov) e do Reino, que quer ser, acima de tudo, comunhão, vinculação, fraternidade, sem exclusão nem marginalização, respeitando as diferenças que enriquecem.

A Trindade é o modelo da escatologia em que se dará a comunhão plena de toda a criação por Cristo com o Pai no Espírito.

O ícone de Rublev

As palavras são insuficientes para expressar este mistério trinitário. Por isso, é preciso recorrer a imagens e símbolos. O Oriente sempre utilizou os ícones para expressar sua fé de forma sacramental e litúrgica. Não pretende representar de forma realista os mistérios da história da salvação mas, através da imagem e do símbolo, tornar presente, de algum modo, a realidade transcendente, que convida a comungar com o mistério, a participar do Indescritível.

Dentre os ícones famosos do Oriente destaca-se o ícone da Trindade, obra do monge, pintor e iconógrafo Andrei Rublev (1370-1430), conservado na Galeria Tretiakoff de Moscou. Mas como representar o mistério indizível e indescritível da Trindade?

Rublev pinta um quadro com um tríplice nível de leitura.

a) O ícone nos apresenta uma cena bíblica do Antigo Testamento: a chegada daquelas três misteriosas personagens que visitam Abraão junto ao carvalho de Mambré (Gn 18,1-15). Abraão acolhe-as em sua tenda, serve-lhes comida em um banquete que simboliza a hospitalidade e a acolhida. Os três visitantes anunciam-lhe a futura descendência de sua mulher, Sara, velha e estéril, pois para Deus não há nada impossível. A Tradição viu nesses três visitantes uma teofania trinitária, uma imagem da Trindade.

b) O segundo nível de leitura é o que representa o projeto salvífico de Deus, a "economia", o desígnio salvador de Deus através da encarnação do Filho. Deus visitou seu povo, entrou em sua história, para salvá-la e comunicar-lhe sua vida divina.

c) O terceiro nível nos inicia no plano da "teologia", quer tornar presente o mistério da comunhão trinitária das três pessoas divinas.

Esses três níveis se fundem de forma harmoniosa, representando três anjos sentados junto a uma mesa-altar, em cujo centro há uma taça-cálice que contém um cordeiro imolado. Nos três anjos há um tom azul comum, que significa sua igual natureza divina.

O anjo situado à esquerda do quadro representa o Pai, ante o qual os outros dois anjos se inclinam reverentemente. Ele, em contrapartida, mantém uma posição vertical, tem em sua mão um cetro, é o eixo e o princípio ao qual se dirigem os outros dois anjos. Suas cores mais suaves evocam a invisibilidade, que contrasta com a cor mais forte do anjo do centro, que representa o Filho.

Por detrás do Pai aparece um templo-casa, que significa a humanidade, a Igreja, a nova Jerusalém, a casa do Pai.

O anjo do centro é o Filho, com sua túnica vermelha, cor de sangue, que se inclina perante o Pai e com sua mão direita aponta para a taça-cálice, que simboliza a Eucaristia, o cordeiro degolado da Páscoa. Este cálice constitui o centro geométrico da pintura. O mistério pascal é o ponto focal de todo o ícone.

Atrás da figura do Filho há uma árvore em forma de vinha, que simboliza a árvore da vida, a vinha de Israel, o madeiro da cruz.

Finalmente, o anjo situado à direita representa o Espírito, que se inclina para o Pai com uma atitude feminina e materna, dinâmica, fecundante. Dele parte o movimento que une as três figuras em uma harmonia unitária e circular. Sua cor é verde, símbolo da vida.

A rocha que aparece por detrás dele representa o cosmo, que o Espírito vivifica e preenche com sua presença.

Todo o quadro se inscreve em um octógono, símbolo do oitavo dia da escatologia. Existe entre as três figuras um ritmo que as une em uma comunhão dinâmica e plena (*perichóresis*), que parte do Pai e desemboca no Espírito, e parte do Espírito e termina no Pai. O centro é o mistério da economia do Filho, o cordeiro imolado para a salvação da humanidade. Antecipa-se o banquete do Reino.

Do ícone à vida

A contemplação, em silêncio, do ícone produz uma sensação de unidade, de harmonia, de comunhão, de paz, de vida fecunda. Aqui aparece o destino da humanidade, o horizonte escatológico do banquete do Reino na casa do Pai, a Igreja-Eucaristia centrada no mistério pascal da morte e ressurreição de Jesus, o dinamismo do Espírito, que do princípio ao fim engendra vida, luz, força, calor, alegria... É o Espírito que fará com que Sara conceba, que Maria dê à luz, que a Igreja engendre filhos no Batismo e caminhe para o Reino em meio a debilidades e sombras; o Espírito é que faz com que a humanidade vá em busca de um mundo novo e melhor, que a criação seja semente de uma nova terra e de um novo céu. Se desaparecesse o anjo do Espírito, ficaríamos sem vida, sem aleto, sem futuro, em sombras de morte, tanto no âmbito pessoal como eclesial e mundial.

Desta fonte trinitária brota todo o sentido dinâmico do Espírito em nossa vida pessoal, na Igreja e na história. É o Espírito do Pai e do Filho que faz com que o Pai gere, com amor, o Filho e que este se entregue amorosamente ao Pai; o que une a Trindade inteira, formando uma grande família, uma comunhão plena e perfeita. E uma comunidade aberta ao mundo e à história.

O Espírito é, certamente, dom do Pai e do Filho (*Filioque*), dom que se nos comunica de modo especial através da Igreja, tanto em sua dimensão estrutural (sucessores dos apóstolos, sacramentos...) como também através de seus dons e carismas.

No entanto, o Espírito é também aquele que, com o Pai, engendra eternamente o Filho (*Spirituque*), filiação que culmina na encarnação de Cristo. O Espírito, por certo, vivifica e santifica a Igreja, que continua a missão de Cristo no tempo (Atos dos Apóstolos). O Espírito, porém, ultrapassa a Igreja, transborda-a, fecundando a história para que nela nasça o Reino de Deus, até que tudo seja submetido a Cristo, e Cristo ao Pai, e Deus seja tudo em todas as coisas (1Cor 15,27-28).

O Espírito que foi derramado em nossos corações, o Espírito que floresce na Igreja, o Espírito que enche o universo, o clamor do Espírito que detectamos através dos pobres, dos diferentes, das mulheres, das culturas, dos indígenas, das religiões, o clamor da terra, o clamor escatológico... não são mais que manifestações da presença na história do mistério trinitário e engendrador do Espírito que dá vida, fecunda, constrói e antecipa o Reino em meio aos pecados e às limitações humanas.

O mistério trinitário do Espírito prolonga-se na Trindade para fora, em nossa história. Nossa história não é algo profano, é sagrada, está inspirada e sustentada pelo *Pneuma*. Temos de saber discerni-lo, pois se mistura ordinariamente com o pecado e com a morte; mas o Espírito continua gerando vida, mesmo em meio ao caos. A comunhão, a vida e o amor trinitário foram derramados não somente em nossos corações e na Igreja, mas na história e no mundo, e a força do Espírito é maior do que o caos, o pecado e a morte.

Por isso a graça do Senhor Jesus Cristo, o amor do Pai e a comunhão do Espírito Santo estão sempre conosco (cf. 2Cor 13,13).

Não extingamos o Espírito (cf. 1Ts 5,19) e escutemos seu clamor...

EPÍLOGO LATINO-AMERICANO

É um domingo de primavera, o sol reluz em um céu azul claro e sem nuvens, os contornos das montanhas se desenham nítidos no horizonte. A cidade de Cochabamba, no centro da Bolívia, de onde escrevo estas páginas, tem um clima invejável.

Acabei de voltar da celebração da Eucaristia, como cada domingo, em um santuário dedicado ao Senhor de Santa Vera Cruz, a uns sete quilômetros ao sul da cidade de Cochabamba. É um santuário muito famoso em todo o vale cochabambino e cuja festa, em maio, é um enxame de pessoas do campo e da cidade que acorrem a agradecer e a pedir favores a Cristo. Juntam-se, sem dúvida, antigos ritos andinos de fecundidade com a Tradição cristã. Ao Cristo agradecem e pedem fecundidade para a terra, para os rebanhos e para a família. Os que querem agradecer a Cristo pelos filhos tidos e não desejam ter mais, deixam-lhe, como oferenda, um bonequinho de pano. Os que desejam ter filhos e não podem, recolhem com devoção esse boneco. O mesmo fazem entregando figurinhas de vaquinhas ou exemplares de batata, a "pata andina".

Durante o ano, as pessoas que participam da Eucaristia dominical vêm da cidade e do campo, e algumas pertencem ao próprio bairro. O templo é grande e bonito, moderno e bem iluminado. O Cristo de Santa Vera Cruz é um belo e devoto entalhe colonial que o povo veste com cachecóis e tecidos de diversas cores.

À cabeceira do Cristo, em vez do típico INRI, está a pomba que simboliza o Espírito. E mais acima a figura do Pai eterno, com seus dois braços estendidos. Teria o escultor ouvido falar da formulação de Irineu sobre os dois braços do Pai?

Antes de começar a Eucaristia, as pessoas se aproximam do Cristo, levam-lhe flores e acendem velas, beijam-lhe devotamente os pés, em oração silenciosa. Alguns, porém, vão-se do templo já antes de começar a Eucaristia. Já cumpriram seus ritos. Outros saem ao começar a homilia...

Hoje a capela estava quase cheia: famílias camponesas, gente da cidade, os meninos e as meninas adolescentes do bairro que se preparam para a primeira Eucaristia, com seus catequistas. Uma catequista fazia as vezes de monitora e dirigia os cantos, enquanto um menino tocava o bombo. Hoje os leitores da liturgia da Palavra não cometeram erros. Outros dias se equivocam ao lerem e mudam totalmente o sentido do texto; as pessoas, porém, imutáveis, continuam aclamando: "Palavra do Senhor". Apesar de todos terem o folheto dominical para acompanhar a liturgia, poucos o leem.

Enquanto na homilia eu explicava o Evangelho da conversão de Zaqueu, os meninos e as meninas da primeira Eucaristia cochichavam e faziam travessuras; outros assistentes estavam distraídos; uma criancinha não parava de chorar; um cão negro aproximou-se do altar e tive de enxotá-lo... As orações dos fiéis foram lidas pelos meninos da primeira Eucaristia, alguns corretamente, outros soletrando as frases e titubeando quando havia uma palavra menos usual. A maioria das pessoas estava distraída durante a Eucaristia, mesmo na consagração e elevação. Alguns saem do templo antes de terminar a celebração. Outros chegam quase ao final. Todos rezam com devoção o Pai-Nosso com as mãos estendidas, e todo mundo se dá a paz. Muitas comunhões.

Sem dúvida, porém, o momento mais importante da celebração foi, como sempre, no final da missa, quando desci para aspergir o povo com água benta. As crianças se aglomeravam, mas também os mais velhos: homens de mãos grossas e calosas, jovens, mulheres, anciãos... E com a água benta que receberam nas mãos esfregavam-se a cabeça. Tive de benzer duas vasilhas de água. Ao terminar, veio até a sacristia uma mãe com sua jovem filha para pedir-me uma bênção, pois a filha, grávida, estava a ponto de perder o bebê. Em outros dias, alguns casais jovens pedem uma bênção para poder ter filhos. Muitas vezes tenho de benzer carros e ônibus.

Depois da Eucaristia, as pessoas aproximam-se de novo do Cristo, em oração silenciosa. Tocam-no ou beijam-no devotamente, benzem-se, oferecem-lhe velas e se ajoelham. O que pedem a Cristo? Dão-lhe graças por favores recebidos? Pedem-lhe saúde, trabalho, chuva para o campo e boas colheitas? Pedem-lhe poder ter filhos? Pedem-lhe perdão? Rezam por seus defuntos? Os jovens pedem-lhe êxito em suas provas e em seus namoros? Os homens pedem-lhe poder ter uma casa digna, com água e luz? As mulheres pedem-lhe por seus esposos alcoólatras e por seus filhos que seguem o mau caminho? Pedem pela paz e pelo progresso do país? Pedem pelos familiares – esposos, filhos, pais – que emigraram para a Espanha, a fim de melhorar suas condições de vida, e enviam suas remessas, a cada mês, à custa de uma vida muito dura, muitas vezes sem documentos e desprezados em alguns casos como "índios" e "sudacas"?... É um mistério saber o que as pessoas do povoado pedem ao Cristo de Santa Vera Cruz. Mas estão diante dele e dialogam com ele, como em "Marcelino, pão e vinho"...

Esta gente representa a maioria do povo pobre e crente boliviano, latino-americano, do Terceiro Mundo.... Conhecem muito pouco a Bíblia; ignoram quase por completo a estrutura litúrgica da oração eucarística e não ouviram falar jamais da epiclese do Espírito; não têm nem ideia do Magistério eclesiástico, nem creio que tenham ouvido falar do Concílio Vaticano II, nem das conferências episcopais latino-americanas de Medellín, Puebla, Santo Domingo e Aparecida. Evidentemente, não leram a encíclica *Humanae Vitae*, de Paulo VI, sobre o controle da natalidade, nem as múltiplas encíclicas de João Paulo II, nem *Deus é Amor*, de Bento XVI... Muito menos conhecem os documentos da Congregação para a Doutrina da Fé sobre a teologia da libertação ou sobre outros temas morais ou doutrinais. Não sabem quem são Rahner, Congar, De Lubac, Schillebeeckx, Metz, tampouco ouviram falar de Gustavo Gutiérrez, Leonardo Boff, Jon Sobrino ou Ignacio Ellacuría. Sua fé é simples; é a fé dos pobres, dos pequenos e ignorantes. Suas celebrações litúrgicas mal têm a ver com as solenidades vaticanas em latim e com os cantos gregorianos da Capela Sistina...

No entanto, o Espírito que fez Jesus exultar de alegria porque o Pai havia ocultado os mistérios da fé aos sábios e prudentes e os havia revelado aos pequenos (Lc 10,21) é o mesmo Espírito que move este povo simples que hoje acode ao Cristo de Santa Vera Cruz. São como aquela gente simples da Galileia que seguia Jesus, como a hemorroíssa que lhe tocava com fé a orla de seu manto. É a Igreja dos pobres.

Em sua oração de joelhos, simples e quiçá ingênua, em sua fé feita de velas, flores e beijos em Cristo, revela-se a ação misteriosa do Espírito que se derrama nos corações dos fiéis e lhes dá testemunho de que são filhos de Deus; o Espírito que clama pelos pobres, pelos diferentes, pelos de outras culturas, pelas mulheres e crianças, pelos insignificantes; o Espírito que geme com dores de parto na expectativa de uma humanidade nova, de outro mundo possível, mais justo, de uma nova terra. É o Espírito representado em forma de pomba sobre a cabeça do Cristo, e são os braços do Pai que presidem a imagem colonial de Vera Cruz, mesmo que, seguramente, as pessoas não se fixem nisso.

A partir desta fé, do clamor dos pobres como lugar teológico preferencial, é preciso repensar a teologia e a Pneumatologia. O que vimos expondo ao longo destas páginas só pode ser entendido a partir deste lugar teológico, simbolizado pelo santuário do Senhor de Santa Vera Cruz. Não se pode extinguir o Espírito.

Mesmo que anoiteça e as sombras se estendam..., depois da noite amanhece de novo o dia. O Espírito do Senhor continua adejando e dando vida à criação, à Igreja e à história.

O sol reluz hoje no céu azul de Cochabamba...

SUMÁRIO

INTRODUÇÃO 5

I – O QUE É SER CRISTÃO? 9
   Teologia e experiência espiritual 16
   De que Espírito estamos falando?
     Abordagem simbólica.. 23
       Vento... 24
       Fogo.. 25
       Água 27
       Unção com óleo 27
       Pomba... 27
       Nuvem... 29
       Perfume 30
       Advogado.. 31
       Outros simbolismos..................................... 31
     O Espírito na Escritura.. 34
       Antigo Testamento..................................... 36
       Novo Testamento 44
     As duas mãos do Pai.. 61

II – "DEUS ENVIOU AOS NOSSOS CORAÇÕES
O ESPÍRITO DE SEU FILHO" (Gl 4,6) 73
   Novo nascimento 74
   Filiação divina 76
   Inabitação espiritual.. 78
   O Espírito nos faz orar... 79
   O Espírito nos faz livres 80
   Conclusão 81

III – "O ESPÍRITO FLORESCE NA IGREJA" (HIPÓLITO) ... 83
   A passagem do Jesus histórico à Igreja 83
     Postura tradicional... 84
     Postura rupturista.. 87
     Postura dialética e integradora 88
   A inclusão da Igreja no Creio 93

A fé na divindade do Espírito 96
As características da Igreja são fruto do Espírito 99
O Espírito Santo faz a Igreja una 99
A Igreja é santa pela força do Espírito Santo 102
O Espírito Santo é o princípio da catolicidade da Igreja .. 106
O Espírito mantém a apostolicidade da Igreja 110
Espírito Santo e iniciação cristã 113
    Epiclese batismal 114
    A Crisma 116
    Questionamentos e propostas pacíficas
    em torno da iniciação cristã 121
A epiclese eucarística 126
O Espírito enriquece a Igreja com seus carismas 133
    Os leigos 137
    Vida religiosa 138
    Magistério e magistérios 142
    Movimentos carismáticos e pentecostais 145
    Novos movimentos eclesiais 148
Igreja local 150
O Espírito suscita o senso da fé 156
Recepção e resposta eclesial 160
Contestação profética na história da Igreja 168
    O monacato 168
    A interpelação do Oriente 171
    Movimentos laicais e populares (sécs. XI-XIII) 173
    A Reforma 175
    Os defensores dos índios 177
    A minoria do Concílio Vaticano I 180
    O Concílio Vaticano II 182
Lições da história da Igreja 189
Escutar o clamor do Espírito na Igreja de hoje 192
    A estrutura eclesiástica 193
    Liturgia e sacramentos 197
    Moral sexual 202
    A mulher na Igreja 204
    Por que não se escuta o clamor do Espírito na Igreja? 206

IV – "O ESPÍRITO DO SENHOR ENCHE O UNIVERSO" (Sb 1,7) . 211
O Espírito ultrapassa os limites da Igreja 211
    Relendo a Escritura 215
Os sinais dos tempos 217
Uma nova hermenêutica 221

Discernir os sinais dos tempos 224
Tentações 227
   O pecado contra o Espírito 227
   O perigo dos falsos profetas 230
Lições da história 232
   O clamor do Espírito 236
   O clamor da "razão" 240
   O clamor dos pobres 247
   O clamor dos "diferentes" 262
   O clamor da terra 292
   O clamor escatológico 300

V – "A GRAÇA DO SENHOR JESUS CRISTO, O AMOR DE DEUS [PAI] E A COMUNHÃO DO ESPÍRITO SANTO ESTEJAM COM TODOS VÓS!" (2Cor 13,13) 311
   Da "economia" à "teologia" 311
   Uma discussão histórica 314
   A visão teológica da Igreja latina 316
   A visão teológica do Oriente cristão 318
   Em busca de uma complementação ecumênica 321
   O ícone de Rublev 324
   Do ícone à vida 327

EPÍLOGO LATINO-AMERICANO 329